بسم الله الرحمن الرحيم

Açıklamalı Büyük Dua Kitabı
Prof. Dr. Cemal SOFUOĞLU

Yayın No : 75
Cep Kitapları Serisi : 15
Yayıncı Sertifika No: 15402

ISBN: 978-975-389-067-0
15.06.Y.0005.75

21. Baskı, Mart 2014, Ankara, 10.000 Adet

Türkiye Diyanet Vakfı Mütevelli Heyeti'nin
16.06.2004 tarih ve 1147/2 sayılı kararıyla basılmıştır.

TÜRKİYE DİYANET VAKFI
Yayın Matbaacılık ve Ticaret İşletmesi
Serhat Mahallesi 1256 Sokak No:11
Yenimahalle / ANKARA
Tel: 0312. 354 91 31 (pbx) Faks:354 91 32
e-posta: tdvyayin@diyanetvakfi.org.tr

TÜRKİYE DİYANET VAKFI YAYINLARI / 75

Açıklamalı

BÜYÜK DUÂ KİTABI

Prof. Dr. M. Cemal SOFUOĞLU

Dedelerimiz, ninelerimiz, Analarımız, babalarımız, Dualarla evlendiler... Biz de dualarla doğduk, dualarla büyüdük, dualarla yaşadık. Ve dualarla öleceğiz.

Dua... *Doğumdan ölüme kadar dilimizden düşmeyen ilâhî nağmeler...*

Bu kitap, T.C. Milli Eğitim Bakanlığı Talim ve Terbiye Kurulu'nun 13.10.1992 tarih ve 006336 sayılı kararı ile İmam-Hatip Lisesi öğrencilerine Yardımcı Ders Kitabı olarak tavsiye edilmiştir.

İÇİNDEKİLER

İKİNCİ BÖLÜM

GÜNLÜK HAYATTA OKUNABİLECEK BAZI DUÂLAR

ÜÇÜNCÜ BÖLÜM
DİN GÖREVLİLERİNİN BİLMESİ GEREKEN BAZI DUÂLAR

DÖRDÜNCÜ BÖLÜM
KUR'ÂN-I KERİM'DEN VE HADİS-İ ŞERİFLERDEN BAZI ÖRNEK DUÂLAR

بسم الله الرحمن الرحيم

الحمد لله رب العالمين والصلاة والسلام على رسولنا محمد
وعلى آله وصحبه اجمعين

BİRKAÇ SÖZ

Cenâb-ı Allah insanı meleklerden farklı yaratmıştır. Melekler dâima yüce Allah'ı tesbih ederler. Bu, onların yaratılışına uygundur. Meleklerde erkeklik ve dişilik olmadığı gibi, günah işleme kabiliyetleri de yoktur.

Fakat insan öyle değildir. İnsan her ne kadar "Allah'a ibadet etmek için yaratılmış" ise de, onun özünde günah işleme kabiliyet ve özelliği bulunmasından dolayı kendini yaratan yüce varlığa karşı her zaman kulluk görevini yerine getiremez; çok kere nefsi ona hâkim olur ve onu kötü yollara götürür. İnsana hem iyilik, hem de kötülük yapma özelliğini veren bizzat yüce Allah'ın kendisidir. Öyleyse insan denen varlığı hiç günah işlemeyecek bir hale getirmek veya o mertebeye yükseltmek mümkün değildir. Böyle bir düşünce yüce Yaratıcının iradesine de aykırı olur.

Bu açıklamalardan anlaşılmaktadır ki, insanın günah işlemesi, hata etmesi çok tabiîdir. Burada önemli olan kulun hata ettiğinin, günah işlediğinin farkına varması ve hemen tevbe edip Allah'dan bağışlanmasını istemesidir. **Tevbe ise, duâ ve istiğfâr ile ve hayırlı güzel işler yapmakla olur.** Müslüman, hayatının her anında yüce Allah'ın kontrolü altında bulunduğuna göre, bunun şuûruna vararak hareket etmekle yükümlüdür.

İslâm, insanın dengeli bir hayat sürdüğü zaman mesut ve bahtiyar olacağını kabul eder. Dengeli bir hayat sürmek ise, insan hayatında her şeyin yerini ve zamanını tam olarak belirlemekle olur. Helâlinden rızkını temin etmek için çalışan müslüman, Allah'ı ve âhireti hiç bir zaman hatırından çıkarmayacak, zamanı gelince ibadetini yerine getirecektir. Nasıl tek kanatla kuş uçamazsa, yalnız dünya veya yalnız âhiret işleriyle meşgul olan kimse de mesud olamaz. Marifet her ikisi arasında sağlam bir denge kurabilmektedir.

Bu kitabı hazırlarken daha önce yazılmış duâ kitaplarını gözden geçirdik. Ayrıca çeşitli mesleklerden insanlarla görüştük. Öğrencilerle ve din görevlileri ile müzâkere ettik, onların ihtiyaçlarını tesbit etmeye çalıştık. Bu bakımdan kitap müslüman vatandaşlarımıza hitap ettiği gibi, İmam-Hatip Liselerimizin müfredâtına da uygun bir hale getirildi.

Biraz önce dünya ve âhiretle ilgili işleri dengeli bir şekilde yürütmenin gerektiğini ifade etmeye çalıştık. Bu kitap söz konusu dengenin kurulup yerleşmesinde yardımcı olabilirse kendimizi bahtiyar sayacağız.

Tevfîk ve inayet Allah'dandır.

İzmir, Ocak, 1990

EN GÜZEL DUÂ FATİHA SURESİ

أَعُوذُ بِاللَّهِ مِنَ الشَّيْطَانِ الرَّجِيمِ

بِسْمِ اللَّهِ الرَّحْمَنِ الرَّحِيمِ

EÛZU BİLLÂHİ MİNE'Ş-ŞEYTÂNİ'R-RACÎM
BİSMİLLÂHİ'R-RAHMÂNİ'RRAHÎM

(Taşlanmış şeytan'dan Allah'a sığınır, Rahmân ve Rahîm olan Allah'ın adıyla başlarım.)

اَلْحَمْدُ لِلَّهِ رَبِّ الْعَالَمِينَ * اَلرَّحْمَنِ الرَّحِيمِ * مَالِكِ يَوْمِ الدِّينِ
* اِيَّاكَ نَعْبُدُ وَاِيَّاكَ نَسْتَعِينُ * اهْدِنَا الصِّرَاطَ الْمُسْتَقِيمَ * صِرَاطَ
الَّذِينَ اَنْعَمْتَ عَلَيْهِمْ غَيْرِ الْمَغْضُوبِ عَلَيْهِمْ وَلاَ الضَّآلِّينَ *

El-hamdu lillâhi rabbi'l-âlemîn. Er-rahmâni'r-rahîm. Mâliki yevmi'd-dîn. İyyâke na'budu ve iyyâke nesteîn. İhdina's-sırâta'l-müstakîm. Sırâta'llezîne en'amte aleyhim ğayri'l-mağdûbi aleyhim vele'ddâllîn. Âmîn.

(Hamd, âlemlerin Rabbı Allah'a mahsustur. O, Rahmân ve Rahîm'dir. Kıyâmet gününün tek sahibi O'dur. Yalnız Sana ibadet eder ve yalnız Senden yardım dileriz.

Bizi doğru yola ilet. Kendilerine nîmet verdiklerinin yoluna. Gazabına uğrayanların ve sapıtanların yoluna değil.) Âmin, Allâhım kabul eyle.

Fâtiha sûresi bilindiği gibi, Kur'ân-ı Kerim'in ilk sûresidir ve aynı zamanda bir duâdır. Yüce mevlâmızın bize gönderdiği ve sevgili Elçisi Muhammed Mustafa (s.a.s)'nın tebliğ edip öğrettiği ilâhî bir duâ.

Önemine ve güzelliğine binaen kitabımıza Fâtiha ile başlamayı uygun bulduk.

Fâtiha vesilesiyle Elmalı'lı merhum Hamdi Yazır'ın tefsir'inin başlangıç kısmına yazdığı şu dîbâce'yi mü'minlerin gönlüne bir sevinç ve heyecan vermesi dileğiyle buraya alıyoruz.

"İlâhi! Hamdini sözüme sertâç ettim, zikrini kalbime mi'râc ettim. Ben yoktum var ettin, varlığından haberdâr ettin, aşkınla gönlümü bîkarâr ettin. İnâyetine sığındım, kapına geldim, hidâyetine sığındım lûtfuna geldim, kulluk edemedim afvına geldim. Şaşırtma beni, doğruyu söylet, neş'eni duyur, hakîkatı öğret. Sen duyurmazsan ben duyamam, Sen söyletmezsen ben söyleyemem, Sen sevdirmezsen ben sevemem. Sevdir bize sevdiklerini, yerdir bize yerdiklerini, yâr et bize erdirdiklerini. Sevdin habîbini kâinâta sevdirdin: Sevdin de hil'at-i risâleti giydirdin. Makâmı İbrahim'den Makâmı Mahmûd'a erdirdin. Serveri asfiyâ kıldın. Hâtemi enbiyâ kıldın. Muhammed Mustafâ kıldın. Salât-u selâm, tahiyyât-u ikrâm, her türlü ihtirâm O'na, O'nun Âl-ü ashâb-ü etbâına yâ Rab!"

Fâtiha sûresi, Kur'ân-ı Kerim'in ilk sûresidir. Görüldüğü gibi, bu sûrede yüce Allah'ın bazı isimleri, sıfatları zikredilmektedir. Müslümanlar kıldıkları namazların her rekâtında bu sûreyi bir kere okurlar. Böylece bir günde en az otuz-kırk defâ okunmuş olur. Müslüman her okuyuşunda kendisini yaratan Allah'ına hem yalvarmakta, hem de söz vermektedir.

"İyyâke na'büdü" hitabiyle Allah'a şöyle söz vermektedir:

Allahım! Seni bilip tanıdım. Rahmânsın, Rahim'sin. Birsin eşin ve ortağın yoktur. Bunun için de ben yalnız Sana ibadet ediyorum ve Senden başka hiç kimseden yardım istemiyorum. Sen varken başka birisinden nasıl yardım istenebilir? Sen din gününün yegâne sahibisin. Bana saymakla bitmeyecek kadar çok nimet verdin; bunların şükrünü edâ edebilmem mümkün değil. Onun için Sana hamdediyorum, Sana şükrediyorum. Zaten hamd edilecek tek varlık Sen'sin.

Ben öyle sağlam bir imana sahibim ki, Sen'den başka kimsenin önünde eğilmem. Sen benim Allah'ımsın,beni Sen yarattın, Sen hayat verdin. Ben hiç bir şey bilmiyorum; yalan-yanlış yollara gitmek istemem. Kendi başıma doğru yolu bulabilecek güce, kuvvete de sahip değilim. Öyleyse ey Rahmân ve Rahîm olan Allahım! Beni hidayet yoluna ancak Sen ulaştırırsın, ulaştır! Öyle sapıtıp Senin yolundan başka yollara gidip dalâlete düşen sapıkların yoluna değil; kendilerini sevdiğin ve dolayısiyle nimetlere garkettiğin sevgili kullarının gittikleri yola, "Sırâtı müstakim"e götür. Duâmı kabul eyle Allahım!

Bu duâyı daha küçük yaştan itibaren her gün defalarca okumaya başlayan müslümanın şahsiyeti de ona uygun olarak teşekkül etmeye başlar. Ve müslüman Allah'tan başka kimsenin huzurunda eğilmez; dünya çıkarları onun gözünde hiç bir anlam ifade etmez, o, yalnız hak ve hakikatın arkasından gider.

Bu ve burada açıklama imkânı bulamadığımız diğer sebeplerle, Fâtiha sûresi'nin okunması çok faziletlidir. Bundan dolayıdır ki, her namazda mutlaka okunur. Okumadan namaz kılmak mümkün değildir; çünkü Hz. Peygamber (s.a.s) Fatihasız namazın noksan ve eksik olduğunu ısrarla belirtmişlerdir.

Ebû Said b. Muallâ anlatıyor:

"Ben bir kere mescidde namaz kılarken Resûlullah beni çağırmıştı. Namaz kıldığım için icabet edememiştim. Namazı kılıp yanına vardığımda:

— Yâ Resûlellah, namaz kılıyordum, diye özür beyan ettim. Bunun üzerine O:

— Allah Kur'ân'da "Ey Mü'minler! Sizi Resûlullah kendinize hayat verecek şeylere davet ettiği zaman icabet ediniz" buyurmadı mı? dedi. (Enfâl, 24). *Sonra bana:*

— Ey Saîd, sen bu mescidden çıkmazdan önce sana bir sûre öğreteceğim ki, o, Kur'ân'daki sûrelerin sevab bakımından en büyüğüdür, dedi. Sonra elimi tuttu, mescidden çıkmak istediği sırada ben:

— Ey Allah'ın Elçisi! Sana bir sûre öğreteceğim ki, o, Kur'andaki sûrelerin en büyüğüdür, demiştin, diye hatırlattım. Resulullah:

— O sûre, "El-hamdü lillâhi Rabbi'l-âlemîn..."dir ki, namazlarda tekrar olunan yedi âyet ve bana ihsan olunan Kur'ân'dır" buyurdu. (Buharî, Tefsîru'l-Kur'ân, (1/146).

Fâtiha sûresinin değerini anlatmak elbette mümkün değildir; ancak şu kudsî hadis bize bu konuda ışık tutmaktadır:

"Fâtiha'yı kendimle kulum arasında ikiye böldüm: Yarısı benim, yarısı da kulumundur. kulumun istediği hakkıdır; kendisine verilecektir.

Hz. Peygamber devamla diyor ki:

Bir kul "El-hamdu lillâhi rabbi'l-âlemîn" dediği zaman Allah:

— "Kulum bana hamdetti," der. Kul:

"Er-Rahmâni'r-Rahîm" dediğinde, Allah:

— "Kulum beni umûmî ve husûsî manâda olan merhametle andı, beni övdü," der. Kul:

— "Mâliki yevmi'd-dîn" dediğinde, Allah:

— "Kulum beni büyük tanıdı, bana saygı gösterdi", der. Kul:

—"İyyâke... nesteîn" dediği zaman, Allah:

— "Bu benimle kulum arasındadır. (ibadet kuluma, yardım ise bana âittir). Kulumun istediği verilecektir", der. Kul:

— "İhdina's-sirâta'l-müstakîm... vele'd-dâllîn" dediğinde ise, Allah:

— "Bu dilek kula aittir, istediği verilecektir", buyurur. " (Müslim, salât, 38).

Fâtiha sûresinin fazileti hakkında rivayet edilen bir hadis de şöyledir:

İbn Abbâs (r.a) demiştir ki:

"Cebrâil, Hz. Peygamber (s.a.s)'in yanında otur-ken, üstünden kapı açılmasına benzer bir ses duydu. Başını yukarı kaldırdı. İşte şu, bu günden başka hiç açılmamış bir kapıdır, dedi. O'ndan bir melek indi ve: Bu yer yüzüne inen bir melektir ki, bu günden başka asla inmiş değildir, dedi. Selâm verdikten sonra: Ancak sana verilen ve senden önce hiç bir peygamber'e verilmeyen iki nur ile müjde sana. Bu iki nur "Fâtihatü'l-kitab" ile Bakara sûresinin sonlarıdır. Bunlardan okuyacağın her bir harfe karşılık, istediğin mutlaka sana verilecektir, dedi." (Müslim, salâtu'l-müsâfirîn, 254).

Bilindiği gibi, Bakara sûresinin sonu "Âmene'r-resûlu" diye meşhur olan duâ âyetleridir ve ileride gelecektir.

Fâtiha sûresi, şifâ niyetiyle de okunur. Buhârî'nin Ebû Saîd el Hudrî tarikiyle rivayet ettiği bir hadiste: Arap kabilelerinden birinde bir şahsı akreb'in soktuğu, her çareye başvurmalarına rağmen tedavi edemedikleri anlatılır. Neticede Ebu Saîd el-Hudrî Fatiha sûresini okur ve hasta iyileşir. (Bu hâdise hakkında tafsilatlı malumat Tecrid tercümesi 7. cild, 43. sahifede vardır.)

Fâtiha sûresinin faziletine dair kaynaklarımızda çok geniş bilgi vardır. Hepsini burada zikretmemiz mümkün olmadığı için; bu sûrenin yalnız namazlarda değil, her zaman okunabileceğine işaret etmekle yetiniyoruz.

Besmele ise, zaten bütün müslümanların hangi iş olursa olsun, başlarken okumaları gereken bir âyettir. Hz. Peygamber (s.a.s) bir hadislerinde *"Besmele ile başlanmayan her önemli iş, bereketsiz ve neticesiz kalmaya mahkûmdur"* buyurmuşlardır. Dikkat edi-lecek olursa, Allah, Rahmân ve Rahîm kelimeleri, yani Allah'ın Fatiha sûresindeki isimleri orada da geçmektedir.

Her işimizde; derse çalışırken, yemek yerken herhangi bir işe başlarken besmele ile başlamak gerektiğini çocuklarımıza öğretmeliyiz.

Bu konuda annelere daha fazla görev düşmektedir. Çünkü küçük yaşta çocukların eğitimi ile daha çok onlar meşgul olmaktadırlar.

Kur'ân-ı Kerîm'de ve Hadislerde Tevbe, İstiğfâr ve Duâ

İnsan hem sevap hem de günah işleme özelliği olan bir varlıktır. Allah yanındaki değeri ise, sevap işleme kabiliyetini geliştirdiği ölçüde yüksektir. Bununla beraber yüce Allah, günah işleyen kulunu günah deryasında başı boş bırakmaz. O günah işliyor diye rahmet kapılarını yüzüne kapatmaz; daima açık tutar. Zikredeceğimiz şu âyetler bunun en güzel delilidir.

"Ancak tevbe ederek, ruhlarını temizleyerek hakikatı söyleyenler, onlardan ayrıdır. Onların tevbelerini kabul, günahlarını da affederim. Ben, yürekten teslimiyetle yapılan tevbeleri hemen kabul ederim." (Bakara, suresi, âyet, 160).

"...Ancak bu hallerinden pişmanlık duyup da, tevbe edenler ve ondan sonra da hallerini düzeltenler için Allah acıyıcı ve bağışlayıcıdır". (Al-i İmrân suresi, âyet, 89).

"Ve onlar bir kötülük işledikleri veya bir haksızlık ederek kendilerine zulmettikleri zaman, Allah'ı hatırlayarak hemen pişmanlık duyup günahlarından tevbe edenlerdir. Kötülükte ısrar edip devamlı olmadıkları takdirde günahları Allah'tan başka kim bağışlayabilir? Yeterki onlar, bile bile tevbelerini bozup kötülüğe devam etmesinler." (Al-i İmran suresi, âyet, 135).

"Şu var ki, Allah ancak cahillikleri yüzünden bir suç işleyip sonra hemen bundan vazgeçerek yürekten tevbe edenlerin tevbesini kabul eder. Allah kimin samimiyetle tevbe ettiğini bilir". (Nisâ suresi, âyet, 17).

"Ömürleri boyunca suç ve günâh işlemekte iken, ölümleri yaklaşıp hayattan ümitlerini kesince 'Ben

işte tevbe ettim' diyenlerin tevbesi makbul değildir. İnanmamış kimselerin ölüm halinde yaptıkları tevbe de makbul değildir. Biz, bu gibi kimseler için acıklı bir azabı hazırladık" (Nisâ suresi, âyet, 18).

"Kendi kendine haksızlık eden veya bir kötülükten dolayı vicdan azabı çeken biri, Allah'a yönelir, bağışlanmasını dilerse Allah'ın affedici ve merhametli olduğunu görür." (Nisâ suresi, âyet, 110).

"Ey Muhammed! Tarafımdan de ki: 'Ey kendilerine kötülük edip aşırı giden kullarım! Allah'ın rahmetinden ümidinizi kesmeyin. Doğrusu Allah günâhların hepsini bağışlar; çünkü O, bağışlayandır, merhamet edendir. Rabbınıza yönelin, azap size gelmeden önce O'na teslim olun; sonra yardım görmezsiniz" (Zümer suresi, âyet, 53-54).

"Ey iman edenler! Allah'a yürekten samimiyetle, nasuh bir tevbe ile tevbe edin. Umulur ki Allah, yaptığınız kötülükleri siler de sizi altından ırmaklar akan cennetlere koyar. Allah'ın, Peygamberini ve onunla beraber olan mü'minleri utandırmayacağı o gün, ışıkları önlerinde ve defterleri sağlarından verilmiş olarak yürürler ve: 'Rabbimiz! Nurumuzu tamamla, bizi bağışla. Doğrusu Sen her şeye kâdirsin' derler". (Tahrîm suresi, âyet, 8).

Tevbe ile ilgili bu âyetlerin yanısıra konu ile ilgili olarak Hz. Peygamber (s.a.s)'den de bir çok Hadîs-i Şerîf sâdır olmuştur. Bunlar arasında Müslim'in rivayet ettiği şu hadis ne kadar dikkat çekici ve önemlidir!

عن ابى هريرة قال : قال رسول الله صلى اللهُ عليه وسلم :
والذى نفسى بيده لولم تذنبوا لذهب الله بكم ولجاء بقوم يذنبون
فيستغفرون الله فيغفر لهم.

Ebû Hureyre (r.a)'den rivayet edildiğine göre, Peygamber (s.a.s) şöyle buyurmuştur:

"Hayatım elinde olan Allah'a yemin ederim ki, sizler hiç günah işlemeseydiniz, Allah sizi yokeder, günah işleyip kendisinden af ve mağfiret dileyen ve Kendisinin de onları affedeceği bir kavim getirirdi." (Müslim, Tevbe, 1 Hadis no: 11).

Bu hadisi garip karşılayanlar çıkabilir. Fakat dikkatle incelendiği zaman, yüce Allah'ın insanı yaratışındaki hikmete uygun olduğu görülür. Daha açık bir ifadeyle söyleyecek olursak, melekler günah işlemiyen varlıklar olduğu gibi, devamlı bir şekilde de Allah'ı tesbîh etmektedirler. Cenâb-ı Hakk'ın onları affedeceği bir günahları yoktur. Halbuki yüce Allah insanı "Zalim ve cahil", günah işlemeye mütemayil yaratmıştır. Ona akıl, irade ve nefis vermiş, bu iradesini iyi yolda kullanabildiği ölçüde de mükâfaat vereceğini bildirmiştir. Cennet ve cehennem bunun için vardır. İnsanoğlu yaratılışından gelen bu özelliğinden dolayı günah işleyecektir. Günah işlemeyen, hata etmeyen insan düşünülemez. Eğer Allah insanların hiç günah işlememelerini murad etseydi, onları da melekler gibi yaratırdı. İnsanın günah işlemesi ne kadar tabiî ise, suçunu ve günahını anlayıp tevbe ve istiğfar etmesi, bağışlanması için yalvarıp yakarması da vazifesidir. Eğer insanoğlu da melekler gibi olsaydı ve hiç günah işlemeseydi; yüce Allah'ın "Rahîm" ve "Ğaffâr" gibi isimleri nasıl tecellî edecek ve O yüce yaratıcı kimi affedecekti?

Hz. Peygamber (s.a.s) bir başka hadîslerinde de şöyle buyurmaktadır:

"Ey insanlar! Allah'a tevbe ediniz, ben günde yüz kere tevbe ediyorum" (Müslim, Zikr, 41).

Hz. Peygamber (s.a.s) kendisi bir peygamber olduğu halde, yani yüce Allah onun geçmiş ve gelecek bütün günahlarını affetmiş olduğu halde, yine de o, tevbe etmekten geri kalmamıştır. O'na niçin bu kadar tevbe ve istiğfâr ettiği sorulduğunda:

— *"Allah'a şükreden bir kul olmayayım mı?"* diye cevap vermiştir. (Buharî, teheccüd, 6).

Aslında tevbe ve istiğfâr da birer duâdırlar. Ancak mücerred duânın onlardan farkı şudur: Duâda insan, Cenâb-ı Allah'tan günahlarının affını talep ettiği gibi, dünya ile ilgili bazı hususlarda da isteklerde bulunabilir. Başka bir deyişle tevbe ve istiğfâr yalnız günahların affı konusundadır. Duâ ise, buna ilave olarak dünya işlerine yönelik bazı arzu ve istekleri de ihtiva etmektedir. Bu bakımdan Kur'ân-ı Kerim'deki dua ile ilgili âyetlerden bazılarını zikretmemiz yerinde olacaktır.

Yüce Allah şöyle buyurmaktadır:

"Ey Muhammed! De ki: Sizin duânız olmasa, Rabbım size ne diye değer versin?" (Furkan suresi, âyet, 77).

Bu âyet çok düşündürücüdür. Ve ondan anlaşılmaktadır ki, insanın Allah yanındaki değeri O'na yapılan duâ ve ibadeti sayesinde vardır. Duâ ve ibadeti olmayan kimsenin Allah yanında bir değeri yoktur. Bu husus, O'nun insanları yaratmasındaki hikmete de uygundur:

"Ben cinleri ve insanları ancak bana ibadet etsinler diye yarattım." (Zâriyat suresi, âyet, 56).

Yeri gelmişken burada duâ kelimesinin bir manasına daha işaret edelim: Buharî'nin belirttiğine göre duâ, iman anlamına da gelmektedir. O, bu konuda yukarıda zikrettiğimiz Furkân suresinin 77. ayetini delil olarak göstermektedir! (Buharî, İman 2, (1/

8) Bu takdirde âyetten *"... imanınız olmasaydı, Rabbım size ne diye değer versin"* anlamı çıkmaktadır. Bu iki mana ilk bakışta birbirine zıd gibi görünmekte ise de, aslında bir zıdlık yoktur. Çünkü, kişinin Allah'a dua etmesi için her şeyden önce iman etmiş olması gerekmektedir. İnanan kişi mutlaka Rabbına duâ edecektir.

Bütün bunlardan anlaşılan şudur: Kul, Allah'a ibadet ve duâ etmek O'nun verdiği nimetlere şükretmekle mükelleftir. Yüce Allah kul duâ ettiği zaman onun duâsını kabul edeceğini beyan buyurmaktadır.

"Kullarım sana Benden sordukları zaman bilsinler ki, Ben onlara çok yakınım. Benden isteyenin, dua ettiğinde duâsını kabul ederim. Artık onlar da benim davetime icabet etsinler..." (Bakara suresi, âyet, 186).

"Rabbınız buyurdu ki: Bana duâ edin, ben de sizin duanıza icabet edeyim. Bana ibadet etmekten kibir edenler hakir olarak Cehennem'e gireceklerdir". (Mü'min suresi, âyet, 60).

"Rabbınıza gönülden gizlice yalvarın. Doğrusu O, aşırı gidenleri de sevmez." (A'râf Suresi, âyet, 55).

"İster Allah diyerek duâ et, ister Rahmân diyerek duâ et. İkisi de Allah'ın güzel isimlerindendir." (İsrâ suresi, âyet, 110).

Meâlini verdiğimiz bu âyetlerden çıkaracağımız netice şudur:

Yüce Rabbimiz bizlerden duâ etmemizi, duâ ettiğimiz takdirde kabul buyuracağını bize duyurmaktadır, haber vermektedir.

Bu âyetler, duânın nasıl yapılması gerektiği konusunda da bize bilgi vermektedir. Buna göre, dua ederken yüksek sesle, bağırarak çağırarak değil, fakat tazarru halinde ve gizlice dua etmemiz belirtilmektedir. Duâ ederken, O'na yalvarırken O'nun isimlerinden hangisi ile olursa olsun, O'na hitap edebileceğimizin farklı bir şey olmadığına da işaret buyurulmaktadır.

Hz. Peygamber (s.a.s) de dua konusunda şöyle buyurmaktadır:

"Allah katında duadan daha değerli bir şey yoktur". (Tirmizî, Da'avât, hadis no: 3370).

Yine Tirmizî'nin rivayet ettiği bir hadiste Peygamber (s.a.s): *"Duânın kendisi ibadettir"* buyurmuş ve *"Bana dua ediniz, karşılığını vereyim..."* (Mü'min suresi, âyet, 60) âyetini okumuştur.

Diğer bir hadiste: *"Allah kendisinden bir şey istemeyen kimseye gazap eder"* (Aynı yer) buyurulmaktadır. Müslim'in rivayet ettiği bir hadis ise çok ilgi çekicidir. Peygamberimiz (s.a.s) şöyle buyurmaktadır:

"Allah, kulu kendisine tevbe ederken kulunun kendisine tevbe etmesinden herhangi birinizin şu durumundan daha sevinçlidir. Biriniz otsuz boş bir arazide devesi kendisini bırakıp gitse, üzerinde de sahibinin yiyeceği-içeceği bulunsa, sahibi devesinden ümidini kesip uzanırken birden bire devesini yanı başında buluverse ve sevincinden 'Allahım! Sen benim kulumsun, ben de Senin Rabbinim' diye yanlış bir şey söylese. İşte Allah kulunun tevbesiyle böyle bir adamın sevincinden daha çok sevinir." (Müslim, Tevbe, :2).

Ebû Hureyre (r.a)'nin rivayet ettiği bir hadis-i kudsî ise şöyledir:

"Azîz ve Celîl olan Allah şöyle buyuruyor: Ben kulumun beni zannettiği -düşündüğü- gibiyim. Kulum

Beni anarken Ben onunla beraber olurum. Eğer o Beni gizlice zikrederse, ben de onu gizlice zikrederim. Eğer o Beni bir topluluk içinde zikrederse, Ben de onu, o cemaatten daha hayırlı bir cemaat içinde zikrederim. Kulum Bana bir karış yaklaşırsa, Ben ona bir arşın yaklaşırım. Kulum bana bir arşın yaklaşırsa, Ben ona bir kulaç yaklaşırım. O Bana yürüyerek gelirse, Ben ona koşarak varırım." (Müslim, Tevbe, 1).

"Darlık zamanında Allah'ın kendisine yardım etmesini isteyen kimse, rahat ve genişlik zamanında çok dua etsin. Genişlik zamanında duâ etmek kadar Allah'a hoş gelen bir şey yoktur." (Tirmizî, Duâ, h.no: 3382).

Bir başka hadîs ise şöyledir: *"Duâ mü'min'in silahıdır."* (Keşfu'l-Hafâ, I. 485).

Anlaşılmaktadır ki, Peygamber (s.a.s) kendisinin bütün günahları affolmuş olduğu halde, yine de dua etmekten geri kalmamakta, hatta günahkârlardan daha fazla dua etmekte, ümmetine de çok dua etmeyi tavsiye etmektedir.

Yine bu hadislerden anlaşıldığına göre, yüce Allah günah işleyen kulunun tevbe etmesini şiddetle istemekte, kulu tevbe ve duâ ettiği zaman fevkalâde sevinmektedir. Bu ifadeleri mecazî manada anlasak bile, kul duâ ettiği zaman O'nun kulundan memnun ve razı olduğunu söylemenin mecazî bir yönü yoktur. Ve Allah kendisine duâa eden kullarından razı olmaktadır.

Çok sıkışık olduğumuz zamanlarda, meselâ borçlu iken, hasta iken duâlarımızın daha da arttığı bir gerçektir. Böyle bir durumda olan müslümanın Allah'tan başka yalvaracağı, duâ edeceği kimse yoktur. Bununla beraber yüce Yaratıcımız yalnız dar zamanlarımızda değil, rahatımız yerinde iken de kendisini hatırlamamızı, duâ ve niyazda bulunmamızı istemektedir. Yine de insan genişlik zamanlarında Allah'ı fazla hatırlamamakta, darlık zamanında ise O'na koşmaktadır, O'na sığınmaktadır.

Bundan dolayıdır ki duâ, çaresiz kalan müslümanın en büyük silâhıdır.

Duâ'nın Faydası

Duâ'nın insana bir faydası var mıdır? Bu soruya iki şekilde cevap vermek mümkündür:

1. Duâ faydasız bir şey olsaydı, yüce Rabbimiz onu bize emretmez, Peygamber (s.a.s) efendimiz de tavsiye buyurmazlardı. Tabiî ki bu cevap inanan insanı tatmin etmek için verilen bir cevaptır.

2. Duâ'nın gerçekten faydası vardır. Bakınız, memleketimizde bazı kitaplarıyla tanınan meşhur yazar A. Carel, Duâ adlı kitabında, bu konuda ne diyor?

"Duâ, kalitesine (keyfiyet), frekansına (tekerrürüne) göre ruh ve beden üzerinde tesir yapar. Duânın frekansını ve belli ölçüler içinde şiddetini tanımak kolaydır... Duâ'nın değersiz ve çok defa bazı düsturların şuursuz okunmasından ibaret kaldığı zamanlarda bile, davranış üzerine bir tesiri olur. Kudsiyet ve ahlâk duygusunu aynı zamanda kuvvetlendirir. İsbat edilmiş gibidir ki, fikrî ve zihnî gelişmeleri eşit olanlar arasında karakter ve ahlâkî değer, ara-sıra dua eden kimselerde bile, etmeyenlere nazaran daha yüksektir. Duâ, alışkanlık haline geldiği ve uyanık olduğu zaman tesiri çok berraklaşıyor. Sanki şuurun derinliklerinde bir ışık yanmıştır. insan kendini olduğu gibi görür. Egoizmini, hırsını, hatalarını, gururunu keşfeder.

Ahlâkî vazifelerini yapmaya hazırdır. Fikrî ve zihnî tevâzuu, olgunluğu kazanmaya çalışır. Böylece o insanın önünde iyilik saltanatının kapıları açılır. Yavaş yavaş ruhî bir sükûna kavuşur; asabî ve ruhî faaliyetlerine bir ahenk hâkim olur, fakirliğe, iftiraya, kedere karşı büyük bir sabır kazanır. Ölüme, hastalığa, ıstıraba, yakınlarının kaybına azîm bir tahammül gösterir. Duâ'ya koyulmuş bir hastasını gören hekim sevinebilir. Duâ'nın doğurduğu huzur, tedavide kuvvetli bir yardımcıdır". (A. Carel, Dua, s. 20).

Yazarın şu ifadelerine de burada yer vermeden geçemiyeceğiz.

"Muhtaç olduğunuz bir şeyi Allah'tan dilemek tamamiyle meşru bir harekettir. Fakat bir ihtirasın mükâfâtlandırılmasını veya kendi gayretimizle kolayca elde edebileceğimiz bir şeyi Allah'dan dilemek abes ve mânâsızdır. Sıkıntılı, devamlı ve ısrarlı istekler muvaffak olur".(s. 195).

Duâ, mü'minin kendini Allah'a yaklaştırmak için yaptığı bir gayret, bir cehddir. Böyle bir cehd içinde bulunan insan, ruhunu kötülüklerden temizler ve diğer insanlar hakkında güzel şeyler düşünür. Böylece imanını kuvvetlendirmiş, diğer gamlık hislerini geliştirmiş olur.

İnsan, cemiyet içinde yaşamakla birlikte çok kere yalnızlık duygusu çeker. Derdini paylaşacak, keder ve sıkıntılarına ortak olacak bir arkadaş arar. Fakat bazan insanın çevresini öyle dertler, öyle sıkıntılar kuşatır ki... bütün bunları anlatacak bir arkadaş, bir dost bulamıyabilir. İnsan çok sıkıntılı zamanlarında duygu ve problemlerini yakın hissettiği birisine anlattığı zaman, bu anlattıklarından daha sonra pişman olabilir. Ya da dost diyerek anlattığı dertler bakar ki başkalarının dilinde...

Böylece insan, binlerce ve milyonlarca insan arasında kendini yalnız, yapayalnız bir varlık olarak hissedip çaresizlik içinde kıvrandığını görebilir. Yalnız ve çaresiz kalan insan ne yapacaktır?

İşte böyle çaresiz ve sıkıntılı zamanlarda ruhlarında bir kuvvet, yüreklerinde bir cesaret bulamayan korkak insanlar çareyi bir meyhane köşesinde aramakta, dertlerden kurtulacaklarını ümit ederken işlerin daha da karıştığını çok geç anlamaktadırlar. Ulvî hislere sahip şuurlu insanlar ise, hiç kimsenin bulunmadığı sakin bir yerde ellerini ve yüreğini yüce Rabbine açacak ve bütün içtenliğiyle derdini O'na dökecek ve O'ndan, fakat yalnız O'ndan yardım dileyecektir. Bütün bu dualar, niyazlar ve yakarışlar Allah ile kul arasında kalan sırlardır. Yalnız ve çaresiz insan derdini Allah'a arzettikten sonra bu sıkıntılardan kurtulacak, ruhu ferahlayacak, hayat ona daha anlamlı gelecek, kapıldığı kötü duygu ve düşünceler kaybolup gidecek, sisler ve karanlıklar içinde kalan ruhu aydınlığa kavuşacak, gönlü huzur ve mutlulukla dolacaktır. Bir seher vaktinde duâ edip Allah'a yalvarırken uzaktan gelen ezan sesinden daha güzel bir ses, ruhlara sevinç veren bir musiki var mıdır?

Böyle bir insan için ruh sağlığının bozulması diye bir şey söz konusu olamaz. Çünkü, bilmekte ve inanmaktadır ki,. dua ettiği yüce Allah, *"Ben ona şah damarından daha yakınım"* (Kaf, 16) buyurmaktadır. Çok sevdiğimiz karımız, çocuğumuz, dost ve akrabamızın bize yakınlığı ne kadar olabilir ki... Ayrıca nice insanın sıkıntı ve problemlerinin kaynağını karısının ve çocuklarının teşkil ettiği de acı bir gerçektir.

Yukarıdaki pasajda A. Carel, "Duâ'ya koyulmuş hastasını gören hekim sevinebilir, duânın doğurduğu huzur, tedavide kuvvetli bir yardımcıdır" diyor.

Bugün artık biliniyor ki, bir çok hastalığın temelinde manevî sebepler yatmaktadır. bir çok derdi ve problemi olan insanlar bazı hastalıklara daha kolay yakalanabilmektedirler. Hatta öyle görünmektedir ki, ruhen çok sıkıntılı insanlarda kısa bir süre sonra bazı rahatsızlıklar görülmektedir. İşte duâ maddî hastalıklara zemin hazırlayacak manevî ortamı yok etmektedir. Çok sevdiği yavrusunu kaybeden nice ana babanın üzüntüye dayanamayarak kısa bir süre içinde hastalanıp öldükleri bilinen olaylardandır. Şuurlu müslüman ise, onların birer emanet olduğunu, emanetin sahibinin emanetini geri aldığını, ama o yavrunun öbür dünyada onlara şefaatci olacağını bildiği için sabretmektedir.

Bazı ameliyatlardan sonra, ya da tedavisi devam eden hastalıklarda hastanın maneviyatının, yaşama azminin tedavide büyük rol oynadığı ifade edilmektedir. Duâ edip Allah'a yalvaran bir hastanın maneviyatı yükselir, kaybolmağa başlayan yaşama azmi canlanır. Yüce Yaratıcı Kur'an âyetlerini biz mü'minlere şifa olarak indirdiğini bildirmiyor mu?

Herhangi bir sıkıntıdan dolayı çok muztar kalan insan Allah'a duâ eder. Öyle ki duâsı kabul olunduğu takdirde bir takım adaklar yapmayı vadeder, veya gönlünden geçirir. Duâsı kabul olunduktan sonra bu vaadlerini yerine getirmekle kalmadığı gibi, kendi durumunda olup sıkıntı içinde bulunan insanlara "Ben bu hali bilirim" diyerek gerekli ilgi ve yardımı gösterir.

İnsan duâ ederken yaptığı bir takım kötülükleri hatırlar ve affetmesi için Allah'a yalvarır. Böylece bu tür hareketleri bir daha yapmamak gerektiğine inanır ve yapmamaya söz verir.

Duâ insanı bir takım belâ ve musibetlerden korur.

Duâ eden insan, Allah'a yalvara-yakara O'nun sevgili bir kulu haline gelir. O'na sevgili bir kul olmaktan daha yüksek bir mertebe de bulunamaz. Yüce Allah'ın meleklerine, filân kulum samimi bir şekilde gözyaşı döküyor, diyerek onun adını zikretmesi bu dünyada tadılabilecek zevklerin en büyüğü olsa gerektir.

Duâ eden insan alçak gönüllü olur. Çünkü duâ ettiği varlık azamet ve kibriya sahibi yüce Allah'tır. Allah'a karşı sürekli olarak aczini, fakirliğini, basitliğini dile getiren insan, insanlara karşı da mütevazi olur. Böylece dua onu yüksek bir ahlâk derecesine ulaştırır.

Duâ'nın kabul şartlarından birinin de duâ edecek kimsenin fakirlere sadaka vermek gibi bazı hayırlı işler yapması gerektiğidir. Durum böyle olunca duâ, hem duâdan önce, hem duâdan sonra sahibinin bazı hayırlı işler yapmasına sebep olur. Yani duânın hem duâ edene, hem de diğer insanlara bir takım faydaları vardır.

Dar ve sıkıntılı zamanlarda duâ etmek sıradan insanların yapacağı şeylerdir. Zaten sıkıntılı zamanlarda duâ etmeyen insana rastlamak pek mümkün değildir. Yiğit adam, eli bol, gönlü ferah ve işi denk olduğu zaman duâ eden, Allah'ı hatırlayan insandır. İşte böyle rahat zamanlarda duâ eden, yalvarıp gözyaşı döken, seher vakitlerinde kuşlarla birlikte Allah'ı zikir ve tesbih eden insanlara yüce Allah, sıkıntılı anlarında yardım elini uzatır. Bazen öyle kazalar görmekte veya duymaktayız ki, âdeta bir hurda yığını haline gelen otomobil veya otobüs'ün içinden burnu bile kanamadan insanlar çıkabilmektedir. Ve gazetelerde okursunuz: "Öldürmeyen Allah öldürmez "diye. Çünkü böyle bir hurda yığınından canlı insan çıkabilmesi mümkün değildir. Bu tür kazalardan hiçbir yara almadan kurtulmanın temelinde bazı hayırlı işlerin, bazı güzel duâların bulunmadığını kim iddia edebilir? Ferah zamanlarda yapılan iyilikler ve duâlar zor zamanlarda fayda verir.

Duâ eden insan şeytanî düşüncelerden uzaklaşır, onun çevresini melekler kuşatır. Böylece melekler de onun için duâ etmeye başlarlar. Bu şekilde duâ kulun rahmet ve bereket içinde kalmasına vesile olur.

Duâ, insanoğluna insan olduğunu öğretir. Bilhassa işleri iyi iken Allah'ı hatırlamayan, sanki başka bir dünyada imiş gibi yaşayan insanlar, işleri bozulup Allah'ı hatırlayınca kendilerinin âciz bir insan olduklarını hatırlayıverirler. Bundan başka yüce Allah insana dualarından dolayı değer verdiğini beyan etmektedir: *"Ey Muhammed, de ki: Duânız olmasa Rabbim size niye değer versin?"* (Furkan, 77)

Duâ ve ibadet insanı diğer canlı varlıklardan ayıran en büyük özelliktir. Âhirette mutlu bir hayat yaşamak bu dünyadaki ibadet ve duâlarla mümkündür. Allah'ın rızası O'na yürekten yapılacak duâlarla kazanılabilir. O'nun rızasını kazandıktan sonra malın, mülkün ve bu dünyanın ne değeri olabilir?

Duâ, rızkın genişlemesini, sağlığın artmasını ve ömrün bereketli olmasını sağlar.

Duâ, kulun yüce Allah'ın gazabından emin ve uzak olmasına sebep olur. Bir kudsî hadiste: Bana duâ etmeyene gazap ederim" (İbn-i Mace, Dua, 1) buyurulmaktadır. Bunun diğer bir anlamı Allah'ın rahmet ve bereketinin dua eden kimsenin yanında olduğudur.

Duâ bazı felâketleri önler. Buhârî'nin rivayet ettiği bir hadiste, *"Ana-babaya iyilik ömrü arttırır, yalan rızkı noksanlaştırır. Duâ ise kazaları önler"* (Buhâri, Mevakitu's-Salat, 5) buyurulmuştur.

Duâ, kabul olunsa da olunmasa da sahibine sevap kazandırır. Duânın kabulünün bir takım şartları vardır, hikmetleri vardır. Biz, bize taalluk eden şartları yerine getirse, getirdiğimizi zannetsek bile, bilmediğimiz hikmet ve sebeplerle duâlarımız kabul olmayabilir. Ancak duâlar kabul olunmasa bile sevap yazıldığını Peygamber (s.a.s) efendimiz haber vermektedir: *"Kul dua eder, ancak duası kabul olmazsa onun yerine bir sevap yazılır"* (Camiu's-Sağir, 1/344, 603 nolu hadis).

Nasıl Duâ Etmeli?

Duâ basit bir iş değildir. Peygamber (s.a.s) tarafından "ibadetin özü" olarak nitelendirildiğine göre, dinî hayatımızda önemli bir yer işgal ettiği muhakkaktır.

Nasıl bir sporcu bazı hareketleri yapabilmek için günlerce hazırlık yapmak mecburiyetinde ise, dua edecek insanın da ruhunu bir süre duâ'ya hazırlaması gerekir. Hatta yalnız ruhun değil, bütün bedeni ile birlikte hazırlanması gerekir. Mesela duâ edecek kimsenin oruç tutmasını bedenî ve ruhî hazırlığa misal olmak üzere zikredebiliriz.

1. Tevbe, istiğfar ve duâ edecek kimse, duâ edeceği gecenin gündüzünde-imkânları elverdiği ölçüde- fakirleri, yetimleri, yoksulları sevindirmeli, gönüllerini hoşnut etmelidir. Kocası hapiste ya da

askerlik görevini yapmakta olan kimsesiz kadınlarla ilgilenmeli, onların dertlerine ortak olmalıdır.

Biraz önce ifade etmeye çalıştığımız gibi, duâ'dan birkaç gün önce oruç tutmaya başlamak iyidir.

2. Güzelce abdest alıp iki rekat veya daha fazla namaz kıldıktan sonra dua etmelidir.

3. Duâ ederken ellerini yukarıya doğru kaldırmalı, fakat gözlerini gökyüzüne doğru dikmemelidir. Müslim'in rivayet ettiği bir hadiste Peygamber (s.a.s) efendimiz şöyle buyrumaktadır:

"Bir takım kimseler namaz kılarken, duâ ederken gözlerini semaya kaldırmalarından ya vazgeçerler, ya da gözleri kör olur" (Müslim, Salât, 118).

4. Duâ ederken kıbleye doğru dönmelidir, ki bundan tabiî bir şey olamaz. Çünkü duâ bir ibadettir ve ibadet esnasında kıbleye doğru dönmek gerekir.

5. Sesi fazla yükseltmeden dua etmelidir. Duâ sırasında sesi ne çok fazla yükseltmeli, ne de tamamiyle içinden yapmalıdır. *"Rabbınıza gizlice ve tazarru halinde dua edin, yalvarın"* (Â'râf, 55) ayeti dua sırasında sesimizin nasıl olması gerektiğini açıklamaktadır. Peygamber (s.a.s) ise:

— *"Ey insanlar! Duâ ettiğiniz Allah, ne sağır ve ne de dilsizdir. Biliniz ki O, sizinle bineklerinizin boynu arasındadır. (Size o kadar yakındır)"* (Buhari, Tevhid, 9; Müslim, Zikr, 44) buyurmuştur. Kur'ân-ı Kerim'de ise *"Biz ona şah damarından daha yakınız"* (Kâf, 16) buyurulmaktadır. Burada Peygamber (s.a.s) efendimizin bu âyeti zikretmeyip Allah'ın insana yakınlığını belirtmek için "O, sizinle bineklerinizin boynu arasındadır" demesi alçak bir sesle dua edilmesi gerektiğine işaret için olsa gerektir. Bundan dolayı duâ eden kimse sesini kendi duyabileceği kadar yükseltmelidir.

6. Duâ şiir gibi vezinli kâfiyeli olmamalıdır. Duâ gönülden nasıl geliyorsa öyle yapılmalıdır. Vezinli kafiyeli olacak olursa, duâ eden kişi duâdan ziyade vezin ve kafiyeleri düşüneceği ve mümkün olduğu kadar duânın edebî olmasına dikkat edeceği için, dua şuur ve samimiyeti, aşk ve muhabbeti kaybolacak, onun yerini "Ne güzel duâ ediyor" desinler düşüncesi alacaktır. Böyle bir dua, duâ değil, fakat riya ve gösteriş kokan bir nutuktan öteye geçmeyecektir.

Bu tür duâların belki dînî duygu ve heyecanların artmasında tesiri olabilir. Zaman zaman yapılan heyecan dolu duâlar kitlelere aşk ve heyecan verebilir. Ancak Peygamber (s.a.s) efendimiz bu tür duâları hiç tasvip etmemekte ve: *"Duâ ederken kafiyeden kaçının"* (Buhârî, Da'vat, 19) buyurmaktadır.

7. Duâ uzun olmamalıdır. Bazı kimseler dua ederken çok teferruata girmekte adeta yüce Allah'ın nasıl, ne zaman ve nerede, ne gibi şeyler vereceğini bütün detayları ile sıralamaktadırlar. Peygamber (s.a.s) efendimiz bu tür duâları da beğenmemektedir. Abdullah b. Mugaffel (r.a)'in oğlu duâ etmekte ve "Allahım! Senden Cennet'in sağ tarafındaki beyaz köşkü istiyorum" gibi sözler etmektedir. Bunu duyan babası: —*"Oğlum, öyle dua etme, Allah'tan cennet iste, seni cehennem azabından koruması için yalvar. Ben Allah elçisinin 'Duâda azgınlık eden bir kavim gelecek' dediğini duydum,"* demiştir. (Ebu Davud, Taharet, 45; İbn-i Mace, Dua, 3864)

8. Duânın kabul olunacağına samimi bir kalb ile inanılmalıdır. Dua eden kişi yaratıcısından istediği şeyi kesin bir dil ile istemelidir. Bu konuyu Hz. Peygamber (s.a.s) efendimiz şöyle açıklamaktadır:

"Sizden biriniz dua ederken, "Allahım! Dilersen beni affet dilersen bana merhamet et" demesin. İstediğini kesin bir lisan ile istesin. Çünkü yüce Allah'ı zorlayacak hiçbir güç yoktur"(Buhârî, Da'vat, 21; Müslim, Zikr, 8).

Duâ, duâ eden kişinin bütün benliği ile duâda kaybolduğu andır. Şartlı istekler duâ anındaki vecd ve istiğrakın kaybolmasına yol açacağı gibi, samimiyetin kaybolmasına da sebep olabilir. Bunun için duayı kesin bir dil ile yapmak gerekir.

9. Duâda ümid ve korku hakim olmalıdır. Kur'ân-ı Kerim'de *"Allah'ın rahmetinden sapıklardan başka kim ümidini kesebilir?"* (Hıcr, 56) ve *"Ey Muhammed, tarafımdan de ki, ey kendilerine kötülük edip aşırı gi-den kullarım! Allah'ın rahmetinden ümidinizi kesmeyin, doğrusu Allah günahların hepsini bağışlar; çünkü O, bağışlayandır, merhametlidir"* (Zümer, 53) buyurulduğuna göre, duânın kabul edileceğini ümit etmemek her şeyden önce kutsal kitabımızın bu emrine aykırı olur. Bir önceki âyet ise, bu konuda daha serttir. Sapık olmayan hiç kimse Allah'ın rahmetinden ümidini kesmez. Bu âyetler, duâ eden kişinin mutlaka duâsının kabul olunacağı hususunda ümit içinde bulunmaları gerektiğini anlatmaktadır.

Korku meselesine gelince, yine Kur'ân-ı Kerim'de sık sık "Allah'tan korkunuz" diye emredilmektedir. Duâ eden mü'min o anda sanki Allah ile başbaşadır. Böyle bir anda yüreğini bir korkunun kaplamaması mümkün değildir. Bununla beraber dua esnasında içini korku sarmayan insan henüz kalbini ve ruhunu duaya hazırlamamış demektir.

İleride bazı peygamberlerin dualarından örnekler göreceğiz. Duâları kabul olunan o yüce şahsiyetlerin ellerini hemen "Allah'a doğru kaldırır-kaldırmaz dualarının kabul gördüğünü düşünmek safdillik olur. Cennet'ten kovulan Hz. Adem (a.s.)'in kaç yıl yalvarıp yakardığını bilmiyoruz, kaç yıl gözyaşı döktüğünü bilmiyoruz. Hastalıklar içinde kıvranan Eyyub (a.s)'un, balığın karnında ölümle pençeleşen Yunus (a.s)'un korku ve ümitlerinden haberimiz yok. Peygamberlerin sonuncusu, kâinatın efendisi Hz. Muhammed (s.a)'in sevgili zevceleri Aişe (r.a) bir iftiraya uğramıştır. Sevgili Peygamberimizin içindeki bir şüphe yüreğini kemirmektedir. O'nun derdi, O'nun ıztırabı herkesten daha büyüktür. Yeryüzünde bir peygamberin zevcesinin şenî bir iş yapmasından daha kötü ne olabilir? İşte böyle bir zamanda Hz. Aişe (r.a) validemizin ve Peygamber (s.a) efendimizin duâlarını düşünün. O yüce insan otuz sekiz gün, evet tam otuz sekiz gün keder ve üzüntü içerisinde yaşamış, nihayet yüce Allah, Hz. Aişe (r.a)'nin tertemiz olduğunu haber vermiştir.

Bu misalleri peygamberlerin hayatlarından vereceğimiz örneklerle çoğaltmamız mümkündür. Peygamberlerin de korku ve ümit içinde duâ ettiklerini öğrenmemiz duânın önemini, korku ve ümidin değerini artırmaktadır. Yüce Allah şöyle buyuruyor: *"Onlar (peygamberler) hayır işlerinde koşuyorlar, korkarak ve ümid ederek Bize yalvarıyorlardı, Bize karşı gönülden saygı duyuyorlardı."* (Enbiya, 90) Peygamberler bile korku ve ümit içinde duâ ettiklerine göre, biz insanların nasıl bir korku içinde bulunmaları, nasıl bir ümit taşımaları gerektiğini ifade edebilmek güçtür.

Gerek günlük hayatımızda ve gerekse duâ esnasında yalnız başına korku bir anlam ifade etmez. Aynı şekilde mücerret bir ümidin de bir manası yoktur. Bir arkadaşımızdan, bir dostumuzdan beklediğimiz, ümit ettiğimiz bazı şeyler olabilir. Ama biz böyle bir ümit içinde iken herhangi bir korku taşımayız. Ancak ümit ettiğimiz varlık Allah olunca, isteklerimiz O'nun rahmet ve bereketi olunca, bu ümit korku ile karışık olmalıdır. Buna "Beyne'l-havf ve'r-recâ" denir.

10. Duâyı iyi ve güzel işler için yapmalıdır. Dost, akraba, arkadaş ve tanıdıkların, müslümanların aleyhine ve kötü şeyler için duâ edilmemelidir. Hatta düşmanlar için bile beddua etmenin islâm ahlakı ile bağdaşır bir tarafı yoktur. Peygamber (s.a.s) efendimiz kendisine her türlü hakareti yapan insanlara karşı bile kötü duâ etmemiş, *"Allahım! Onlara hidayet ver* "diyerek duâ etmiştir. Bazı kadınlarımızın çocuklarına kızdıkları zaman -öfke ile bile olsa -"gözün kör olsun, geberesice vs." gibi sözlerle beddua etmeleri ne kadar kötüdür.

11. Duâ eden kimse iktidar sahibi veya işveren ise, emrindekilere zulmetmemeli, onlara haksızlık yapmamış olmalıdır. Allah, zalimin değil, fakat mazlumun duasını kabul eder.

12. Duânın kabul olması için duâ eden kişinin helal kazanç sahibi olması gerekir. Bundan dolayıdır ki, "Duâ ihtiyacın anahtarıdır, bu anahtarın dişleri ise helal lokmadır" denilmiştir.

Günümüzde bir çok müslümanın, müslümanların aziz olması için dua ettiği muhakkaktır. Bununla birlikte islâm ülkeleri fakirliğin, yoksulluğun ve geriliğin kol gezdiği beldelerdir. Bu gün müslümanlar arasında helal mal kazanma düşüncesi ne yazık ki, zayıflamış bulunmaktadır.

Şurası iyi bilinmelidir ki, ibadetlerin de bir gayesi vardır. Bu da müslümanı sağlam ahlaklı bir insan haline getirmektir. Bir insan hem namaz kılıyor, hem de haram lokma yemeye devam ediyorsa ve ailesine de yediriyorsa, onun namazında bir noksanlık, bir sakatlık var demektir. Bir müslüman hem namaz kılıyor, hem de başkalarına zulmediyorsa, emrinde çalışanların haklarını vermiyor, onların insanca yaşamalarını -elinde imkân olmasına rağmen- temin etmiyorsa, onun namazı sadece bir şekilden ibaret demektir.

Bir müslüman ne kadar duâ ederse etsin, ne kadar namaz kılarsa kılsın, haram lokma yediği müddetçe duâsının ve ibadetlerinin kabulünü beklemek hatadır. Hatta bunun da ötesinde -ileride geleceği gibi- duâ edip Allah'tan gerek günahlarının affını ve gerekse dünya hayatı ile ilgili meşru bir istekte bulunacak olan kimse duâ edeceği gecenin gündüzünde fakirlere sadakalar vermeli, yoksulları ve kimsesizleri sevindirmelidir. Böyle bir kimse sevindirdiği insanların da hayır duâsını alacak ve onun hakkında yüce Allah'ın katına hayır duâlar yükselecektir.

Müslim'in rivayet ettiği bir hadiste (Dua, 87) Hz. Peygamber (s.a.s) şöyle buyurmaktadır:

"Her kim orada hazır olmayan din kardeşi için dua ederse, kendisine tevkîl edilmiş olan melek: Onun bir misli de senin için olsun, der."

Konu ile ilgili olarak Ebû Davûd'un Sünen'inde yer alan (salat, h.nu: 1535) bir hadis de şöyledir:

"Kabul bakımından duâların en sür'atlisi, bir kimsenin başka birisi hakkında yaptığı duadır."

İnsanın başka birisi hakkında hayır duâda bulunması için o kişinin mutlaka güzel bir harekette bulunmuş olması gerekir. Bu hareket iki türlü olabilir:

a) Kişi doğrudan doğruya o insana bir yardımda bulunur, bir ihtiyacını giderir; dolayısiyle kendisine hayır duâ edilmesine sebep olur.

b) Veya insan din, memleket ve millet yararına güzel bir iş yapar; bir vakıf kurar, bir kitap yazar, güzel bir teklifte bulunur. O'nun yapmış olduğu bu hayırlı iş sebebiyle insanlar onun hakkında hayır duada bulunurlar. Cami, çeşme, okul vs. yi de buraya dahil edebiliriz.

Nasıl ve hangi yollarla olursa olsun, müslümanlar, kendileri hakkında başkalarının hayır dua edebilecekleri güzel işler, güzel davranışlar sergilemekle yükümlüdürler. Al-i İmran suresinin 114. âyeti bu açıdan ne kadar anlamlıdır: *"Onlar Allah'a ve âhiret gününe inanırlar. İyiliği tavsiye eder, kötülüklerden menederler ve hayır işlerine koşarlar. İşte onlar sâlih kimselerdir".*

İslâm dîni açısından hayırlı iş yapamayacak herhangi bir insan yoktur. Şu hadis bu konuda bize ışık tutmaktadır:

"Sizden münker bir iş gören kimse, onu eliyle değiştirsin. Eğer eliyle değiştirmeye gücü yetmezse, diliyle; ona da gücü yetmeyen kimse kalbiyle. (Ona buğz etsin, düzelmesi için dua etsin). Ve işte bu, imanın en zayıf olanıdır." (Müslim, iman, 78).

Müslüman için hayırlı iş konusunda çok geniş bir alan vardır. Bunlardan hangisinde iş yapma imkanı varsa, o ölçüde sevap kazanacaktır.

Burada yeri gelmiş iken bir noktaya daha temas edelim. Hz. Peygamber (s.a.s) müslümanları dua etmeye teşvik ederken, duâ'dan önce yapılması gereken bir takım işler bulunduğuna da açık bir şekilde işaret etmektedir. Kötü bir işi düzeltme konusunda kalb ile yapılacak işin imanın en zayıfı olduğunu belirtmesi, bu konuda müslümanlara ne kadar büyük mes'uliyetler düştüğünü vurgulamaktadır.

Günümüzde, kötü bir işi elimizle düzeltme imkânları olmayabilir. Fakat, dilimizle düzeltme imkânı ve fırsatları daima elimizdedir. Her hangi bir gazetenin bir köşe yazarına yazdığı makaledeki fikirlerinin yanlış olduğunu, ya da çok güzel olduğunu belirtmek, radyo ve televizyon proğramlarına yazacağı mektuplarla müsbet anlamda katkılarda bulunmak, bu cümleden olmak üzere, örnek olarak verilebilir. Bütün bu ve buna benzer davranışları yapmadan oturduğu yerden yapılacak dua'yı yüce Tanrının kabul etmesini beklemek saf-dillikten öteye geçmez.

13. Temiz bir kalb ile duâ etmelidir. Yukarıdan beri saydığımız şartlara ilave olarak duâda kalb temizliğinin mutlaka şart olduğunu belirtmeliyiz. Kalb temiz olmadıktan sonra duâ, ister Kâbe'de yapılsın, ister Mescid-i Nebevî'de yapılsın, hiç bir şey farketmez. İbadetlerin gayelerinin başında gelen hususlardan biri de kalb temizliğini sağlamaktır. Bir hadiste: *"Vücudda bir et parçası vardır, eğer o temiz ise bütün vücud temizdir, işte bu kalbtir"* (Buhârî, İmân, 39) buyurulmuştur. Eğer Kâ'be'de yapılan bütün duâlar kabul olsaydı müşriklerin de duâlarının kabul olması gerekirdi. Çünkü onlar kendi din ve geleneklerine göre her zaman orada ibadet ve duâ ediyorlardı.

14. Duânın kabulünde acele etmemek. Duâ eden kişi bir süre duâ ettikten sonra "Duâlarım kabul olmuyor, ben de artık vazgeçtim, duâ etmiyorum" gibi sözlerle hemen duâdan vazgeçmemelidir. Duâ'nın anında kabul edilmesini beklemek çok yanlış bir düşüncedir. Yüce Allah'ın duâları ne zaman kabul edeceği bilinmez. Ayrıca duâ etmek bizim vazifemizdir. Kabul edip etmemek O'nun elindedir. Duâmız kabul olunmasa bile yaptığımız

duâlardan dolayı sevap kazanmaktayız. Şimdi konu ile ilgili olarak zikredeceğimiz şu hadis çok şayan-ı dikkattir, enteresandır.

"*Yüce Allah, sevdiği kulun kendisine dua ettiğini görünce: Ey Cibrîl! Kulumun dilediği hacetini yerine getirmeyi geciktir; çünkü Ben onun sesini duymayı arzu ediyorum. Sevmediği ve buğz ettiği bir kulunun da duâ ettiğini görünce de: Ey Cibrîl! Bu kulumun isteğini yerine getir; çünkü Ben onun sesini dinlemekten hoşlanmıyorum*", buyurur. (Kuşeyrî Risalesi, s. 205).

Bu durumda duâ edip duasının hemen kabul edildiğini görmek insana mutluluk mu vermeli yoksa insanı derin derin düşündürmeli midir? Duâsı hemen kabul edilen kimse duâ etmeye devam etmelidir; çünkü duâsının hangi sebeple kabul olunduğu hususunda elinde bir delil yoktur. Hatta Allah katında sevilmeyen bir kul olduğu için duâsı kabul olunmuşsa bu, sevinçten ziyade bir üzüntü kaynağı olabilir.

Duâsı kabul olunmayan insan ise, duâsının hangi sebeplerle kabul edilmediğini düşünmeli, kendine bir çeki-düzen vererek duâsı kabul edilen salih insanlara benzemenin yollarını aramalıdır. Her iki durumda da kul duâ etmeye devam etmelidir.

Bir hadiste Peygamber (s.a.s) efendimiz "*acele edip, duâ ettim kabul olunmadı demedikçe duâlarınız kabul olunur*" (Müslim, Musakat, 107; İbn-i Mace, Dua, 3853) buyurmuştur. Başka bir hadiste ise, "*acele etmek,*" duâm kabul olunmadı diyerek duâyı bırakmak olarak nitelendirilmiştir.

15. Duâ, Dil İle mi Kalb İle mi?

Burada temas etmemiz gereken bir husus daha var: Duâ mutlaka dil ile yapılmalı mı, yoksa kalbimizden geçirmekle ya da sükût etmekle dua olur mu?

Bazı âlimlere göre duâyı her zaman dil ile söylemek şart değildir; bazan dil ile hiçbir şey söylemeden de duâ edilebilir. Konu ile ilgili olarak Kuşeyrî Risale'sinden şu satırları nakledelim:

"Vakitler muhteliftir. Bazı hallerde duâ sükûttan efdaldir; edebe uygun olan da budur. Diğer bazı hallerde sükût duâdan efdaldir; aynı şekilde bu da edebtir. Bu hal duruma ve vakte göre bilinir ve tayin edilir. Çünkü vakit ve hâle ait bilgi, o vakit içinde hasıl olur. Kul, duâ etmesi gerektiğine dair kalbinden bir işaret alırsa, duâ etmesi evlâ olur. Sükût etmesi gerektiğine dair bir işaret alırsa, sükût etmesi efdal olur."

Bu ifadelerden anlaşılan odur ki, duâ etmek göründüğü gibi basit ve kolay bir iş değildir. Ne zaman duâ edileceğini, ne zaman sükût edileceğini bilebilmek biraz önce işaret ettiğimiz gibi temiz, fakat tertemiz bir kalbe sahip olmakla belki mümkün olabilir. Böyle bir kalbe sahip olabilmek o kadar zor görünmektedir ki, belki bir ömür boyu bedeni ve ruhu sağlam bir eğitimden geçirmek gerekebilir. Kim bilir belki bu da yeterli olmayabilir. Ebedî olan bir hayat için bunu yapmaktan başka bir çare bilinmiyor.

Duâ mı? Sabır mı?

Peygamber (s.a.s) efendimizin hayatını tetkik ettiğimiz zaman bir çok çileye, işkenceye, tarifsiz keder ve üzüntülere katlandığını görüyoruz. Halbuki O, Allah'ın son Peygamberi ve sevgili kuludur. Bir duâ etse yüce Allah onu hemen bu sıkıntılardan kurtarır, diye düşünürüz. Böyle durumlarda onun sıkıntılara sabırla göğüs gerdiğini müşahede etmekteyiz.

Hz. Peygamber (s.a.s) hummaya yakalandığında, bir grup kadın kendisini ziyarete geldiler. Bir su kabı istedi, bunu bir ağaca asıp altına yattı. Hummanın tesirini azaltmak için suyu üzerine damlatmaya başladı. Kadınlardan birisi:

— Ey Allah'ın elçisi! Seni iyi etmesi için Allah'a dua etsen, dedi. Allah'ın elçisi:

"Şunu unutmayın ki, insanların en çok belâya düçar olanları peygamberlerdir. Sonra bunlardan sonrakiler, daha sonra bunlardan sonrakiler" buyurdu (Mecmau'z.Zevâid, II/292).

Bu Kadını Tanıyınız:

Hz. Peygamber (s.a.s)'in sahabileri arasında Ümmü züfer denilen bir kadın vardı. Bu kadın sar'a hastalığına yakalanmıştı. Hastalık gelince düşüyor, kendinden geçiyor ve üstü-başı açılıyordu. Daha sonra kendisine gelince vücudunun görülmemesi gereken yerlerinin açılmasından dolayı çok üzülüyordu. Bir gün Allah'ın elçisine gelerek:

—Ya Resulallah! Ben sar'aya yakalanıyorum, sar'alanınca da açılıp-saçılıyorum. Allah'a benim için duâ et, dedi. Allah'ın elçisi:

— *İstersen hastalığına sabret, bunun mukabilinde sana cennet vardır. İstersen sana âfiyet vermesi için Allah'a duâ edeyim*, dedi. Bunun üzerine kadın:

— Hastalığıma sabrederim, ancak hastalanınca açılmamam için Allah'a duâ ediver, dedi. Hz. Peygamber (s.a.s) dua etti ve kadın sar'alandığı zaman artık üstü-başı açılmıyordu. Bunun içindir ki, İbn Abbas bu kadını cennetlik bir kadın olarak tanıtırdı" (Buhârî, Mardâ, 6; Muslim, el-Birr, 54).

Zikrettiğimiz bu iki misalden anlaşıldığına göre, Peygamber (s.a.s) hemen her olayda Allah'a duâ edip işi kolayca halletme yoluna gitmiyordu, fakat tabiî seyrine bırakıyordu. Daha açık bir ifadeyle O, basit dünyevî menfaatler için duâ etmiyordu. O'nun duâları büyük ve âhirete yönelik işler içindi.

Ne Zaman Duâ Etmeli?

Hemen belirtelim ki, müslüman günün her saatinde duâ ve niyaz halinde bulunmalıdır. Bunun manası işini gücünü bırakıp, bütün gün dua ile meşgul olmalı demek değildir. Fakat hareketleriyle, davranışlarıyla, duygu ve düşünceleriyle duâ ve niyaz şuuru içinde bulunmalıdır. Başka bir ifadeyle, kişi, ailesi ve içinde bulunduğu cemiyet ve insanlar için iyi ve faydalı işler yapıp, güzel şeyler düşünmekle bu şuuru kazanmaya başlamış demektir.

Günahlar bazan tevbe ve istiğfar etmeden de bağışlanabilir. Bu nasıl olur?

Kur'ân-ı Kerim'de:

"İyilikler kötülükleri giderir" (Hûd, 114) buyurulmaktadır. İyilikler kötülükleri nasıl götürür? Bu bir kaç şekilde olabilir:

1. İyilik yapan bir kimse, yaptığı iyilikten dolayı öyle çok sevap kazanır ki, günahları sevabının yanında çok az kalır. Zaten bir müslüman bir iyilik yaptığı zaman ona on misli sevap, kötülük yaptığı zaman ise, misli ile günah verilmektedir. Bu husus En'âm suresinin 160. âyetinde belirtilmektedir. Durum böyle olduğuna göre, çok hayır hasenât ya-

pan kimsenin günahları sevabının yanıda çok az kalacak, belki de yüce Allah o az kalan günahları da affediverecektir.

2. Hayırlı işlerle fazla uğraşan, ya da çok hayır yapan kimse, bunları bir davranış haline getirecek ve artık günah işlemeye fırsat bile bulamıyacaktır. Arada-sırada işleyeceği küçük günahlar ise, yaptığı faydalı işlerin sevabının yanında kaybolup gidecektir. Bunun için diyoruz ki, devamlı olarak güzel hareketler içinde bulunan müslümanlar daima dua ve niyaz halindedirler, demektir.

Güzel niyetlerin, duygu ve düşüncelerin de elbette bir değeri vardır. Kişi, müslümanlar için yararlı bir iş yapmaya azmeder; fakat elinde bu işi yapacak imkân ve fırsatlar yoktur. Yüce Allah böyle kimselere de bu güzel düşüncelerinden dolayı sevap verir. Ancak küçük de olsa güzel bir işi fiilen yapmak kadar değerli bir niyet yoktur.

Bu açıklamalardan sonra tekrar konumuza dönelim:

Duâ etmek için kesin bir vakit olmamakla birlikte, bazı vakitlerin seçilmesinin duâların kabulü ve Allah'ın rızasını kazanabilme bakımından daha uygun olduğu anlaşılmaktadır.

1. Receb, Şa'ban ve Ramazan ayları bilindiği üzere mübarek aylardır. Bu aylarda yapılacak duâların kabul olma ihtimali daha fazladır. Bilindiği gibi Ramazan ayı, oruç ve diğer ibadetlerin zirveye ulaştığı bir aydır. Dolayısiyle bu ay, tevbe, istiğfar, duâ ve niyaz ayıdır. Gündüzün oruçlu olunması Ramazan gecelerine ayrı bir mânâ vermektedir.

Bunun yanı sıra Receb ve Şa'ban ayları da kutsal aylardır. Peygamber (s.a.s) efendimizin ibadetlerini bu aylarda artırdığı, daha fazla oruç tuttuğu bilinmektedir. Hz. Aişe (r.a)'den rivayet edilen bir hadiste O'nun oruç tutma konusunda Şa'ban ayını çok sevdiği ve orucunu Ramazanla birleştirdiği anlatılmaktadır. Diğer bazı rivayetlere göre O, sürekli olarak yalnız Şa'ban ayında oruç tutardı (Neseî, Sıyam, 4/199).

Bir başka rivayette ise Peygamber (s.a.s) şöyle buyurmuşlardır: *"Şa'ban ayı, insanların değerini bilemedikleri bir aydır. O öyle bir aydır ki, insanların amelleri alemlerin Rabbı Allah'a yükseltilir. Amellerin Allah'a yükseltildiği bu ayda oruçlu olmayı çok seviyorum"* (Neseî, Sıyam, 4/202).

Bu ayların oruç tutmak için çok değerli olması, onların duâ etmek için de aynı değeri taşıdıklarını gösterir.

2. Bayram, arefe, cuma, pazartesi ve perşembe günleri duâların kabul olunabileceği gün ve gecelerdir. Pazartesi ve perşembe günleri sürekli olmamakla beraber Hz. Peygamber (s.a.s) efendimiz oruç tutmuşlardır. Haftanın bu iki gününün özelliği buradan kaynaklanmaktadır. Bayram, arefe ve cuma günleri ise kutsallığı herkes tarafından bilinen gün ve gecelerdir. Cuma günü hakkında ileride bu açıdan bilgi verileceği için burada tekrara gerek görmüyoruz.

3. Oruçların açılacağı iftar saatleri duâların kabul olunacağı en güzel vakitlerden biridir. Çünkü mü'min, yalnız Allah'ın rızasını kazanabilmek gibi ulvî bir duygu ve arzu ile sabahtan akşama kadar bazı istek ve arzularına gem vurmuş, O'nun rızası için susuz, O'nun rızası için aç kalmıştır. Konu ile ilgili olarak Peygamber (s.a.s) efendimiz şöyle buyurmuşlardır: *"Oruçlunun orucunu açarken yapacağı dua reddolunmaz"* (İbn-i Mace, I. 557)

4. Kadir Gecesi: Biraz önce ramazan ayının

ibadet ayı olduğunu belirtmiştik. Kadir gecesi bu ayın âdetâ sembolüdür. Bu gece öyle bir gecedir ki, Kur'ân-ı Kerim'de onun hakkında özel bir sûre bulunmaktadır. İleride de görüleceği gibi, bu gece günahların affolunması için müstesna bir gecedir. Çünkü Kur'ân-ı Kerim bu gecede nazil olmuştur. Bu gece bin aydan daha hayırlı olan bir gecedir. Meleklerin yeryüzüne indiğini yüce Allah kendisi haber vermektedir. İbadet ve tâat içinde gördükleri insanlar hakkında onlar da niyazda bulunmaktadırlar. Denebilir ki Ramazan ayı duâlar için en uygun ay, Kadir gecesi de en uygun gecedir.

Kadir gecesinin yanısıra diğer kandil geceleri de duâların kabulü için uygun zamanlardır. Çünkü her gecenin dinî bakımdan özel bir yeri mevcuttur.

5. Seher vakitleri duâların Allah'a yükseldiği en güzel vakitlerdir. Zâriyat Sûresi'nin 15. âyetinden itibaren cennetle mükâfaatlandırılan mü'minlerin halleri şöyle anlatılır:

"Doğrusu Allah'a karşı gelmekten sakınanlar Rablerinin kendilerine verdiğini almış olarak cennette pınar başlarındandırlar. Çünkü onlar dünyada iyilik yaparlardı, onlar geceleri az uyur, seher vakitlerinde bağışlanma dilerlerdi."

Bilindiği üzere yüce Allah Peygamber (s.a.s) efendimize gece kalkıp Teheccüd namazı kılmasını emretmiştir. Gecenin sükûnetinde duâ eden insan, ruhunun derinliklerinden gelen yalvarışlarla, niyazlarla, gözyaşlarıyle başbaşadır. O, bütün benliğiyle Allah'ın huzurunda ve O'nunla adeta yüzyüzedir, Allah kulunun bu zavallı halini görmekte ve bilmektedir. Geceleyin seher vakitlerinde yapılan ibâdet ve duâlarda ayrı bir zevk, ayrı bir heyecan ve sanki ayrı bir renk vardır. Gecenin karanlığı yapılan duâlar sayesinde kaybolur, onun yerini sanki mavi bir dünya alır. Tertemiz duygu ve düşünceler sanki birer kuş olup Allah'ın katına doğru uçarlar... Denebilir ki, duâların Hakka ulaşıp kabul gördüğü en güzel saatler seher vakitleridir. Sanki bunları yalnız insanlar değil, kuşlar bile bilmektedirler. Sabahın seher vaktinde garip garip öten bülbül'ün niyazını yüce Allah'tan başka kim anla-yabilir? Sabahın seher vakitlerinde Allah'dan af ve bağışlanma dileyen insanların âh seslerine, yalvarışlarına, inleyişlerine bir güvercin sesinin hû'su, bir bülbülün yalvarışı ve bir horozun sesi karışır. Kâinatta her şey Allah'ı zikir ve tesbih etmektedir, fakat bizim bunları anlamamız ne mümkün!

6. Ezan okunduğu, kamet getirildiği zaman ve namaz sırasında, yani rükû ve secdede iken yapılan duaların kabul edileceğine dair rivayetler vardır.

Peygamber (s.a.s) efendimiz bir hadislerinde *"Ezanla kamet arasında yapılan duâ geri çevrilmez"* (Tirmizi, Daavât, h. nu: 3499) buyurmaktadır. Bir başka hadislerinde ise, *"Kulun Rabbına en yakın olduğu zamanı, secde halindeki zamanıdır, öyleyse secdede iken çok duâ ediniz"* (Müslim, Salât, 215) demişlerdir. Yine Peygamber (s.a.s) namazın en güzel rüknünün rükû ve secde olduğunu belirtmişlerdir (Müslim, Musafirîn, 275). Aslında namazın her rüknünün ayrı bir manası vardır, ancak rükû ve secde sanki namazın özü gibi anlaşılmaktadır.

Namazı yalnız başımıza kıldığımız zaman rükû ve secdeyi uzun tutmak, böylece gerekli duâları yapmak efdaldir.

7. Farz namazlardan sonra yapılan duâlar kabule şayandır. Hz. Peygamber (s.a.s) konu ile ilgili olarak şu müjdeyi vermektedir: *"Gecenin son üçte birinde yapılan dua ile, farz namazların ardından yapılan dua en makbul duadır"*(Tirmizî, Daavât, 3499)

Bunun anlamı şudur: Müslüman günde beş defa yüce Allah'a dilek ve şikâyetlerini arzetme imkanı bulacaktır. Peygamber (s.a.s) efendimiz dualarda ısrarlı davranmamızı tavsiye ediyor. Her namazın ardından dua etmenin manası bir bakıma duada ısrar etmek demektir. Bu şekilde ısrarla dua edebilmek için ise, beş vakit namazı vaktinde kılmak gerekmektedir.

8. Cihad ve muharebe zamanlarında yapılan dualar makbul addedilmiştir. Çünkü müslüman Allah yolunda çok sevdiği canını bile verecek bir haldedir. Allah'ın rızasını kazanabilmek için, Hakkın galip gelmesi için canını feda etmektedir, şehâdet mertebesine ulaşmayı dilemektedir. İşte böyle zamanlarda güzel duygular içinde yapılacak dualar makbuldür.

Seher vakitleri öyle değerli anlardır ki, biz insanlar onun kıymetini bilebilseydik, belki bütün uykumuzu terkedebilirdik. Seher vaktinin değerini şu hadis ne güzel anlatıyor: *"Yüce Rabbimiz her gece, gecenin son üçte biri kaldığında dünya semasına iner ve şöyle seslenir: "Kim Bana dua ediyor? Duâsına icabet edeyim. Kim Benden af diliyor? Onu affedeyim. Kim benden bir şey istiyor? İstediğini vereyim." Bu ilâhî ses ta fecre kadar devam eder* .(Darimi, I. 347)

Görüldüğü gibi, hadiste Allah'ın dünya semasına inmesinden bahsedilmektedir. Bu iniş, bizim anladığımız manada maddî bir iniş değildir. Allah'ın inmesi demek, rahmet ve bereketinin inmesi demektir. Allah'ın inmesi bu saatlerde yapılacak ibadet ve duâların kabul edileceği anlamındadır.

Fetih sûresinde yüce Allah, *"Allah'ı sabah-akşam tesbih edin"* buyurmaktadır. Buradan hareketle sabah ve akşam vakitlerinde yapılacak duâların kabul edileceğini söyleyebiliriz.

DUÂ

Yükselir semâya doğru ellerim
Mavi gecelerin seher vaktinde.
Hakka kanat açar hep emellerim
Mavi gecelerin seher vaktinde...

Kaybolur kederim, kaybolur âhım,
Gözümden yaş olur, akar günahım.
Bana daha yakın olur Allahım
Mavi gecelerin seher vaktinde...

Bakışlarım yanar yanar tutuşur,
Parlarken semâda bir ilahi nur.
Gönlüm dile gelir, gönlüm konuşur
Mavi gecelerin seher vaktinde...

Bir uhrevî his var mı ki dünyada,
Bulunsun tadı bir ulvî duâda.
Ne mutlu Allahı getirmek, yâda
Mavi gecelerin seher vaktinde.

Feyzi Halıcı (Dinle Neyden)

Kimlerin Duâsı Kabul Olur?

Buraya kadar yaptığımız açıklamalardan kimlerin duasının kabul olunacağı hususunda bir fikir ortaya çıkmış görünüyor. Bununla birlikte bir iki noktaya daha temás etmekte fayda görüyoruz.

Peygamber (s.a.s) efendimiz bu konuda da bize yol göstermişler, ışık tutmuşlardır. O, bir hadiste şöyle buyuruyor:

"Üç çeşit insan vardır ki, duâları kabule şayandır: Mazlumun duâsı, yola çıkan kimsenin duâsı ve ana-babanın çocuklarına yaptıkları duâ." (Tirmizî, Da'vat, 3671) Duâsı makbul olanlardan bir

başkasına Peygamber (s.a.s) şöyle işaret etmişlerdir:

— *"Ey Muaz! Mazlum'un duâsından sakın; çünkü onunla Allah arasında duasının kabulüne engel olacak bir perde yoktur"*(Müslim, İman, 29)

"Üç kişinin duâsı geri çevrilmez: İftar edinceye kadar oruçlunun, adaletli devlet başkanının ve zulme uğrayan kişinin duâsı. Allah bunların duâlarını bulutların üzerine çıkarır, gök kapılarını açar ve şöyle der: Şan ve izzetime yemin ederim ki, bir zaman sonra da olsa sana yardım edeceğim" (İbn-i Mace, Sıyam, h. nu. 1752).

Bu hadisler tetkik edildiği zaman her birinde dikkati çeken nokta mazlum'un duâsının kabul olunacağının zikredilmiş olmasıdır.

Zulüm İslâm dininin hiç bir şart ve hiçbir şekilde tasvip etmediği büyük bir günahtır. Bu sebeple olsa gerektir ki, mazlumun duâsının kabule şâyan olduğu muhtelif yerlerde ifade edilmiştir.

Yüce Allah bir kudsî hadiste şöyle seslenmektedir:

"Ey kullarım! Haberiniz olsun ki, Ben kendime zulmü haram ettim. Onu size de aranızda haram kıldım, öyleyse birbirinize zulmetmeyin."(Muslim, Birr, 55)

Yüce Allah zulüm hakkında böyle ferman buyurduktan sonra zulümden daha kötü ne olabilir ve mazlumun duasından daha makbul kimin duâsı bulunabilir?

Burada belirtmek mecburiyetindeyiz ki, bugün dünyanın çeşitli ülkelerinde; Yunanistan'da, Bulgaristan'da, Filistin'de, Çin'de ve Rusya'da ve diğer bazı ülkelerde zulme uğrayan, ezan sesine hasret, hürriyetleri ellerinden alınmış milyonlarca insan var. Bu mazlum kardeşlerimizin duâlarının kabul edilmesi yüce Mevlâmızdan bizim de niyazımızdır. Ancak bu konularda duâdan önce yapmamız gereken birtakım işler vardır ki önce bunları yerine getirmemiz gerekmektedir. Dinimiz duâ ile yetinmeyi hiçbir şekilde tasvip etmez.

Duâsı kabul olunacak bir diğer grup insan tevbe edenlerdir. Kur'ân-ı Kerim'de onlar hakkında şöyle buyurulmaktadır: *"Onlar kötü bir şey yaptıklarında veya kendilerine zulmettiklerinde Allah'ı anar ve günahlarının bağışlanmasını dilerler. Günahları Allah'tan başka kim bağışlayabilir? Onlar yaptıklarında bile bile direnmezler, onların hareketlerinin karşılığı Rablerinden bağışlanma ve altlarından ırmaklar akan içinde temelli kalacakları cennetlerdir. İyi davrananların ne güzel ecri vardır."* (A'l-i İmran, 135-136)

Bu iki âyet günahında ısrar etmeyip hemen tevbe edenlerin tevbelerinin kabul olunacağını ve hiçbir günah işlememiş gibi cennete gireceklerini haber veriyor. Yüce Allah kullarını cehennemde yakmak istemiyor, çünkü O, zalim değil, merhametlidir.

Duâsı makbul olacak bir grup insan da anababalardır. Onlar Allah'ın dinine uygun olarak evlenmişler, O'nun yolunda hizmet verecek evlatlar yetiştirmişlerdir. İşte böyle ana-babaların evlatları hakkındaki güzel duâları Allah katında makbul dualardan sayılmıştır. Peygamber (s.a.s) buyuruyor ki: *"Ana-babanın evlâdına duâsı, peygamber'in ümmetine yaptığı dua gibidir."*

Her evlat bir gün ana-baba olacağına göre, onlara düşen evlatlarına hayır duâ edebilecek anababalar olmak için gayret sarfetmeleridir.

Bir kişiye gıyabında yapılacak duâ makbul bir duadır. İnsan öyle güzel hareket ve davranışlar içinde bulunmalıdır ki, diğer insanlar ona gıyabında duâ edebilsinler. Peygamber (s.a.s) bu şekilde yapılan duâların kabul bakımından en sür'atli (hızlı) duâlar olduğunu belirtmektedir (Ebu Davud, h. nu: 1535; Keşfu'l-Hafa, 1/405).

Tevbe ve duâları kabul olunacak insanlardan bazıları da gaziler, hac ve umre yapanlardır.

Peygamber (s.a.s)'in bir hadislerinde şöyle buyurulmaktadır: *"Gaziler, hacılar ve umre yapanlar, dua ettikleri zaman duaları kabul olur"* (İbn Mace, Menâsik, 5).

Duâsı kabul edileceklerden bir diğeri de hastalardır. Dinimiz hasta ziyaretine -onu rahatsız etmemek şartıyle- çok önem vermiştir. Peygamber (s.a.s) efendimiz bir hadislerinde hasta ziyaret eden kişiye hastanın yapacağı duâ hakkında *"Onun duâsı meleklerin duâsı gibidir"* (İbn-i Mace, Cenaiz, 1441) buyurmuştur.

Hastanın duâsının meleklerin duâsına benzetilmesi hikmetlidir. Melekler nasıl günah işlemiyen varıklar ise, ve onların duâları Allah katında makbul ise, aynı şekilde hastanın ziyaretçisi hakkında yapacağı duâ kabul olur demektir.

Duâ'ya Nasıl Başlamalı?

Duâ etmeden önce ruhen ve bedenen duaya hazır hale gelmek gerektiğine daha önce işaret etmiştik. Âdâb ve erkânına riayet ederek iki rekat veya daha fazla namaz kıldıktan sonra duâ etmek efdaldir.

Duâ'ya, Allah'a hamdederek, verdiği nimetlerden dolayı şükrederek ve Peygamber (s.a.s) efendimize salât ve selâm getirerek başlamak gerekir. O, çok kere duâ'dan önce, "Sübhane Rabbiye'l-aliyyi'l-a'le'l-Vehhâb" der idi.

İsrâ sûresinin 110. ayetinde yüce Allah şöyle buyurmaktadır: *"Rabbınıza Allah diye de Rahmân diye de duâ edebilirsiniz. Gerçekten en güzel isimler O'nundur. Duâ ederken sesi yükseltme, fazla da kısma. Orta bir yol tut"*. Bu ayet bize duâ'ya başlarken ve duâ sırasında "Esmâ u'l-husnâ" adı verilen Allah'ın en güzel isimlerini zikretmemiz gerektiğini bilidiriyor.

Duâ esnasında yüce Allah'tan bir istekte bulunurken önce kendisinden başlamalı, daha sonra yakınları ve diğer mü'minler için duâ etmelidir.

Duâ'ya başlarken nelerin okunacağına dair bir kalıp vermek kaaatimizce yanlış olur. Ancak mutlaka Allah'a bolca hamdedip, Peygamber (s.a.s) efendimize salât ve selâm getirmek gerektiğini tekrar belirtmeliyiz. Bundan sonra kişi, gönlünden geldiği gibi, içtenlikle dua etmelidir.

Duâ Edilen Yerin Önemi

Dua edilecek yerin fazla bir önemi bulunmamakla birlikte bazı kutsal yerlerde yapılan duâların değerini de belirtmek gerekir.

Kâbe'de yapılacak duaların kabul göreceği zikredilmektedir. Mescid-i Nebî ve Mescid-i Aksa gibi kutsal yerlerde yapılacak duâ'ların kabul göreceği ümit edilir. Bununla beraber Kur'ân-ı Kerim'de ve hadislerde duâ edilecek yer hakkında açık bir hüküm yoktur. Tirmizî'nin rivayet ettiği *"Benim şu mescidimde kılınan namaz, Mescid-i Haram hariç diğer mescidlerde kılınan bin namazdan daha hayırlıdır"* hadisi aynı yerlerin dua konusunda da geçerli olabileceğini gösterir. Kabul etmek gerekir ki, bütün müslümanların her zaman namazlarını buralarda kılmaları mümkün değildir ve böyle bir şey de düşünülemez. Bu konuda Hz. Peygamber (s.a.s)'in şu hadisleri bize ışık tutmakta, yol göstermektedir:

"Yeryüzünün tamamı mesciddir, kabirler ve hamamlar müstesna". (Tirmizî, Salât, 119) Bu hadis, söz konusu yerlerde namaz kılınmaması gerektiğine işarettir. Kabirlerde duâ edilmesi çok tabiî olduğu gibi, hamamlarda bile insan duâ ve niyaz hali içerisinde bulunabilir. Kısaca belirtmek gerekirse dua için mekân sözkonusu olamaz.

Duâmızın Kabul Olduğunu Bilebilir miyiz?

(Duâ'nın Kabul Olduğunun Alametleri)

Duâ, işlediğimiz günahlardan dolayı yüce Allah'tan af dilemek, veya dünyalık bir şey istemek ya da O'nun bizlere verdiği sonsuz nimetlere şükretmek maksadıyle yapılır. Allah katında en makbul olan da bu sonuncusudur.

Kul, eğer dünyaya ait herhangi bir şey istiyorsa, duâsı kabul olunduktan sonra istediği şeyi elde edecek, böylece duâsının kabul olduğunu görecektir. Ancak burada şu noktaya işaret etmek de faydalı olacaktır. Yüce Allah kainatta her şeyi bir düzene, bir kanuna bağlamıştır. Buna sünnetullah diyoruz. Fâtır sûresinde bu husus şöyle anlatılmaktadır: *"...Sen Allah'ın kanunlarında bir değişiklik bulamazsın, Sen Allah'ın kanunlarında bir başkalaşma da göremezsin."* (Ayet, 43) Allah'ın kanunları hiçbir zaman değişmez. Hz. Peygamber (s.a.s) oğlu İbrahim vefat ettiği zaman güneş tutulmuştu. Halk bunun İbrahim'in ölümünden dolayı cereyan ettiğini zannetti. Bunu duyan Peygamber (s.a.s) efendimiz *"Güneş ve ay, Allah'ın âyetlerinden birer âyettir. Bir kimsenin ne ölümü ve ne de doğumu için tutulmazlar"* (Buhârî, Kusuf, 1, 2) buyurdu. Yani demek istiyordu ki, güneş ve ay Allah'ın koymuş olduğu kanunlara uygun olarak hareket etmektedirler. Ancak O'nun kanunlarına uygun olarak tutulurlar, başka herhangi bir sebeple değil, Peygamber'in oğlu öldü, diye güneş tutulmaz, diyordu.

Bu açıklamalardan sonra tekrar konumuza dönelim. Yüce Allah kainatta her şeyi bir düzene bağlamıştır. Allah'tan dünyalık bir şey isteyen kimseye duâsı kabul olunduğu takdirde istediği şey, herhangi bir sebep olmaksızın verilmez. Allah onu vermek için mutlaka bir sebep yaratır ve o sebep vasıtasiyle verir. *"O, herşeyi bir sebebe bağlamıştır"*. (Muslim, Kusuf) Bunu bir misal ile açıklayalım: İşleri yolunda gitmeyen bir tüccar borçlarını ödemek ve işini bir düzene sokmak için uğraşıp didinmekte, Allaha yalvarmaktadır. Yüce Allah onun bu duasını kabul ettiği takdirde hiç bir sebep olmaksızın ona ihtiyacı kadar bir para göndermez, evinin bacasından bu parayı bir gece atıvermez. Ancak bir sebep halkeder, bazı ticaret erbabı onun imal ettiği malları beğenir, o tesadüf zanneder ama yüce Allah onun bazı insanlarla tanışmasını sağlar. Böylece yeni müşteriler yeni dostlar kazanır ve yavaş yavaş durumu düzelir. İşte böyle bir tüccar bu başarının ettiği dualar sayesinde geldiğini bilmeli ve yüce Allah'a şükretmelidir. Eğer bunun şuuruna varamazsa bütün bunları kendisinin yaptığını zanneder, rahata kavuşunca da şükür ve duâ etmeyi unutuverir. Zaten insanoğlu nankör bir varlık değil midir? Bakınız Kur'ân-ı kerim bu konuda ne diyor? *"Denizde bir sıkıntıya düştüğünüz zaman (batma tehlikesi) Allah'tan başka yalvardıklarınız kaybolur gider, fakat O sizi karaya çıkararak kurtarınca*

O'ndan yüz çevirirsiniz, zaten insan pek nankördür". (İsra, 67) *"İnsanın başına bir sıkıntı gelince, Bize yalvarır. Sonra katımızdan ona bir nimet verdiğimiz zaman bu bana bilgimden dolayı verilmiştir" der. Hayır, o bir imtihandır, fakat çokları bilmezler."* (Zümer, 49)

Duâsı kabul olunan, âyette işaret edildiği gibi, çektiği sıkıntıları unutur ve zanneder ki, onu o sıkıntılardan dostları ve ortakları kurtardı!

Duâ eden insan dünyevî bir menfaat değil, fakat ahirete yönelik bir dilekte bulunuyorsa, duasının kabul edilip edilmediğini anlaması çok zordur. Bununla birlikte kendisinde bazı farklılıklar, bazı alâmetler hissedebilir. Günahkâr insan, artık günahlarından utanmaya ve pişmanlık duymaya başladığı andan itibaren yüce Allah'a affetmesi için yalvarmaya, yakarmaya başlar. Ruhu huzursuz, gönlü sıkıntılıdır, bir türlü vakit geçiremez. Gecenin yarısında uyanıp da yaptığı kötülükler, işlediği günahlar aklına geliveren insanın yüreği öyle bir yanar ki... bu yangını yüce Allah'ın rahmet ve lûtfundan başka hangi itfaiye söndürebilir? Bu huzursuzluk ve sıkıntılar içinde dua etmeye devam eden insan, yavaş yavaş gönlünde bir ferahlık duymaya başlar. Ve bir gece sanki bütün sevgiler, bütün mutluluklar onun kalbinde imiş gibi bir huzur duyduğunu görür. Uzun bir yoldan gelip güzel bir banyo yaptıktan sonra bütün yorgunluğunu üzerinden atan insan gibi ruhunda bir rahatlık, bir huzur hisseder. Artık o yangının yerini sevgiler ve mutluluklar almıştır. İşte böyle bir hal kişinin duasının kabul olunduğunun bir alameti olarak kabul edilebilir. Böyle bir hali yaşayabilen insan artık duâyı değil bırakmak iki katına bile çıkarmalıdır.

Bazı yazarlar, vücudda meydana gelebilecek bir kısım değişiklikleri duânın kabul edildiğinin alameti saymışlardır. Soğuk bir havada terlemek, sıcak bir havada üşümek gibi. Ya da bir ağlama hissinin gelmesi gibi. Bütün bunlar gerçekten duânın kabulüne bir işaret olabileceği gibi, dua ile hiçbir ilgisi olmaksızın meydana gelmiş de olabilir. Kısaca ifade etmek gerekirse, duânın kabul edilip edilmediğini bilmek, anlamak kolay bir şey değildir. Bundan dolayıdır ki, yüce Yaratıcıya duayı hiç eksik etmemek, halimizle, dilimizle, kalbimizle, otururken, yatarken, ayakta iken yürürken... her zaman dua ve niyaz halinde bulunmalıyız.

Kaynakların bize bildirdiğine göre, duânın kabul olunduğunun belirtilerinden biri de rüya'dır. İslâm kültür tarihinde bunun bir çok örneğine rastlamak mümkündür. Biz konuyu daha fazla uzatmamak için bu misallere girmek istemiyoruz.

Peygamber (s.a.s) efendimiz Tebük seferine katılmayan bazı sahabilerin tevbelerinin kabul edildiğini kendilerine haber vermiştir. Bunlar günlerce tevbe ve istiğfar ettikten sonra bu emellerine ulaşabilmişlerdir. Öyle ki, bunlardan bazıları tevbelerinin kabul olunduğunu öğrenince ellerindeki bütün mallarını fakirlere dağıtmak üzere Hz. Peygamber (s.a.s)'e bağışlamışlardır.

Rüya'nın bugün için ilmî olarak tam bir açıklaması yapılabilmiş değildir. Biraz önce İslâm tarihindeki rüya olaylarına girmek istemediğimizi söylemiştik. Daha canlı bir örnek olması ve herkes tarafından tahkik edilebilme imkânının bulunması bakımından günümüzden bir misal vermekle yetineceğiz.

Aşık Murat Çobanoğlu bir çoğumuzun tanıdığı bir isimdir. 1940 doğumlu olan Çobanoğlu yaylaya göçlerini taşıdıkları sıcak bir günde çok susar. Bir kayanın dibinde su içmek için eğildiğinde uyuya kalır. Rüyasında bir sedirde oturan üç derviş görür. Dervişlerden biri Çobanoğlu'na su verir, Çobanoğlu verilen suyu içer, içi büsbütün yanmaya başlayınca bunun bade olduğu aklına gelir. Önde duran derviş mühürlü bir ferman okutur. Çobanoğlu'nu da aralarına alarak Kur'ân'dan ayetler okurlar.

Çobanoğlu uyanır. Ve uyanır uyanmaz ilk deyişlerini söylemeğe başlar. M. Çobanoğlu'nun bu ilk deyişinin bir dörtlüğü şöyledir:

Murat Çobanoğlu sır oldu beyan
Üç beş âyetinden okuttu Kur'ân
Aşk badesini verdi bilmedim o an
Uyanır uyanmaz cihanı gördüm (*)

Duâ eden insan bazan rüyasında duasının kabul olunduğunu görebilir. Burada kişinin gördüğü rüyasını yorumlamak da önemlidir.

Peygamber (s.a.s) efendimiz bir hadislerinde şöyle buyurmuştur:

"Salih rüya peygamberliğin kırk altı cüzünden bir cüz'dür." (Buhârî, Rüya, 4)

Kur'ân-ı Kerim'de de bazı rüyalardan bahsedilmektedir. Rüya ile ilgili âyet ve hadislerin ışığında kişinin tevbesinin kabul edilip edilmediğini bazan rüyasında görebileceği kanaatinde olduğumuzu belirtmek istiyoruz.

Kişinin duâsının kabul olup olmadığını en iyi kendisi bilir, Günahlarının affedilmesi için gece uykularını terkedip duâ eden insan, kendisinde iyiliklere, güzelliklere doğru bir yöneliş hissetmeli ve bu yöneliş her geçen gün daha da artmalıdır. Yani hem

(*) Aşık Tarzı Şiir Geleneği s. 148-149. Ank. 1986. (Umay Günay)

geceleri duâ etmek, hem de gündüzleri günah işlemeye devam etmek... Bu tevbelerin kabul olunmadığının en açık işaretidir. Tevbe ederken günahlara da devam etmek insanın Rabbı ile alay etmesi gibidir. Allah ile alay etmenin mümkün olmadığını Kur'ân haber vermektedir.

Allah'a gerektiği gibi tevbe edebilmek her şeyden önce temiz bir kalb gerektirdiği gibi, tevbenin değerini anlayabilmek de yine temiz bir kalbe sahip olabilmeyi gerektirmektedir. Buradan hareketle müslümanın temiz bir kalbe sahip olmak için gayret sarfetmesi gerektiği ve bunun bir görev olduğu anlaşılmaktadır.

Yüce Rabbimizden herşeyden önce temiz bir kalb lûtfetmesi duâsiyle...

BİRİNCİ BÖLÜM

İBADET DUÂLARI

İBADET DUÂLARI

A. Abdest ve Abdest Duâları

Namaz kılabilmek, Kur'ân-ı Kerim'i tutabilmek ve diğer bazı ibadetleri yerine getirebilmek için abdest almak şarttır. Abdest bir çeşit temizliktir; şu şekilde alınır:

Kollar dirseklere kadar sıvanır. "**Niyet ettim abdest almağa**" denir.

أَعُوذُ بِاللّٰهِ مِنَ الشَّيْطَانِ الرَّجِيمِ

Eûzu Billâhi mineş-Şeytânir-Racîm (Taşlanmış şeytandan Allah'a sığınırım.)

بِسْــــــــمِ اللّٰهِ الرَّحْمٰنِ الرَّحِيمِ

Bismillâhir-Rahmânir-Rahîm (Rahmân ve Rahîm olan Allah'ın adıyle başlarım) diyerek eller en az bir, en çok üç defa güzelce yıkanır. Abdest alan kimse eğer yüzük takıyorsa yüzüğün altını, parmaklarının arasını yıkar.

Eller Yıkanırken Şu Duâ Okunur:

اَلْحَمْدُ لِلّٰهِ الَّذِى جَعَلَ الْمَآءَ طَهُوراً وَجَعَلَ الْاِسْلَامَ نُوراً

El-Hamdu lillâhillezî Cealel-Mâe Tahûran ve Cealel-İslâme Nûrâ. (Suyu temiz ve İslâmı nur kılan Allah'a hamdolsun.)

Eller yıkandıktan sonra sağ avuca su alınıp ağıza verilir ve ağız çalkalanır. Bu sırada dişleri temizlemek yerinde olur.

Ağza Su Verirken Şu Duâ Okunur:

اَللّٰهُمَّ اسْقِنِى مِنْ حَوْضِ نَبِيِّكَ كَاْسًا لاَ اَظْمَاُ بَعْدَهُ اَبَدًا

"Allâhumme eskınî min havdı nebiyyike ke'sen lâ azma'u ba'dehû ebedâ"

(Allahım! Peygamber'inin havuzundan bana öyle bir kadeh içir ki, ondan sonra bir daha susamayayım.)

Ağızdan sonra buruna üç defa su verilir. Bu, aynı şekilde sağ avuçla verilir. Eğer abdest alınan yerde başka kimse yoksa buruna verilen su sol el ile sümkürülebilir. Fakat başkaları da varsa onların duyacağı şekilde sümkürmemelidir.

Buruna Su Verilirken Şu Duâ Okunur:

اَللّٰهُمَّ اَرِحْنِى رَايِحَةَ الْجَنَّةِ وَارْزُقْنِى مِنْ نَعِيمِهَا وَلاَ تُرِحْنِى رَايِحَةَ النَّارِ

"Allâhumme erihnî râyihate'l-cenneti varzuknî min naîmihâ velâ turihnî râyihate'n-nâr"

(Allahım! Bana Cennet'in kokusunu koklat, beni Cennet'in nimetlerine erdir; fakat bana Cehennem'in kokusunu duyurma).

Buruna su verilirken şu dua da okunabilir:

اَللّٰهُمَّ لاَتُحَرِّمْنِى رَايِحَةَ نَعِيمِكَ وَجِنَانِكَ

"Allâhumme lâ tuharrimnî râyihate na'imike ve cinânike"

(Allahım! Bana nimetinin ve Cennet'inin kokusunu haram kılma.)

Sonra iki avuca su alınır ve yüzler yıkanır. Yüzü yıkarken yüzün sınırlarını taşırarak her tarafı üç defa yıkanır; göz pınarları yıkanır, varsa sakalın ve bıyığın altına suyun girmesine itina gösterilir.

Yüz Yıkanırken Şu Duâ Okunur:

اَللّٰهُمَّ بَيِّضْ وَجْهِي بِنُورِكَ يَوْمَ تَبْيَضُّ وُجُوهٌ وَتَسْوَدُّ وُجُوهٌ

(Allâhumme beyyid vechî binûrike yevme tebyaddu vucûhun ve tesveddu vucûh"

"Allahım! Bazı yüzlerin ağaracağı, bazı yüzlerin de kararacağı kıyamet gününde benim yüzümü ağart).[1]

Daha sonra sağ kol yine üç defa dirsekler de dahil olmak üzere yıkanır.

Sağ Kol Yıkanırken Şu Duâ Okunur:

اَللّٰهُمَّ اَعْطِنِي كِتَابِي بِيَمِينِي وَحَاسِبْنِي حِسَابًا يَسِيرًا

"Allâhumme a'tını kitâbî bi yemînî ve hâsibnî hisâben yesîrâ"

"Allahım! Kitabımı sağ yanımdan ver ve hesabımı kolaylaştır.)

Sol Kol da Aynı Şekilde Yıkanır ve Şu Duâ Okunur:

اَللّٰهُمَّ لَا تُعْطِنِي كِتَابِي بِشِمَالِي وَلَا مِنْ وَرَآءِ ظَهْرِي وَلَا
تُحَاسِبْنِي حِسَابًا شَدِيدًا

"Allâhumme lâ tu'tinî kitâbî bi-şimâlî velâ min-verâ'i zahrî velâ tuhâsibnî hisaben şedîdâ"

(Allahım! Kitabımı sol yanımdan veya arkamdan verme; beni zor bir hesaba da çekme).

---

1) A'l-i İmran süresinin 106. ayetinde geçmektedir.

Sıra başı meshetmeye gelmiştir. Sağ avucun içini ıslatıp başın dörtte biri meshedilir.

Başı Meshederken Şu Duâ Okunur

اَللّٰهُمَّ غَشِّنِى بِرَحْمَتِكَ وَاَنْزِلْ عَلَىَّ مِنْ بَرَكَاتِكَ

"Allâhumme ğaşşinî bi-rahmetike ve enzil aleyye min berekâtik" "

(Allahım! Başımı rahmetinle ört ve üzerime bereketini indir). Başı meshederken şöyle de denilebilir:

اَللّٰهُمَّ حَرِّمْ شَعْرِى وَبَشَرِى عَلَى النَّارِ يَوْمَ لَا ظِلَّ اِلَّا ظِلُّكَ
وَاَظِلَّنِى تَحْتَ ظِلِّ عَرْشِكَ

"Allâhumme harrim şa'rî ve beşerî alân-nâri yevme lâ zılle illâ zılluke ve ezıllenî tahte zılli arşike"

(Allahım! Saçlarımı ve vücudumu Cehennem'e haram kıl; beni Senin gölgenden başka bir gölgenin bulunmadığı kıyamet gününde arş'ının gölgesi altında gölgelendir).

Başı meshettikten sonra önce sağ, sonra da sol kulak meshedilir: Eller ıslatılıp parmaklarıyle kulakların içi, baş parmaklarla da kulakların dışı alttan yukarıya doğru olmak üzere meshedilir.

Kulakları Meshederken Şu Duâ Okunur:

اَللّٰهُمَّ اجْعَلْنِى مِنَ الَّذِينَ يَسْتَمِعُونَ الْقَوْلَ فَيَتَّبِعُونَ اَحْسَنَهُ

(Allâhumme'c'alnî minellezîne yestemi'ûne'l-kavle feyettebiûne ahseneh"

"Allahım! Beni sözü işitip, sözün en güzeline uyan kullarından eyle)[1]

Kulaklardan sonra boyun meshedilir. Boyun

(1) Zumer suresi 18. ayette geçmektedir.

ellerin tersi ile meshedilir. Önce sağ, sonra sol tarafı meshedilir ve bu esnada şu duâ okunur.

Boyuna Meshederken:

اَللّٰهُمَّ اَعْتِقْ رَقَبَتِى مِنَ النَّارِ واحْفَظْنِى مِنَ السَّلاَسِلِ وَالْاَغْلاَلِ

"Allâhumme a'tik rakabetî mine'n-nâri vahfaznî mine's-selâsili ve'l-ağlâl"

(Allahım! Boynumu Cehennem'den azad eyle ve beni bağlardan, zincirlerden koru). diye dua edilir.

Sıra nihayet ayakları yıkamağa gelmiştir. ayakları yıkarken önce sağ, sonra sol ayak yıkanır. Ayaklar, topuklar dahil olmak üzere, aşık kemiklerine kadar yıkanır.

Sağ Ayak Yıkanırken Şu Duâ Okunur:

اَللّٰهُمَّ ثَبِّتْ قَدَمَىَّ عَلَى الصِّرَاطِ يَوْمَ تَزِلُّ فِيهِ الْاَقْدَامُ

"Allâhumme sebbit kademeyye ale's-sıratı yevme tezillu fîhi'l-akdâm"

(Allahım! Ayakların kayacağı kıyamet günü, ayaklarımı Sırat üstünde sağlam tut).

Sol Ayak Yıkanırken İse:

اَللّٰهُمَّ اجْعَلْ لِى سَعْيًا مَشْكُوراً وَذَنْبًا مَغْفُوراً وَتِجَارَةً لَنْ تَبُورَ

"Allâhumme'c'al lî sa'yen meşkûran ve zenben mağfûran ve ticâreten len tebûr: "

(Allahım! Bana beğenilip makbule geçen bir çalışma ver, günahlarımı affedip kârlı ve makbul bir ticaret ihsan eyle) denir.

Gusül Abdesti:

Eğer gusül abdesti alınacaksa şu şekilde

yapılır: Eller ve avret yerleri güzelce yıkanır. Yıkama işine başlarken şöyle niyet edilir:

اَللّٰهُمَّ اِنِّى اُرِيدُ الْغُسْلَ لِرَفْعِ الْجَنَابَةِ وَالْكَرَاهَةِ

"Allâhümme innî urîdü'l-ğusle liref'il-cenâbeti ve'l-kerâheti."

(Allahım! Niyet ettim cünüplüğü gidermeye ve pislikten kurtulmaya) denir ve şu dua okunur:

اَللّٰهُمَّ طَهِّرْ قَلْبِى وَجِسْمِى مِنَ الْجَنَابَةِ وَالْكَرَاهَةِ

"Allâhümme tahhir kalbî ve cismî mine'l-cenabeti ve'l-kerâheti."

(Allahım, kalbimi ve vücûdumu cenabet ve kerâhetten temizle). Yukarıda anlattığımız şekilde abdest alınıp vücudun her tarafı kuru kalmayacak şekilde yıkanır.

Böylece abdesti bitirdikten sonra kıbleye doğru dönüp:

اَشْهَدُ اَنْ لاَاِلٰهَ اِلاَّ اللّٰهُ وَاَشْهَدُ اَنَّ مُحَمَّداً عَبْدُهُ وَرَسُولُهُ

"Eşhedu en lâilahe illâllah ve eşhedü enne muhammeden abdühû ve rasûlüh"

(Allah'tan başka ilah olmadığına, Muhammed'in O'nun kulu ve Elçisi olduğuna şehadet ederim) denir ve oruçlu değilse biraz su içildikten sonra şu dua okunur:

اَللّٰهُمَّ اشْفِنِى بِشِفَآئِكَ وَدَاوِنِى بِدَوَآئِكَ وَاعْصِمْنِى مِنَ الْوَلَهِ وَالْاَمْرَاضِ وَالْاَوْجَاعِ

"Allâhümme'şfinî bi-şifâike ve dâvinî bi-devâike va'sımnî mine'l-velehî vel emrâdı ve'l-evcâ'".

(Allahım! Bana Senin şifanla şifa ver, devanla deva ver. Beni âfetlerden, hastalıklardan ve acılardan koru).

Bundan sonra bir veya üç defa Kadr sûresini okumak faziletlidir ve abdestin âdâbındandır.

KADR SÛRESİ VE MEÂLİ

اِنَّآ اَنْزَلْنَاهُ فِى لَيْلَةِ الْقَدْرِ * وَمَآ اَدْريكَ مَا لَيْلَةُ الْقَدْرِ * لَيْلَةُ
الْقَدْرِ خَيْرٌ مِنْ اَلْفِ شَهْرٍ * تَنَزَّلُ الْمَلٰئِكَةُ وَالرُّوحُ فيهَا بِاِذْنِ رَبِّهِمْ
مِنْ كُلِّ اَمْرٍ * سَلَامٌ هِىَ حَتّٰى مَطْلَعِ الْفَجْرِ

"İnnâ enzelnâhu fî-leyleti'l-kadri. vemâ edrâke mâ leyletu'l-kadri. Leyletu'l-kadri hayrun min-elfi şehr. Tenezzelu'l-melâiketu ve'r-rûhu fihâ bi-izni rabbihîm min-külli emr. Selâmun hiye hattâ matla'î'l-fecr."

(Biz Kur'ân'ı Kadir gecesinde indirdik. Kadir gecesinin ne olduğunu sen bilir misin? (Kadir gecesinin ne olduğunu sen nereden bileceksin?) Kadir gecesi bin aydan daha hayırlıdır. Melekler ve Ruh o gece her türlü iş için inerler. O gece tan yeri ağarıncaya kadar barış, selâmet ve esenliktir.)

Zikrettiğimiz bu abdest duâlarını okumak müstehabtır. Mutlaka bu duâları okumak gerekmez. Kişi bildiği başka uygun duâları da okuyabilir. Eğer bilmiyorsa türkçelerini söyleyebilir. Veya Kur'an'dan bildiği bazı duâ ayetlerini okuyabilir. Ya da gönlünden geldiği gibi duâlar okur.

B. Namaz ve Namaz Duâları

Namaz, İslâm'ın beş esasından birisidir ve çok önemli bir ibadettir. Kur'ân-ı Kerim'de mü'minlere farz namazları eda etmeleri tekrar tekrar emredilmiştir. Namaz aslında bir duâdır; fakat diğer ibadetlerin özünü ihtiva eden bir duâdır.

Namazlar, farz, vacib ve sünnet (nafile) olmak üzere üç ana grupta toplanabilir:

1. Farz Namazlar:

Bunlar Yüce Allah'ın müslümanlara mutlaka yerine getirmelerini emrettiği namazlardır. Sabah namazının iki, öğle namazının dört, ikindi namazının dört, akşam namazının üç ve yatsı namazının dört rekatlık farzlarıdır. Günlük bu farz namazların dışında Cuma namazı da haftada bir defa olmak üzere daha kuvvetli bir şekilde farzdır.

2. Vâcib Namazlar:

Kesinliği farz namazlar gibi katî olmayan namazlardır. Bayram namazları ve Vitir namazı gibi.

3. Sünnet (Nafile) Namazlar:

Bunlar, farz ve vâcibin dışındaki namazlardır. Farz namazlardan önce veya sonra kıldığımız namazlar bu türdendir.

Sabah namazının farzından önce iki, öğle namazının farzından önce dört ve sonra iki, İkindi namazının farzından önce dört, akşam namazının farzından sonra iki, Yatsı namazının farzından önce dört ve farzından sonra iki olmak üzere toplam yirmi rekat sünnet namaz vardır. Sünnet olan bu namazlar da kendi aralarında kuvvetli olanlar ve olmayanlar yani Sünnet-i müekkede ve Sünnet-i gayr-i müekkede olmak üzere ikiye ayrılır. İkindi ve yatsı namazlarının ilk dört rekat namazları kuvvetli olmayan sünnet namazlardandır. Yani gayr-i mükekked sünnet namazlardır. Sabah namazının sünneti, öğle namazının sünnetleri akşam namazının sünneti ile yatsı namazının son sünneti kuvvetli sünnetlerdir. Ayrıca Ramazan ayına mahsus olarak kıldığımız Teravih namazı da sünnet namazlardandır ve kuvvetli bir sünnet namazdır.

Her ibadetin özü namazda mevcuttur.

Kılacağımız namaz ister farz olsun, ister nâfile edâ ederken huşû içinde kılmak ve bazı duâları okumak mecburiyetindeyiz.

Namazı kılabilmek için önce namaz vaktinin girmesi gerekir. Namaz vaktinin girdiğini ezanın okunmasıyla öğreniriz. Öyleyse konuya Ezanla başlamamız daha uygun olacaktır.

I. Ezan ve Kâmet:

Beş vakit namazlardan önce Ezan okumak ve Kamet getirmek Sünnet-i Müekkede'dir. Ve Ezan İslâmın ve müslüman bir ülkenin sembolüdür. Ezan şöyle okunur:

اَللّٰهُ اَكْبَرُ ، اَللّٰهُ اَكْبَرُ ، اَللّٰهُ اَكْبَرُ ، اَللّٰهُ اَكْبَرُ ،

اَشْهَدُ اَنْ لَااِلٰهَ اِلاَّ اللّٰهُ ، اَشْهَدُ اَنْ لَااِلٰهَ اِلاَّ اللّٰهُ

اَشْهَدُ اَنَّ مُحَمَّداً رَسُولُ اللّٰهِ، اَشْهَدُ اَنَّ مُحَمَّداً رَسُولُ اللّٰهِ

حَيَّ عَلَى الصَّلوٰةِ ، حَيَّ عَلَى الصَّلوٰةِ

حَيَّ عَلَى الْفَلَاحِ ، حَيَّ عَلَى الْفَلَاحِ

اَللّٰهُ اَكْبَرُ ، اَللّٰهُ اَكْبَرُ، لَااِلٰهَ اِلاَّ اللّٰهُ

"Allahu ekber, Allahu ekber; Allahu ekber, Allahu ekber, eşhedu en lâilâhe illâllah, eşhedu en lâilâhe illâllah; eşhedu enne Muhammeden Rasûlullah, eşhedu enne Muhammeden Rasûlullah; hayye alâ's-salâh, hayye alâ's-salâh; hayye alâ'l-felâh, hayye alâ'l-felâh; Allahu ekber Allahu ekber; lâilâhe illâallah.

Sabah ezanında "Hayye ale'l-felâh" tan sonra iki defa اَلصَّلوٰةُ خَيْرٌ مِنَ النَّوْمِ "Es-salâtu hayrun mine'n-nevm" *"namaz uykudan hayırlıdır"* denir. Kâmette ise bunun yerine قَدْ قَامَتِ الصَّلٰوةُ *"namaz başladı"* denir. Burada imamlara şunu hatırlatmakta fayda vardır:

Her ne kadar bu cümlenin manası "namaz başladı" demek ise de, asıl kastedilen namazın başlamak üzere olduğunu belirtmektir. Bunun için imam "kad kâmeti's-salâh" cümlesini duyar-duymaz hemen namaza durmamalı, cemaatin de iftitah tekbirini imamla birlikte almasını temin etmelidir.

EZANIN MANASI:

Allah büyüktür, en büyüktür (dört defa)

Allah'tan başka Tanrı olmadığına şehadet ederim (İki defa)

Muhamed'in Allah'ın Elçisi olduğuna şehadet ederim (İki defa)

Haydin namaza (İki defa)

Haydin felaha, kurtuluşa (İki defa)

(Sabah namazında "namaz uykudan hayırlıdır" (İki defa)

Allah büyüktür, en büyüktür (İki defa)

Ezan bittikten sonra müezzin ve ezanı duyanların şu duayı okumaları çok sevaptır:

اَللّٰهُمَّ رَبَّ هٰذِهِ الدَّعْوَةِ التَّامَّةِ وَالصَّلَاةِ الْقَائِمَةِ آتِ مُحَمَّدًا نِ الْوَسِيلَةَ وَالْفَضِيلَةَ وَالدَّرَجَةَ الْوَاسِعَةَ وَابْعَثْهُ مَقَامًا مَحْمُودًا نِ الَّذِى وَعَدْتَهُ اِنَّكَ لَا تُخْلِفُ الْمِيعَادُ

"Allâhumme rabbe hâzihi'd-da'veti't-tâmmeh va's-salâti'l-kaîmeh, âti Muhammedenil-vesîlete ve'l-fadilete ve'd-derecete'l-vâsıate ve'b'ashu mekâmen mahmûden ellezî vaadteh inneke lâ tuhlifu'l-mîâd".

(Ey bu yüce davetin ve hazır olan namazın sahibi Allahım! Muhammed'e vesîle ve fazîlet ver. O'nu vadetmiş olduğun yüce makama ulaştır. Çünkü Sen vadinden dönmezsin) (Buhârî, Ezan, 8. (1/152).

Buhârî'nin rivayet ettiğine göre Peygamber (s.a.s) şöyle demiştir: *"Ezanı dinleyen kimse bu duayı okursa kıyamet günü ona şefaat etmek bana vacip olur."*

Yine Buhari ve Müslim'in rivayet ettikleri bir hadiste Hz. Peygamber (s.a.s) ezanı duyan kimsenin ezan lafızlarını müezzinle birlikte tekrar etmesini, "hayye ales-salâh ve hayye ale'l-felâh" deyince ise, لاَ حَوْلَ وَلاَ قُوَّةَ الاَّ بِاللّٰهِ Lâ havle velâ kuvvete illâ billâh (güç ve kuvvet ancak Allah'ındır) demesini tavsiye etmiştir (Buhârî, Ezan, 8 (1/152), Müslim, Salât, 7)

Ezan Bitince İse,

اَشْهَدُ اَنْ لاَاِلٰهَ الاَّ اللّٰهُ وَحْدَهُ لاَ شَرِيكَ لَهُ وَاَنَّ مُحَمَّداً عَبْدُهُ وَرَسُولُهُ. رَضِيتُ بِاللّٰهِ رَبًّا وَبِمُحَمَّدٍ رَسُولاً وَبِالْاِسْلاَمِ دِينًا

Eşhedu en lâ ilâhe illallâhu vahdehû lâ şerîke leh, ve enne Muhammeden abduhu ve resûlüh. Radiytü billâhi rabben ve bi Muhammedin resûlen ve bi'l-islâmî dînâ.

(Evet ben de şehadet ederim ki, Allah'tan başka Tanrı yoktur. Muhammed O'nun kulu ve Resulüdür. O, tektir ortağı ve benzeri yoktur. Ben Rab olarak Allah'ı, Peygamber olarak Muhammed'i ve din olarak ise İslamı seçip kabul ettim) diyen kimsenin günahları bağışlanır, buyurmuştur.

Müezzinle birlikte tekrar edemeyen ve bu duayı da bilemeyen kimse "Ben de Ben de" derse yani şehadet ediyorum, tasdik ediyorum derse yine aynı şekilde dua etmiş olur.

Camiye Girerken اَللّـــــــهُمَّ افْتَحْ لِى اَبْوَابَ رَحْمَتِكَ

Allâhümmeftah lî ebvâbe rahmetik (Allahım! Bana rahmet kapılarını aç),

Camiden Çıkarken İse, اَللّــهُمَّ اِنِّى اَسْاَلُكَ مِنْ فَضْلِكَ

"Allâhümme innî es'elüke min fadlik" (Allahım! Senin fazlın ve kereminden isterim) (Ebu Davud, Salat, h. 465) demelidir.

II. Namazlarda Niyyet:

Niyyet, herhangi bir ibadeti yerine getirmeğe başlarken dil ile söylendiği gibi, içimizden geçirmekle, yani kalb ile de yapılabilir. Ancak kalben niyet yanında dil ile söylemek daha da iyidir. Çünkü, yapılacak ibadetin bilerek ve şuurlu olarak yapılmasına sebep olabilir. Namaz kılan kişi, niyetini dili ile söyleyecek olursa, bunu kendi dili ile yani Türkçe olarak söyleyebilir. Bununla beraber biz, hem Arapça hem de Türkçe olarak niyetleri vermek istiyoruz. Bir iki namaz için örnek niyet verilince konu anlaşılacak olmakla birlikte kolaylık olması için her namaz için ayrı ayrı niyetleri zikretmeyi uygun bulduk. Dikkat edilecek olursa değişen sadece namazların isimleri ile, namazın cemaatle veya yalnız başına kılınışını belirtmektir.

1. Sabah Namazının Sünneti:

نَوَيْتُ اَنْ اُصَلِّىَ لِلّٰهِ تَعَالٰى سُنَّةَ هٰذَا الْفَجْرِ اَدَآءً مُسْتَقْبِلَ الْقِبْلَةِ

"Neveytu en usalliye lillâhi teâlâ sunnete hâzâ'l-fecri edâen müstakbile'l-kıbleti."

(Niyet ettim Allar rızası için sabah namazının sünnetini kılmaya, döndüm kıbleye).

2. Sabah Namazının Farzı:

a) Cemaatle Kılarken:

نَوَيْتُ اَنْ اُصَلِّيَ لِلّٰهِ تَعَالٰى فَرْضَ هٰذَا الْفَجْرِ مُقْتَدِيًا بِهٰذَا الْاِمَامِ مُسْتَقْبِلَ الْقِبْلَةِ

"Neveytu en usalliye lillâhi teâlâ farda hâze'l-fecri muktedien bi hâza'l-imâmi mustakbile'l-kıbleti."

(Niyet ettim Allah rızası için sabah namazının farzını kılmağa, döndüm kıbleye, uydum imama).

b) Yalnız Başına Kılarken:

نَوَيْتُ اَنْ اُصَلِّيَ لِلّٰهِ تَعَالٰى فَرْضَ هٰذَا الْفَجْرِ اَدَآءً مُسْتَقْبِلَ الْقِبْلَةِ

"Neveytu en usalliye lillâhi teâlâ farda hâza'l-fecri edâen mustakbile'l-kıbleti."

(Niyet ettim Allah rızası için sabah namazının farzını kılmağa, döndüm kıbleye).

3. Öğle Namazının İlk Sünneti:

نَوَيْتُ اَنْ اُصَلِّيَ لِلّٰهِ تَعَالٰى سُنَّةَ هٰذَا الظُّهْرِ الْاُولٰى اَدَاءً مُسْتَقْبِلَ الْقِبْلَةِ

"Nevyetu en usalliye lillâhî teâlâ sunnete hâze'z-zuhri'l-ûlâ edâen mustakbile'l-kıbleti"

(Niyet ettim Allah rızası için öğle namazının ilk sünnetini kılmağa, döndüm kıbleye).

4. Öğle Namazının Farzı:

a) Cemaatle Kılarken:

نَوَيْتُ اَنْ اُصَلِّيَ لِلّٰهِ تَعَالٰى فَرْضَ هٰذَا الظُّهْرِ مُقْتَدِيًا بِهٰذَا الْاِمَامِ مُسْتَقْبِلَ الْقِبْلَةِ

"Neveytu en usalliye lillâhi teâlâ farda hâze'z-zuhri muktedien bi'hâza'l-İmâmi mustakbile'l-kıbleti."

(Niyet ettim Allah rızası için öğle namazının farzını kılmağa, döndüm kıbleye, uydum imama).

b) Yalnız Başına Kılarken:

نَوَيْتُ اَنْ اُصَلِّيَ لِلّٰهِ تَعَالٰى فَرْضَ هٰذَا الظُّهْرِ اَدَاءً مُسْتَقْبِلَ الْقِبْلَةِ

"Neveytu en usalliye lillâhî teâlâ farda hâze'z-zuhri edâen mustakbile'l-kıbleti."

(Niyet ettim Allah rızası için öğle namazının farzını kılmağa, döndüm kıbleye).

5. Öğle Namazının Son Sünneti:

نَوَيْتُ اَنْ اُصَلِّيَ لِلّٰهِ تَعَالٰى سُنَّةَ هٰذَا الظُّهْرِ الْاٰخِيرَةِ اَدَاءً مُسْتَقْبِلَ الْقِبْلَةِ

"Neveytu en usalliye lillâhî teâlâ sünnete hâze'z-zuhri'l-ahîrati edâen mustakbile'l-kıbleti.

(Niyet ettim Allah rızası için öğle namazının son sünnetini kılmağa, döndüm kıbleye).

6. İkindi Namazının Sünneti:

نَوَيْتُ اَنْ اُصَلِّيَ لِلّٰهِ تَعَلٰى سُنَّةَ هٰذَا الْعَصْرِ اَدَاءً مُسْتَقْبِلَ الْقِبْلَةِ

"Neveytu en usalliye lillâhî teâlâ sünnete hâze'l-asri edâen mustakbile'l-kıbleti."

(Niyet ettim Allah rızası için ikindi namazının sünnetini kılmağa döndüm kıbleye).

7. İkindi Namazının Farzı:

a) Cemaatle Kılarken:

نَوَيْتُ اَنْ اُصَلِّيَ لِلّٰهِ تَعَالٰى فَرْضَ هٰذَا الْعَصْرِ مُقْتَدِيًا بِهٰذَا
الْاِمَامِ مُسْتَقْبِلَ الْقِبْلَةِ

"Neveytu en usalliye lillâhî teâlâ farda hâze'l-asri muktedien bi hâzâ'l-imâmi müstakbile'l-kıbleti".

(Niyet ettim Allah rızası için ikindi namazının farzını kılmağa, döndüm kıbleye, uydum imama.)

b) Yalnız Başına Kılarken:

نَوَيْتُ اَنْ اُصَلِّيَ لِلّٰهِ تَعَالٰى فَرْضَ هٰذَا الْعَصْرِ اَدَاءً مُسْتَقْبِلَ الْقِبْلَةِ

"Neveytu en usalliye lillâhî teâlâ farda hâze'l-asri edâen mustakbile'l-kıbleti."

(Niyet ettim Allah rızası için ikindi namazının farzını kılmağa, döndüm kıbleye).

8. Akşam Namazının Farzı:

a) Cemaatle Kılarken:

نَوَيْتُ اَنْ اُصَلِّيَ لِلّٰهِ تَعَالٰى فَرْضَ هٰذَا الْمَغْرِبِ مُقْتَدِيًا بِهٰذَا
الْاِمَامِ مُسْتَقْبِلَ الْقِبْلَةِ

"Neveytu en usalliye lillâhî teâlâ farda hâze'l-mağribi muktedien bi hâza'l-imâmi müstakbile'l-kıbleti."

(Niyet ettim Allah rızası için akşam namazının farzını kılmağa, döndüm kıbleye, uydum imama.)

b) Yalnız Başına Kılarken:

نَوَيْتُ اَنْ اُصَلِّيَ لِلّٰهِ تَعَالٰى فَرْضَ هٰذَا الْمَغْرِبِ اَدَاءً مُسْتَقْبِلَ الْقِبْلَةِ

"Neveytu en usalliye lillâhî teâlâ farda hâze'l-mağribi edâen mustakbile'l-kıbleti."

(Niyet ettim Allah rızası için akşam namazının farzını kılmağa, döndüm kıbleye).

9. Akşam Namazının Sünneti:

نَوَيْتُ اَنْ اُصَلِّيَ لِلّٰهِ تَعَالٰى سُنَّةَ هَذَا الْمَغْرِبِ اَدَاءً مُسْتَقْبِلَ الْقِبْلَةِ

"Neveytu en usalliye lillâhî teâlâ sunnete hâze'l-mağribi edâen müstakbile'l-kıbleti."

(Niyet ettim Allah rızası için akşam namazının sünnetini kılmağa, döndüm kıbleye.)

10. Yatsı Namazının İlk Sünneti:

نَوَيْتُ اَنْ اُصَلِّيَ لِلّٰهِ تَعَالٰى سُنَّةَ هَذَا الْعِشَاءِ الْاُولَى اَدَاءً
مُسْتَقْبِلَ الْقِبْلَةِ

"Neveytu en usalliye lillâhî teâlâ sunnete hâze'l-işâ'il-ûlâ edâen müstakbile'l-kıbleti."

(Niyet ettim Allah rızası için yatsı namazının ilk sünnetini kılmağa, döndüm kıbleye.)

11. Yatsı Namazının Farzı:

a) Cemaatle Kılarken:

نَوَيْتُ اَنْ اُصَلِّيَ لِلّٰهِ تَعَالٰى فَرْضَ هَذَا الْعِشَاءِ مُقْتَدِيًا بِهَذَا
الْاِمَامِ مُسْتَقْبِلَ الْقِبْلَةِ

"Neveytu en usalliye lillâhî teâlâ farda hâze'l-işâi muktedien bi hâzâ'l-imâmi mustakbile'l-Kıbleti."

(Niyet ettim Allah rızası için yatsı namazının farzını kılmağa, döndüm kıbleye, uydum imama).

b) Yalnız Başına Kılarken:

نَوَيْتُ اَنْ اُصَلِّىَ لِلّٰهِ تَعَالٰى فَرْضَ هٰذَا الْعِشَآءِ اَدَاءً مُسْتَقْبِلَ الْقِبْلَةِ

"Neveytu en usalliye lillâhî teâlâ farda hâze'l-işâi edâen müstakbile'l-kıbleti."

(Niyet ettim Allah rızası için yatsı namazının farzını kılmağa, döndüm kıbleye).

12. Yatsı Namazının Son Sünneti:

نَوَيْتُ اَنْ اُصَلِّىَ لِلّٰهِ تَعَالٰى سُنَّةَ هٰذَا الْعِشَآءِ الْاَخِيرَةِ اَدَاءً
مُسْتَقْبِلَ الْقِبْلَةِ

"Neveytu en usalliye lillâhî teâlâ sunnete hâze'l-işâi'l-ahîrati edâen müstakbile'l-kıbleti."

(Niyet ettim Allah rızası için yatsı namazının son sünnetini kılmağa,döndüm kıbleye).

13. Vitir Namazı:

Vitir namazının asıl vakti gecenin ilerlemiş saati olmakla birlikte müslümanlara kolaylık olsun diye yatsı namazının ardından kılınmasına cevaz verilmiştir.

a) Cemaatle Kılarken

نَوَيْتُ اَنْ اُصَلِّىَ لِلّٰهِ تَعَالٰى صَلٰوةَ الْوِتْرِ مُقْتَدِيًا بِهٰذَا الْاِمَامِ
مُسْتَقْبِلَ الْقِبْلَةِ

"Neveytu en usalliye lillâhî teâlâ selâte'l-vitri muktedien bi haze'l-imami mustakbile'l-kıbleti"

(Niyet ettim Allah rızası için vitir namazını kılmağa, döndüm kıbleye, uydum imama).

b) Yalnız Başına Kılarken:

نَوَيْتُ اَنْ اُصَلِّيَ لِلّٰهِ تَعَالٰى صَلٰوةَ الْوِتْرِ اَدَاءً مُسْتَقْبِلَ الْقِبْلَةِ

"Neveytu en usalliye lillâhî teâlâ salâte'l-vitri edâen müstakbile'l-kıbleti."

(Niyet ettim Allah rızası için vitir namazını kılmağa, döndüm kıbleye).

14. Cuma Namazı:

a) İlk Sünneti:

نَوَيْتُ اَنْ اُصَلِّيَ لِلّٰهِ تَعَالٰى سُنَّةَ هٰذَا الْجُمْعَةِ الْاُولٰى اَدَاءً
مُسْتَقْبِلَ الْقِبْلَةِ

"Neveytu en usalliye lillâhî teâlâ sunnete hâze'l-cum'ati'l-ûlâ edâen mustakbile'l-kıbleti."

(Niyet ettim Allah rızası için cuma namazının ilk sünnetini kılmağa, döndüm kıbleye).

15. Cuma Namazının Farzı:

نَوَيْتُ اَنْ اُصَلِّيَ لِلّٰهِ تَعَالٰى فَرْضَ الْجُمْعَةِ مُقْتَدِيًا بِهٰذَا الْاِمَامِ
مُسْتَقْبِلَ الْقِبْلَةِ

"Neveytu en usalliye lillâhî teâlâ farda'l-cum'ati muktedien bi-hâze'l-imâmi mustakbile'l-kıbleti."

(Niyet ettim Allah rızası için cuma namazını kılmağa, döndüm kıbleye, uydum imama).

16. Son Sünnet:

نَوَيْتُ اَنْ اُصَلِّيَ لِلّٰهِ تَعَالٰى سُنَّةَ هٰذَا الْجُمْعَةِ الْاٰخِيرَةِ اَدَاءً
مُسْتَقْبِلَ الْقِبْلَةِ

"Neveytu en usalliye lillâhî teâlâ sunnete hâze'l-cum'ati'l-ahîrati edâen mustakbile'l-kıbleti."

(Niyet ettim Allah rızası için cuma namazının son sünnetini kılmağa, döndüm kıbleye.)

Zuhr-u Ahir:

نَوَيْتُ اَنْ اُصَلِّىَ لِلّٰهِ تَعَالٰى صَلوٰةَ ظُهْرِ الْاخِرِ اَدَاءً مُسْتَقْبِلَ الْقِبْلَةِ

"Neveytu en usalliye lillâhî teâlâ salâte zuhri'l-âhiri edâen müstakbile'l-kıbleti."

(Niyet ettim Allah rızası için zuhr-u âhir namazını kılmağa, döndüm kıbleye.

Vaktin Sünneti:

نَوَيْتُ اَنْ اُصَلِّىَ لِلّٰهِ تَعَالٰى سُنَّةَ هٰذَا الْوَقْتِ اَدَاءً مُسْتَقْبِلَ الْقِبْلَةِ

"Neveytu en usalliye lillâhî teâlâ sünnete hâze'l-vakti edâen müstakble'l-kıbleti."

(Niyet ettim Allah rızası için bu vaktin sünnetini kılmağa, döndüm kıbleye.)

17. Bayram Namazları:

a) Ramazan Bayramı:

نَوَيْتُ اَنْ اُصَلِّىَ لِلّٰهِ تَعَالٰى صَلوٰةَ عِيدِ الْفِطْرِ مُقْتَدِيًا بِهٰذَا الْاِمَامِ مُسْتَقْبِلَ الْقِبْلَةِ

"Neveytu en usalliye lillâhî teâlâ salâte îdi'l-fıtri muktedien bihâze'l-imâmi mustakbile'l-kıbleti."

(Niyet ettim Allah rızası için Ramazan bayramı namazını kılmağa, döndüm kıbleye, uydum imama.)

b) Kurban Bayramı:

نَوَيْتُ اَنْ اُصَلِّيَ لِلّٰهِ تَعَالٰى صَلٰوةَ عِيدِ الْاَضْحٰى مُقْتَدِيًا بِهٰذَا الْاِمَامِ مُسْتَقْبِلَ الْقِبْلَةِ

"Neveytu en usalliye lillâhî teâlâ salâte îdi'l-adhâ muktedien bi-hâze'l-imâmi mustakbile'l-kıbleti."

(Niyet ettim Allah rızası için Kurban bayramı namazını kılmağa, döndüm kıbleye, uydum imama).

18. Teravih Namazı:

a) Cemaatle Kılarken:

نَوَيْتُ اَنْ اُصَلِّيَ لِلّٰهِ تَعَالٰى صَلٰوةَ التَّرَاوِيحِ مُقْتَدِيًا بِهٰذَا الْاِمَامِ مُسْتَقْبِلَ الْقِبْلَةِ

"Neveytu en usalliye lillâhî teâlâ salâte't-terâvîhi muktedien bi hâze'l-imâmi mustakbile'l-kıbleti."

(Niyet ettim Allah rızası için teravih namazını kılmağa, döndüm kıbleye, uydum imama.)

b) Yalnız Başına Kılarken:

نَوَيْتُ اَنْ اُصَلِّيَ لِلّٰهِ تَعَالٰى صَلٰوةَ التَّرَاوِيحِ اَدَاءً مُسْتَقْبِلَ الْقِبْلَةِ

"Neveytu en usalliye lillâhî teâlâ salâte't-terâvîhi edâen mustakbile'l-kıbleti."

(Niyet ettim Allah rızası için teravih namazını kılmağa, döndüm kıbleye).

III. Namazın Kılınışı, Namaz Sureleri ve Namaz Duaları

Namaz kılmak isteyen kimse, yukarıda ifade ettiğimiz şekilde abdest aldıktan sonra, hangi namazı kılacaksa niyetini ona göre söyler veya içinden geçirir. Ellerini avuçları kıbleye gelecek şekilde kulak hizasına kadar (kadınlar göğüs hizası) kaldırır, "Allahu Ekber" diyerek ellerini göbeğinin altında bağlar. Sağ elin üç parmağı sol bileği kavrar. Kadınlar ise ellerini göğüsleri üstünde birbiri üzerine koyarlar. Bu ilk tekbir ile namaza girilmiş, yani başlanmış olur ki, buna "iftitah tekbiri" denir.

İster cemaatle, ister yalnız başına kılınsın, namaza duran kişi besmele çekmeden şu duayı okur:

سُبْحَانَكَ اللّٰهُمَّ وَبِحَمْدِكَ وَتَبَارَكَ اسْمُكَ وَتَعَالٰى جَدُّكَ (وَ جَلَّ ثَنَآئُكَ) وَلَا اِلٰهَ غَيْرُكَ

Sübhâneke Allâhümme ve bihamdik, Ve tebâreke'smük, Ve teâlâ ceddük. (Ve celle senâüke) Ve lâ ilâhe ğayruk.

(Allâhım! Seni tesbîh eder, Sana hamdederim. Senin adın mubarek, şanın yücedir. Senden başka Tanrı yoktur). (Muslim, Salat, 52)

"Sübhâneke" duasında "ve celle senâük" ifadesi yalnız cenaze namazında okunur. Fakat yanlışlıkla diğer namazlardan birisinde de okunacak olursa, bir şey gerekmez.

Peygamber (s.a.s) efendimiz namazlarında her zaman bu duayı okumamıştır. O'nun okuduğu bazı duaları da veriyoruz.

Ancak burada şunu belirtmek gerekir ki, cemaatle namaz kılarken "Sübhâneke"den daha uzun bir dua okunacak olursa, imamın okuyacağı sureleri takip edemez. Bu bakımdan Peygamberimiz (s.a.s)'in okuduğu bu duâları okumak isteyen kimse, bunları yalnız başına namaz kılarken okumalıdır.

İmam da aynı şekilde, daha uzun duâlar okuyacak olursa, cemaati çok bekletmiş olur.

Hz. Peygamber (s.a.s)'in iftitah tekbiri ile Fâtiha sûresi arasında okuduğu bazı duâlar şunlardır:

Ebû Hureyre (r.a) anlatıyor:

"Resûlullah (s.a.s) iftitah tekbiri ile kıraat arasında biraz sükût ederdi. Bir gün dedim ki:

— Ey Allahın Elçisi! Anam-babam sana kurban olsun, tekbir ile kıraat arasındaki sükûtun nedir? Orada ne diyorsun? Dedi ki:

اَللّـــهُمَّ بَاعِدْ بَيْنِى وَبَيْنَ خَطَايَاىَ كَمَا بَاعَدْتَ بَيْنَ الْمَشْرِقِ وَالْمَغْرِبِ ، اَللّٰهُمَّ نَقِّنِى مِنْ خَطَايَاىَ كَمَا يُنَقَّى الثَّوْبُ الْاَبْيَضُ مِنَ الدَّنَسِ، اَللّٰهُمَّ اغْسِلْنِى مِنْ خَطَايَاىَ بِالثَّلْجِ وَالْمَاءِ وَالْبَرَدِ

Allâhumme bâid beynî ve beyne hatâyâye kemâ bâadte beyne'l-meşrıki ve'l-mağribi, Allahumme nakkinî mine'l-Hatâyâ kemâ yunakkâ's-sevbu'l-ebyadu mine'd-denesi. Allâhümme'ğsilnî min hatâyâye bi's-selci ve'l-maî ve'l-beradi.

(Allâhım! Beni günahlarımdan doğu ile batı arasını açtığın kadar uzak tut. İlâhi, beyaz kumaş kirden-pastan nasıl temizlenirse, beni de günâhlardan öylece temizle. Allâhım! Geçmiş günâhlarımı da su ile, kar ile, dolu ile tertemiz yıka) (Buhârî, Salat, 79 (1/181)

Ebû Saîd el-Hudrî' (r.a)'nin rivayet ettiğine göre, Peygamber (s.a.s) "Sübhâneke"den sonra اَللّٰهُ اَكْبَرُ كَبِيراً Allahu Ekber kebîrâ (Allah her şeyden büyüktür) der ve

أَعُوذُ بِاللّٰهِ السَّمِيعِ الْعَلِيمِ مِنَ الشَّيْطَانِ الرَّجِيمِ مِنْ هَمْزِهِ وَنَفْخِهِ وَنَفْثِهِ

Eûzü billâhi's-semîil-alîmi mine'ş-şeytâni'r-racîm, min hemzihî ve nefhihî ve nefsihî.

(Kovulmuş şeytan'dan, onun üflemesinden, tükürmesinden ve ısırmasından işiten ve bilen Allah'a sığınırım) (el-Ezkâr, s. 45) duasını okurdu.

Cübeyr b. Mut'im (r.a)'in rivayetine göre, Peygamber (s.a.s)'in üç defa

اَللّٰهُ اَكْبَرُ كَبِيراً وَالْحَمْدُ لِلّٰهِ حَمْداً كَثِيراً وَسُبْحَانَ اللّٰهِ بُكْرَةً وَاَصِيلاً

Allâhu Ekber kebîrâ, ve'l-hamdu lillâhi hamden kesîra, ve sübhânellâhi bükraten ve asîlâ.

(Allah her şeyden büyüktür. O'na bol bol hamdolsun. Sabah-akşam Allah'ı tesbîh ederim) (Müslim, Mesacid, 149) dedikten sonra biraz önce zikrettiğimiz istiâze duâsını okuduğu anlaşılmaktadır.

Tekrar belirtelim ki, bu duaları cemaatle kıldığı zaman ne imamın ve ne de cemaatın okuması uygun değildir.

Peygamber (s.a.s) efendimiz: *"Sizden biriniz imam olduğu zaman namazı uzatmasın"* buyurmakta ve cemaat arasında hastaların, çocukların ve zayıfların bulunabileceğini ve onların böyle uzun namaza katlanamıyacaklarını hatırlatmaktadır. Bu ve buna benzer duâlar yalnız başına kılınan namazlarda okunabilecek duâlardır.

Böyle bir duadan sonra Cenâb-ı Allah'a bizzat O'nun öğrettiği bir dua ile, yani "Fâtiha" ile yalvarmak Allah indinde kabul olsa gerektir.

Böylece iftitah duâlarından birini okuduktan sonra:

اَعُوذُ بِاللّٰهِ مِنَ الشَّيْطَانِ الرَّجِيمِ بِسمِ اللّٰهِ الرَّحْمٰنِ الرَّحيمِ

Eûzu billâhi mine'ş-şeytâni'r-racîm Birmillâhir'r-Rahmâni'r-Râhîm.

(Taşlanmış şeytandan Allah'a sığınır, Rahmân ve Râhîm olan Allah'ın adıyle" (başlarım) diyerek "Fâtiha" sûresini okur.

Namazlarda Fâtiha sûresini okumak vacibtir. Fatiha sûresi okunmayan namaz eksiktir, noksandır.

Namaz cemaatle kılındığı zaman "Sübhaneke"den sonra "Fatiha" ve diğer sûreyi yalnız imam okur, cemaat ise susar ve bekler.

Yalnız başına kılındığı zaman ise, "Fâtiha"dan sonra namaz sûrelerinden biri veya uzunca bir âyet içten okunur. kısa üç ayet okunsa da olur. Namaz sûreleri adı verilen bu sûreler şunlardır:

1. Fâtiha Sûresi:

اَلْحَمْدُ لِلّٰهِ رَبِّ الْعَالَمِينَ * اَلرَّحْمٰنِ الرَّحِيمِ * مَالِكِ يَوْمِ الدِّينِ

* اِيَّاكَ نَعْبُدُ وَاِيَّاكَ نَسْتَعِينُ * اِهْدِنَا الصِّرَاطَ الْمُسْتَقِيمَ * صِرَاطَ

الَّذِينَ اَنْعَمْتَ عَلَيْهِمْ غَيْرِ الْمَغْضُوبِ عَلَيْهِمْ وَلَا الضَّآلِّينَ *

El-hamdü lillâhi rabbi'l-âlemin. er-rahmâni'r-rahîm. Mâliki yevmi'd-dîn. İyyâke na'budu ve iyyâke nesta'în. ihdina's-sirata'l-müstakîm. Sîrâta'llezîne en'amte aleyhim ğayri'l-mağdûbi aleyhim ve le'ddâllîn. Âmin.

(Hamd, âlemlerin Rabbı Allah'a mahsustur. O, Rahmân ve Rahîm'dir. Kıyamet gününün tek sahibi O'dur. Yalnız Sana ibadet eder ve yalnız Senden yardım dileriz. Bizi doğru yola ilet. Kendilerine nîmet verdiklerinin yoluna. Gazabına uğrayanların ve sapıtanların yoluna değil).

2. Fîl Sûresi:

بِسْمِ اللّٰهِ الرَّحْمٰنِ الرَّحِيمِ

اَلَمْ تَرَ كَيْفَ فَعَلَ رَبُّكَ بِاَصْحَابِ الْفِيلِ * اَلَمْ يَجْعَلْ كَيْدَهُمْ فِى تَضْلِيلٍ * وَاَرْسَلَ عَلَيْهِمْ طَيْرًا اَبَابِيلَ * تَرْمِيهِمْ بِحِجَارَةٍ مِنْ سِجِّيلٍ فَجَعَلَهُمْ كَعَصْفٍ مَاْكُولٍ *

Elem tere keyfe feale rabbuke bi'ashabi'l-fîl. Elem yec'al keydehum fî tadlîlin ve ersele aleyhim tayran ebâbîle tarmîhim bi-hicâretin min siccîlin fece'alehum ke'asfin me'kûl.

Manası:

1. Ey Muhammed! (Kâ'be'yi yıkmağa gelen) fil sahiplerine Rabbinin ettiğini görmedin mi?

2. Onların düzenlerini boşa çıkarmadı mı?

3-4. Onların üzerlerine sert taşlar atan kuşlar gönderdi.

5. Sonunda onları yenilmiş ekin gibi yaptı.

3. Kureyş Suresi:

بِسْمِ اللّٰهِ الرَّحْمٰنِ الرَّحِيمِ

لِاِيلاَفِ قُرَيْشٍ * اِيلاَفِهِمْ رِحْلَةَ الشِّتَاءِ وَالصَّيْفِ * فَلْيَعْبُدُوا رَبَّ هٰذَا الْبَيْتِ * اَلَّذِى اَطْعَمَهُمْ مِنْ جُوعٍ وَاٰمَنَهُمْ مِنْ خَوْفٍ *

Li îlâfî kureyşin îlâfihim rıhlete'ş-şitâi ve's-sayf. Felya'büdû rabbe hâze'l-beyti'l-lezî et'amehüm min cû'in ve âmenehüm min havf.

Manası:

1-2. Kureyş kabilesinin yaz ve kış yolculuklarında anlaşması ve uzlaşması sağlanmıştır.

3-4. Öyleyse kendilerini açken doyuran ve korku içindeyken güven veren bu kâ'be'nin Rabbine kulluk etsinler.

4. Mâûn Sûresi

بِسْمِ اللّٰهِ الرَّحْمٰنِ الرَّحِيمِ

أَرَاَيْتَ الَّذِى يُكَذِّبُ بِالدِّينِ * فَذَالِكَ الَّذِى يَدُعُّ الْيَتِيمَ * وَلَا يَحُضُّ عَلَى طَعَامِ الْمِسْكِينِ * فَوَيْلٌ لِلْمُصَلِّينَ * اَلَّذِينَ هُمْ عَنْ صَلٰوتِهِمْ سَاهُونَ * اَلَّذِينَ هُمْ يُرَآؤُنَ * وَيَمْنَعُونَ الْمَاعُونَ *

Eraeytellezî yukezzibü bi'd'dîn, Fezâlikellezî yedu'u'l-yetîm. Velâ yehuddu alâ taâmi'l-miskîn. Feveylün li'l-musallîne'lelezîne hüm an-salâtihim sâhûn. Ellezîne hüm yurâûne ve yemne'ûne'l-mâun.

Manası:

1. Ey Muhammed! Dini yalan sayanı gördün mü?

2-3. Öksüzü kakıştıran, yoksulu doyurmağa yanaşmayan kimse işte odur.

4. Vay o namaz kılanların haline ki:

5. Onlar kıldıkları namazdan gafildirler.

6. Onlar gösteriş yaparlar.

7. Onlar (eğreti olarak) basit şeyleri dahi vermezler.

5. Kevser Sûresi:

بِسْمِ اللّٰهِ الرَّحْمٰنِ الرَّحِيمِ

اِنَّآ اَعْطَيْنَاكَ الْكَوْثَرَ * فَصَلِّ لِرَبِّكَ وَانْحَرْ * اِنَّ شَانِئَكَ هُوَ الْاَبْتَرُ *

İnnâ a'teynâke'l-Kevser. Fe-salli li rabbike ve'nhar. İnne şâni'eke hüve'l-ebter.

Manası:

1. Ey Muhammed! Doğrusu sana pek çok nimet vermişizdir.

2. Öyleyse Rabbin için namaz kıl, kurban kes.

3. Doğrusu adı sanı ortadan kalkacak olan, sana kin tutan kimsedir.

6. Kâfirûn Sûresi:

بِسْمِ اللّٰهِ الرَّحْمٰنِ الرَّحِيمِ

قُلْ يَآ اَيُّهَا الْكَافِرُونَ * لاَ اَعْبُدُ مَا تَعْبُدُونَ * وَلآ اَنْتُمْ عَابِدُونَ مَآ اَعْبُدُ * وَلآ اَنَا عَابِدٌ مَاعَبَدْتُمْ * وَلاَ اَنْتُمْ عَابِدُونَ مَا اَعْبُدُ * لَكُمْ دِينُكُمْ وَلِىَ دِينِ *

Kul yâ eyyühe'l-kâfirûne lâ a'büdü mâ ta'büdûn. Velâ entüm âbidûne mâ a'büd. Velâ ene âbidün mâ abedtüm. Velâ entüm âbidûne mâ a'büd. Leküm dînüküm veliye dîn.

Manası:

1. Ey Muhammed! De ki: "Ey İnkârcılar!

2. Ben sizin taptıklarınıza tapmam.

3. Benim taptığıma da siz tapmazsınız.

4. Ben de sizin taptığınıza tapacak değilim.

5. Benim taptığıma da sizler tapmıyorsunuz."

6. Sizin dîniniz size, benim dînim banadır."

7. Nasr Sûresi:

بِسْمِ اللّٰهِ الرَّحْمٰنِ الرَّحِيمِ

اِذَا جَآءَ نَصْرُ اللّٰهِ وَالْفَتْحُ * وَرَاَيْتَ النَّاسَ يَدْخُلُونَ فِى دِينِ اللّٰهِ اَفْوَاجًا * فَسَبِّحْ بِحَمْدِ رَبِّكَ وَاسْتَغْفِرْهُ * اِنَّهُ كَانَ تَوَّابًا

İzâ câ'e nasrullâhi ve'l-feth. Ve reaeyte'n-nâse yedhulûne fî dînillâhi efvâcen. fesebbih bi-hamdi rabbike ve'stağfirh. İnnehû kâne tevvâbâ.

Manası:

1-3. Ey Muhammed! Allah'ın yardımı ve zafer günü gelip, insanların Allah'ın dînine akın akın girdiklerini görünce, Rabbini överek tesbîh et; O'ndan bağışlama dile, çünkü O, tevbeleri daima kabul edendir.

(Bu sûre nazil olduktan sonra Peygamber (s.a.s) bol bol hamdü senâ eder.
سُبْحَانَ اللّٰهِ وَبِحَمْدِهِ اَسْتَغْفِرُ اللّٰهَ وَاَتُوبُ اِلَيْهِ derdi.)

8. Leheb Sûresi:

بِسْمِ اللّٰهِ الرَّحْمٰنِ الرَّحِيمِ

تَبَّتْ يَدَا اَبِى لَهَبٍ وَتَبَّ * مَآ اَغْنَى عَنْهُ مَالُهُ وَمَا كَسَبَ * سَيَصْلٰى نَارًا ذَاتَ لَهَبٍ * وَامْرَاَتُهُ حَمَّالَةَ الْحَطَبِ * فِى جِيدِهَا حَبْلٌ مِنْ مَسَدٍ *

Tebbet yedâ Ebî Lehebin ve tebb. Mâ'-ağnâ anhu mâluhû vemâ keseb. Seyaslâ nâran zâte-leheb. Vemraatuhû hammâlete'l-hatab, fîcidihâ hablun min-mesed.

Manası:

1. Ebû leheb'in elleri kurusun; kurudu da!

2. Malı ve kazandığı kendisine fayda vermedi.

3. Alevli ateşe yaslanacaktır.

4-5. Karısı da boynunda bir ip olduğu halde ona odun taşıyacaktır.

9. İhlâs Sûresi:

بِسْمِ اللّٰهِ الرَّحْمٰنِ الرَّحِيمِ

قُلْ هُوَ اللّٰهُ اَحَدٌ * اَللّٰهُ الصَّمَدُ * لَمْ يَلِدْ وَلَمْ يُولَدْ * وَلَمْ يَكُنْ لَهُ كُفُواً اَحَدٌ *

Kul hüva'l-lâhü ehad. Allâhü's-samed. Lem yelid ve lem yûled. Ve lem yekün lehû küfüven ehad.

Manası:

1. Ey Muhammed! De ki: "O Allah bir tektir.

2. Allah her şeyden müstağnî ve her şey O'na muhtaçtır.

3. O doğurmamış ve doğmamıştır.

4. Hiç bir şey O'na denk değildir."

10. Felak Sûresi:

بِسْمِ اللّٰهِ الرَّحْمٰنِ الرَّحِيمِ

قُلْ اَعُوذُ بِرَبِّ الْفَلَقِ * مِنْ شَرِّ مَا خَلَقَ * وَمِنْ شَرِّ غَاسِقٍ اِذَا وَقَبَ * وَمِنْ شَرِّ النَّفَّاثَاتِ فِى الْعُقَدِ * وَمِنْ شَرِّ حَاسِدٍ اِذَا حَسَدَ *

Kul eûzü birabbi'l-felak, Min şerri mâ halak. Ve min şerri ğâsikın izâ vekab. Ve min şerri'n-neffâsâti fi'l-ukad. Ve min şerri hâsidin izâ hased.

Manası:

1-5. Ey Muhammed! De ki: "Yaratıkların şerrinden, bastırdığı zaman karanlığın şerrinden, düğümlere nefes eden büyücülerin şerrinden, hased ettiği zaman hasedçilerin şerrinden, tan yerini ağartan Rabbe sığınırım."

11. Nâs Sûresi:

بِسْمِ اللّٰهِ الرَّحْمٰنِ الرَّحِيمِ

قُلْ اَعُوذُ بِرَبِّ النَّاسِ * مَلِكِ النَّاسِ * اِلٰهِ النَّاسِ * مِنْ شَرِّ الْوَسْوَاسِ الْخَنَّاسِ * اَلَّذِى يُوَسْوِسُ فِى صُدُورِ النَّاسِ * مِنَ الْجِنَّةِ وَالنَّاسِ *

Kul eûzü birabbi'n-nâsi meliki'n-nâsi ilâhi'n-nâs. Min-şerri'l-vesvâsi'l-hannâs, Ellezî yüvesvisü fî sudûri'n-nâs, mine'l-cinneti ve'n-nâs.

Manası:

1-6. Ey Muhammed! De ki: "İnsanlardan ve cinlerden ve insanların gönüllerine vesvese veren o sinsi vesvesecinin şerrinden, insanların Tanrısı, insanların Hükümrânı ve insanların Rabbi olan Allah'a sığınırım."

Bu sûrelerden birini okuduktan sonra اَللّٰهُ اَكْبَرُ Allâhu Ekber diyerek rükûya gidilir.

Rükû: Rükû'da, baş, bel ve sağrı dümdüz tutulmağa gayret edilir. rükû'da iken üç defa سُبْحَانَ رَبِّىَ الْعَظِيمْ Sübhâne Rabbiye'l-Azîm (Büyük Rabbimi tesbih ederim) denir. (Müslim, Müsâfirîn, 203).

Peygamber (s.a.s) efendimizin rükû'da da değişik duâlar okuduğu bilinmektedir. Bu duâlardan bazıları şunlardır:

Hz. Aişe (r.a)'nin anlattığına göre, Peygamber (s.a.s) rükû'da şöyle duâ ederdi:

سُبْحَانَكَ اللّٰهُمَّ رَبَّنَا وَبِحَمْدِكَ، اَللّٰهُمَّ اغْفِرْلِي

Sübhâneke'llahumme Rabbenâ ve bi hamdik, Allâhümmeğfirlî.

(Allahım! seni tesbîh ederim, Rabbımız! Hamd Sanadır. Allâhım! Beni bağışla) (Buhârî. Tefsiri sure 110, (6/93)

Hz. Ali (r.a)'nin rivayetine göre, Peygamber (s.a.s) rükû da şöyle duâ etmiştir:

اَللّٰهُمَّ لَكَ رَكَعْتُ وَبِكَ اٰمَنْتُ وَلَكَ اَسْلَمْتُ خَشَعَ لَكَ سَمْعِي وَبَصَرِي وَمُخِّي وَعَظْمِي وَعَصَبِي

Allâhümme leke rekâ'tü, ve bike âmentü, ve leke eslemtü haşea leke sem'î ve basarî ve muhhî ve azmî ve asabî.

(Allâhım! Senin huzurunda eğildim. Sana inandım, Sana teslim oldum. Kulaklarım, gözlerim, beynim, kemiklerim ve damarlarım eğilerek Sana huşû etti. Bütün varlığımla senin huzurunda eğiliyorum Allahım (Müslim, Müsâfirîn, 201)

Hz. Aişe (r.a) den rivayet edilen başka bir hadiste Peygamber (s.a.s) rükû'da şöyle duâ etmiştir:

سُبُّوحٌ قُدُّوسٌ رَبُّنَا وَرَبُّ الْمَلَائِكَةِ وَالرُّوحِ

Sübbûhun Kuddûsun Rabbunâ ve Rabbu'l-melâiketi ve'r-ruh.

(Allah çok tesbîh edilendir. O, kötülüklerden uzak ve münezzehtir. Bizim, meleklerin ve Cibrîl'in Rabbıdır) (Müslim, Salât, 223)

Bundan sonra: سَمِعَ اللّٰهُ لِمَنْ حَمِدَهُ

Semia'llâhu li men hamideh (Allah kendisine hamdedeni işitsin, işitti) (Müslim, Müsâfirîn, 203) diyerek doğrulur. Bunu söylemek sünnettir. Doğrulunca: رَبَّنَا لَكَ الْحَمْدُ

Rabbenâ leke'l-hamd (Ey Rabbimiz! Hamd Sana mahsustur) (Buhârî, Ezan, 85 (1/180) denir. cemaatle kılarken cemaat, yalnız bunu söyler.

"Semia'llâhu li men hamideh" demek çok sevaptır.

Rifâa b. Hâris anlatıyor:

"Bir gün Hz. Peygamber (s.a.s)'in arkasında namaz kılıyorduk. rükû'dan başını kaldırdığında

"Semia'llâhu limen hamideh", dedi. Cemaat arasından biri:

رَبَّنَا وَلَكَ الْحَمْدُ حَمْداً كَثِيراً طَيِّباً مُبَارَكاً فيه

Rabbenâ ve leke'l-hamdu hamden kesîrân tayyiben mubâreken fîh.

(Rabbimiz! Hamd Sanadır, Sana bol bol hamdolsun, çokça ve mübarek olan hamd ile) dedi.

Peygamber (s.a.s) efendimiz namazı bitirince:

— *Biraz önce bu şekilde söyleyen kimdi?* diye sordu. O da:

— *Ey Allah'ın Elçisi! O bendim,* dedi. Bunun üzerine Peygamber (s.a.s)

— *Vallâhi, otuz küsur melek gördüm ki, bu sözü bakalım hangimiz önce yazıp Hakk'ın huzuruna çıkaracak diye yarış ediyorlardı",* dedi. (Buhârî, Ezan, 126 (1/193)

Allahu Ekber diyerek secdeye varılır. Secdeye giderken önce dizler, sonra eller yere konur. Baş, alın ve burun yere değecek şekilde ellerin arasında yere konur. Bu sırada ayaklar birbirine bitişik vaziyette ve parmaklar üzerinde dik olarak tutulur, yerden kesilmez.

Secdede iken üç defa: سُبْحَانَ رَبِّيَ الْأَعْلَى

Sübhâne rabbiye'l-a'lâ, (Çok ulu Rabbimi tesbih ederim) (İbn-i Mace, İkametü's-Salât h.nu: 887) denir.

İbn Mes'ûd'tan rivayet edildiğine göre, Peygamber (s.a.s):

"Her hangi biriniz rükû'unda üç defa "Sübhâne Rabbiye'l-azîm derse namazı tamdır, fakat bu en azıdır" buyurmuştur.

Hz. Peygamber (s.a.s) kendisi ise secde esnasında bazı farklı duâlar okumuştur:

Ebû Hureyre (r.a)'den rivayet edildiğine göre, Peygamber (s.a.s) secdede şöyle duâ etmiştir:

اَللّٰهُمَّ اغْفِرْلِي ذَنْبِي كُلَّهُ، دِقَّهُ وَجِلَّهُ ، وَاَوَّلَهُ وَآخِرَهُ، وَعَلانِيَتَهُ وَسِرَّهُ

Allâhümmeğfirlî zenbî küllehû, dikkahû ve cillehû, ve evvelehû ve âhirahû, ve alâniyyetehû ve sirrahû.

(Allahım! Günahlarımın hepsini; küçüğünü, büyüğünü, öncekini, sonrakini, açığını, gizlisini, hepsini bağışla Allahım!) (Müslim, Salât, 216)

Hz.Aişe (r.a)'den rivayet olunduğuna göre, peygamber (s.a.s) secdede şöyle duâ etmiştir:

سُبْحَانَكَ اللّٰهُمَّ رَبَّنَا وَبِحَمْدِكَ اَللّٰهُمَّ اغْفِرْلِي

Sübhâneke'llâhümme rabbenâ ve bihamdik. Allâhümme'ğfirlî.

(Allahım! Seni tesbîh ederim. Ey Rabbimiz! Sana Senin hamdinle hamdederiz, Ey Allahım! Beni mağfiret eyle.) (Müslm, Salât, 217)

Yine Hz. Aişe (r.a)'den rivayet edildiğine göre, o, şöyle demiştir:

"Allah'ın Resûlü ölmeden önce:

سُبْحَانَكَ وَبِحَمْدِكَ اَسْتَغْفِرُكَ وَاَتُوبُ اِلَيْكَ

Sübhâneke ve bi hamdike estağfiruke ve etûbü ileyke

(Allahım! Seni, Senin hamdinle tesbîh ederim. Senden

mağfiret diler, Sana tevbe ederim) duâsını çok tekrar ederdi. Kendisine:

— Ey Allahın Elçisi! Son zamanlarda çok söylediğin bu kelimeler nedir? diye sorduğumda:

— *Ümmetim hakkında bana bir alâmet verildi. O alâmeti gördüğümde bu kelimeleri söyledim, o alâmeti işte gördüm* (dedi ve) Nasr sûresini sonuna kadar okudu". (Müslim, Salât, 218)

اِذَاجَآءَ نَصْرُ اللّٰهِ وَالْفَتْحُ * وَرَاَيْتَ النَّاسَ يَدْخُلُونَ فِى دِينِ اللّٰهِ اَفْوَاجًا * فَسَبِّحْ بِحَمْدِ رَبِّكَ وَاسْتَغْفِرْهُ * اِنَّهُ كَانَ تَوَّابًا *

Bilindiği üzere bu sûre Mekke'nin fethi sırasında nâzil olmuş ve Allah Elçisi görevinin sona ermek üzere olduğunu anlamıştır. aynı şeyi hisseden Hz. Ebû Bekr ağlamaya başlamıştır.

Peygamber (s.a.s)'in gece namazında secdede okuduğu bir başka duâyı yine Hz. Aişe (r.a.)'den dinleyelim:

سَجَدَ وَجْهِى لِلَّذِى خَلَقَهُ وَشَقَّ سَمْعَهُ وَبَصَرَهُ بِحَوْلِهِ وَقُوَّتِهِ

Secede vechî lillezî halekahû veşakka sem'ahû ve basarahû bi havlihî ve kuvvetihî.

(Benim yüzüm O Allah'a secde etti ki, kendi gücü ve kuvvetiyle onu yarattı ve lûtfu kereminden O'na kulak ve göz verdi) (Tirmizi, Da'vat, 33)

Yine Hz. Aişe (r.a)'nin Peygamber (s.a.s)'in rükû ve secdede okuduğunu bildirdiği bir başka duâ şöyledir:

سُبْحَانَكَ اللّٰهُمَّ وَبِحَمْدِكَ اَسْتَغْفِرُكَ وَاَتُوبُ اِلَيْكَ فَاغْفِرْلِى فَاِنَّكَ اَنْتَ التَّوَّابُ .

Sübhâneke Allâhümme ve bi hamdike, estağfiruke ve etûbu ileyke, fağfirlî fe inneke Ente't-Tevvâb.

(Allahım! Seni tesbîh ederim. Seni hamdinle överim. Senden mağfiret diler, Sana tevbe ederim. Beni bağışla, çünkü Sen tevbeleri kabul edensin) (Tecrid ter. 2/797)

Hz. Ali (r.a) Peygamber (s.a.s)'in secdede şöyle duâ ettiğini anlatır:

اَللّٰهُمَّ لَكَ سَجَدْتُ وَبِكَ اٰمَنْتُ . وَلَكَ اَسْلَمْتُ ، سَجَدَ وَجْهِى لِلَّذِى خَلَقَهُ وَصَوَّرَهُ وَشَقَّ سَمْعَهُ وَبَصَرَهُ، تَبَارَكَ اللّٰهُ اَحْسَنُ الْخَالِقِينَ

Allâhümme leke secedtü, ve bike âmentü, ve leke eslemtü, secede vechî lillezî halekahû ve savverahû, ve şakka sem'ahû ve basarahû, tebâreke'l-lâhü ahsenü'l-hâlıkîn.

(Allahım! Sana secde ettim, Sana inandım, Sana teslim oldum. Yüzüm kendisini Yaratana, güzel bir şekil verene, onda göz, kulak Yaratana secde etti. Yaratanların en güzeli olan Allah mübârektir.) (Müslim, Salât, 201)

Hz. Aişe (r.a) anlatıyor:

"Bir gece baktım, Allah'ın Resûlü yatakta yok! Hemen onu aramaya başladım. Derken kendisini mescidde iki ayakları dikili vaziyette secdede buldum. Öyle ki, ellerim ayaklarının altına değiverdi. O esnada kendisi şu duayı okuyordu:

اَللّٰهُمَّ اَعُوذُ بِرِضَاكَ مِنْ سَخَطِكَ وَبِمُعَافَاتِكَ مِنْ عُقُوبَتِكَ، وَاَعُوذُ بِكَ مِنْكَ لاَ اُحْصِى ثَنَاءً عَلَيْكَ اَنْتَ كَمَا اَثْنَيْتَ عَلٰى نَفْسِكَ

Allâhümme eûzü bi-rıdâke min sahatike ve bi muâfâtike min ukûbetike, ve eûzü bike minke lâ uhsî senâen aleyke, Ente kemâ esneyte alâ nefsike.

(Allahım! Senin gazabından rızâna, cezandan affına sığınırım. Hasılı Senden yine Sana sığınırım. Sana karşı lâyık olduğun gibi tam olarak senâ ve medihlerini sayamam. Seni nasıl öveceğimi bilemem. Sen kendini nasıl sena ettinse Sen işte öylesin. Ben de Seni aynı şekilde övüyorum) (Müslim, Salât, 222).

Namaz mü'minin miracıdır. Çünkü mü'min namazda iken yüce Yaradan'ın huzurundadır. Bununla birlikte namazın bazı kısımlarının farklı bir özellik taşıdığı gelen rivayetlerden anlaşılmaktadır.

Ma'dân b. Ebî Talha (r.a) anlatıyor:

"Hz. Peygamber (s.a.s)'in azadlısı Sevbân'a rastladım.

— Bana bir iş söyle ki, onu yapayım ve Allah o iş sebebiyle beni Cennet'e koysun, dedim. O, sustu. Tekrar aynı şeyi sordum. O, yine sustu. Üçüncü defa yine ondan beni Cennet'e sokacak güzel bir iş söylemesini istedim. Nihayet şöyle dedi:

— Ben de bu senin sorduğun şeyi Resûlullah (s.a.s)'dan istedim. O, şöyle buyurdu:

— *Allah'a çok secde etmeye bak. Çünkü Allah için yaptığın her bir secdeye mukabil, Allah seni bir dereceye yükseltecek ve bir hâtânı affedecektir, buyurdu*" (Müslim, Salât, 225).

Bu ve diğer bazı hadislerde secdenin fazîletine işaret buyurulmaktadır. Müslüman, Allah'tan başka kimsenin huzurunda eğilmez. Allah'ın huzurunda ise, bütün samimiyetiyle ve ihlâsıyle eğilir. Bundan dolayı rükû'nun ve hele secdenin ayrı bir yeri vardır. Ve bundan dolayıdır ki, şair:

......

"Şühedâ gövdesi, bir baksana dağlar taşlar...
O, rükû' olmasa dünyada eğilmez başlar"

demiştir.

Secde'de gerekli dualar okunduktan sonra (en az üç defa "sübhâne rabbiye'l-a'lâ" dedikten sonra

"Allâhü Ekber" diyerek oturulur. En az "sübhânellah" diyecek kadar oturulur ve "Allahu Ekber" diyerek tekrar secde'ye varılır.

Bu iki secde arasında Peygamber (s.a.s)'in şu duayı okuduğunu İbn Abbâs (r.a) anlatmaktadır:

اَللّٰهُمَّ اغْفِرْلِى وَارْحَمْنِى وَعَافِنِى وَاهْدِنِى وَارْزُقْنِى

Allâhümme, ığfirli verhamnî ve âfinî vehdinî ver-zuknî.

(Allahım! Günahlarımı bağışla, bana merhamet et, sağlık ve âfiyet ver. Beni hidâyete ulaştır ve rızkımı ihsan eyle) (Ebu Davud, Salât, h. nu: 850 (1/530)

Secde'de yine en az üç defa "sübhâne Rabbiye'l-a'lâ" dedikten sonra" Allahu Ekber "diyerek ayağa kalkılır. Kalkarken önce ellerini kaldırıp dizlerine dayar ve kalkar. Özrü olanlar ellerini yere dayayarak kalkabilirler.

İkinci rekâtta "sübhâneke" okunmaz. Besmele çekerek "Fatiha" ve bir "sûre" okunur. Aynı şekilde rükû' ve secde yapıldıktan sonra oturulur.

Burada dikkat edilecek husus ayakların durumudur. Sağ ayak parmakların üzerinde dik tutulur... Sol ayak ise, kıvrılır, serilir ve ağırlık onun üzerine verilerek oturulur.

Eğer iki rekâtlı bir namaz kılınıyorsa oturulduğu andan itibaren şu duâlar okunur:

1. Et-Tahiyyatu:

اَلتَّحِيَّاتُ لِلّٰهِ وَالصَّلَوَاتُ وَالطَّيِّبَاتُ اَلسَّلَامُ عَلَيْكَ اَيُّهَا النَّبِىُّ
وَرَحْمَةُ اللّٰهِ وَبَرَكَاتُهُ اَلسَّلَامُ عَلَيْنَا وَعَلٰى عِبَادِ اللّٰهِ الصَّالِحِينَ اَشْهَدُ
اَنْ لَا اِلٰهَ اِلَّا اللّٰهُ وَاَشْهَدُ اَنَّ مُحَمَّدًا عَبْدُهُ وَرَسُولُهُ .

Et-tahiyyâtu lillâhi va's-salâvâtu va't-tayyibâtu es-selâmu âleyke eyyuhe'nnebiyyu ve rahmetullâhi ve berekâtuhu es-selâmu aleynâ ve alâ ibâdi'llahi's-sâlihîn. Eşhedu en lâ ilâhe illallâh ve eşhedu enne Muhammeden abduhû ve Resûluh.

(Bütün duâlar, senalar malî ve bedenî ibadetler, mülk, azamet Allah'a mahsustur. Ey Peygamber! Selâm sana, Allah'ın rahmet ve bereketi senin üzerine olsun. Selâm ve esenlik bize ve Allah'ın salih kullarının üzerine olsun. Ben şehadet ederim ki, Allah'tan başka bir İlah yoktur, Muhammed O'nun kulu ve Resulüdür).

Bu duâ, İbn Mes'ûd teşehhüdü olarak tanınmıştır. İbn Mes'ûd diyor ki: "Biz, Resulullah'ın arkasında namaz oturuşunda Es-Selamu alellah, Esselamu ala fülânin" derdik. Allah'ın Elçisi günün birinde bize şöyle buyurdu: *"Selam Allah'ın kendisidir. Namazda oturduğunuzda şöyle okuyun"* diyerek tahiyyat duâsını öğretti. *"Bundan sonra isteyen istediği duâyı seçer,"* buyurdu. (Müslim, Salât, 56)

Hadis kitaplarında tahiyyat duâsı bazı farklı lafızlarla nakledilmektedir ki, bu farklar önemli değildir. Bizde yaygın olan Tahiyyat duâsı İbn Mes'ûd'un rivayetidir. Namazda bunlardan birini okumak sünnettir.

İbn Mesûd namazda teşehhüdü öğrettikten sonra şu duayı da ilave etmiştir:

اَللّٰهُمَّ اِنِّى اَسْاَلُكَ مِنَ الْخَيْرِ كُلِّهِ مَا عَلِمْتُ مِنْهُ وَمَا لَمْ أَعْلَمْ . وَأَعُوذُ بِكَ مِنَ الشَّرِّ كُلِّهِ مَا عَلِمْتُ مِنْهُ وَمَا لَمْ اَعْلَمْ . اَللّٰهُمَّ اِنِّى اَسْاَلُكَ مِنْ خَيْرِ مَا سَاَلَكَ عِبَادُكَ الصَّالِحُونَ وَأَعُوذُ بِكَ مِنْ شَرِّ مَا اسْتَعَاذَكَ مِنْهُ عِبَادُكَ الصَّالِحُونَ رَبَّنَا آتِنَا فِى الدُّنْيَا حَسَنَةً وَفِى الْآخِرَةِ حَسَنَةً وَقِنَا عَذَابَ النَّارِ .

Allâhümme innî es'elüke mine'l-hayri küllihî mâ alimtü minhü ve mâ lem a'lem. Ve eûzü bike mine'ş-şerri küllihî mâ alimtü ve mâ lem a'lem. Allâhümme innî es'elüke min hayri mâ seeleke ìbâdüke's-sâlihûn. Ve eûzü bike min şerri mâ isteâzeke minhü ìbâduke's-sâlihûn. Rabbenâ âtinâ fi'd-dünyâ haseneten ve fi'l-âhireti haseneten vakìnâ azâbe'n-nâr.

(Allâhım! Ben bildiğim ve bilmediğim hayırların hepsini Senden isterim. İlâhi, ben bildiğim ve bilmediğim şerlerin hepsinden Sana sığınırım. Allâhım! Sâlih kullarının diledikleri hayırları Senden ben de dilerim. Sâlih kullarının hangi şerlerden Sana sığındılarsa ben de onlardan Sana sığınırım. Ey Rabbimiz! Bize dünyada da âhirette de iyilik ver. Cehennem azâbından bizi koru). [1]

Ettehıyyâtu" duâsı okunduktan sonra isteyen istediği duâyı okuyabilir. Ancak okunması âdeı haline gelmiş ve yerleşmiş bulunan Peygamberimiz (s.a.s)'in de tavsiye ettiği duâlar şunlardır:

اَللّٰهُمَّ صَلِّ عَلٰى مُحَمَّدٍ وَعَلٰى الِ مُحَمَّدٍ كَمَا صَلَّيْتَ عَلٰى اِبْرَاهِيمَ
وَعَلٰى الِ اِبْرَاهِيمَ اِنَّكَ حَمِيدٌ مَجِيدٌ .

Allâhümme salli alâ Muhammedin ve alâ âli Muhammed. Kemâ salleyte alâ İbrâhîme ve alâ âli İbrâhîme inneke hamîdun mecîd.

(Allahım! Muhammed'e ve Muhammed evlâdına, İbrahim'e ve İbrahim evlâdına rahmet ettiğin gibi rahmet et. Çünkü Sen Hamîd'sin, Mecîd'sin).

اَللّٰهُمَّ بَارِكْ عَلٰى مُحَمَّدٍ وَعَلٰى الِ مُحَمَّدٍ كَمَا بَارَكْتَ عَلٰى اِبْرَاهِيمَ
وَعَلٰى الِ اِبْرَاهِيمَ اِنَّكَ حَمِيدٌ مَجِيدٌ .

---

(1) Bu konuda geniş bilgi için bkz. Tecrid tercümesi, 2/890

Allâhümme bârik alâ Muhammedin ve alâ âli Muhammed. Kemâ bârekte alâ İbrâhîme ve alâ âli İbrâhîme inneke hamîdun mecîd.

(Allahım! Muhammed'e ve Muhammed evlâdına, İbrahime ve İbrahim evladına bereket verdiğin gibi bereket ver. Çünkü Sen, Hamîd'sin, Mecîd'sin, çok hamdedilen ve tazîm edilensin.)

Bu salâvât-i şerifelerden sonra şu duâlar okunur:

رَبَّنَا اٰتِنَا فِى الدُّنْيَا حَسَنَةً وَفِى الْاٰخِرَةِ حَسَنَةً وَقِنَا عَذَابَ النَّارِ * .
رَبَّنَا اغْفِرْ لِى وَلِوَالِدَىَّ وَلِلْمُؤْمِنِينَ يَوْمَ يَقُومُ الْحِسَابُ.

Rabbenâ âtinâ fi'd-dünyâ haseneten ve fi'l-âhirati haseneten ve kınâ azâbe'n-nâr.

Rabbena'ğfirlî ve livâlideyye ve li'l-mü'minîne yevme yekûmü'l-hisâb.

(Ey Rabbimiz! Bize dünyada da âhirette de iyilik ver, bizi Cehennem azâbından koru.

Ey Rabbimiz! Beni, anamı-babamı ve bütün mü'minleri hesap gününde mağfiret eyle)

Bundan sonra önce sağa, sonra sola "Esselâmu aleykûm ve Rahmetullâh" diyerek selâm verilir. Selâm verirken meleklere ve cemaate selâm verildiği akla getirilir.

İsteyen kimse yalnız başına namaz kılarken tahiyyat ile selam arasında değişik bazı dualar okuyabilir. Tabiî bunlar Peygamber (s.a.s) efendimizin okuduğu duâlar olacaktır.

Hz. Aişe (r.a)'den rivayet edilmiştir. O, der ki:

Peygamber (s.a.s) namazda şöyle duâ ederdi:

اَللّٰهُمَّ اِنِّى اَعُوذُبِكَ مِنْ عَذَابِ الْقَبْرِ، وَاَعُوذُ بِكَ مِنْ فِتْنَةِ الْمَسِيحِ الدَّجَّالِ، وَاَعُوذُ بِكَ مِنْ فِتْنَةِ الْمَحْيَا وَالْمَمَاتِ. اَللّٰهُمَّ اِنِّى اَعُوذُ بِكَ مِنَ الْمَأْثَمِ وَالْمَغْرَمِ .

Allâhümme innî eûzü bike min azâbi'l-kabri, ve eûzü bike min fitneti'l-mesîhi'd-deccâli, ve eûzü bike min fitneti'l-mahyâ ve'l-memâti, Allâhümme innî eûzü bike mine'l-me'semi ve'l-mağrem.

(Allahım! Kabir azabından Sana sığınırım, Mesîh Deccâl'in fitnesinden Sana sığınırım. Hayatın ve ölümün fitnelerinden Sana sığınırım. Allahım! Günahtan ve borçtan Sana sığınırım.)

Hz. Aişe devamla diyor ki: Birisi kendisine:

— Borçtan Allah'a ne de çok sığınıyorsun! dedi. Bunun üzerine Peygamber (s.a.s):

— *İnsan borçlandığı vakit söz söyler de yalan uydurur, söz verir fakat sözünde duramaz,* buyurdu". (Buhârî, Ezan, 149, (1/202)

Ebû Bekr (r.a) 'den rivayet edilmiştir. O, diyor ki:

Bir defasında Peygamber (s.a.s)'e:

— Ey Allah'ın Elçisi! Bana namazın sonunda okuyabileceğim bir duâ öğret, dedim. Resulullah (s.a.s):

اَللّٰهُمَّ اِنِّى ظَلَمْتُ نَفْسِى ظُلْمًا كَثِيراً ، وَلاَ يَغْفِرُ الذُّنُوبَ اِلاَّ اَنْتَ . فَاغْفِرْلِى مَغْفِرَةً مِنْ عِنْدِكَ وَارْحَمْنِى اِنَّكَ اَنْتَ الْغَفُورُ الرَّحِيمْ

Allâhümme innî zalemtü nefsî zulmen kesîrâ, ve lâ yağfiru'z-zünûbe illâ Ente, Fağfir lî mağfiraten min indike, verhamnî , inneke Ente'l-ğafûru'r-Rahîm.

(Allahım! Şüphesiz ben kendime çok zulmettim.

Günahları mağfiret edecek olan ancak Sensin. Öyleyse kendi rahmet makamından gelen bir mağfiret ile bana mağfiret et, rahmet eyle. Şüphesiz ki Ğafûr ve Rahîm Sensin", buyurdu. (Buhârî, aynı yer)

Böylece iki rekâtlık bir namaz bitirilmiş olur. Eğer dört rekât bir namaz kılınacaksa, "Ettehıyyâtü"yü okuduktan sonra "Allahu Ekber" diyerek ayağa kalkılır. Besmele çekerek "Fatiha" sûresi okunur. Farz namazlarda üçüncü ve dördüncü rekatlarda "Fatiha"dan sonra başka bir şey okunmaz. Sünnet namazlarda okunur.

İkindi ve yatsı namazının sünnetlerinde birinci oturuşta da "Et-Tahiyyatü"den sonra diğer dualar da okunur. Üçüncü rekâtın başında da "Sübhâneke" okunur.

Farklı olarak kılınan üç rekatlı namazlardır. Bunlar akşam namazı ile vitir namazıdır.

Akşam namazında üçüncü rekatta ayağa kalkılır. "Fatiha" sûresi okunduktan sonra "Allahu Ekber" diyerek rükû ve secdeye varılır. Dördüncü rekat için ayağa kalkılmaz; oturulur. Ve yukarıda zikrettiğimiz duâlar okunarak selam verilir.

Vitir namazında ise yine üçüncü rekatta ayağa kalkılır, "Fatiha" sûresi okunur, arkasından kısa bir sûre daha okunduktan sonra namaza yeni başlıyormuş gibi tekbir getirilerek, eller kulak hizasına kadar götürülür ve göbek altınde bağlanır. Buna "Kunut" denir. Bu esnada "Kunut" duâsı okunur. Yaygın olan Kunut duası şudur:

اَللّٰهُمَّ اِنَّا نَسْتَعِينُكَ وَنَسْتَغْفِرُكَ وَنَسْتَهْدِيكَ وَنُؤْمِنُ بِكَ وَنَتُوبُ
اِلَيْكَ وَنَتَوَكَّلُ عَلَيْكَ وَنُثْنِى عَلَيْكَ الْخَيْرَ كُلَّهُ نَشْكُرُكَ وَلاَ نَكْفُرُكَ
وَ نَخْلَعُ وَنَتْرُكُ مَنْ يَفْجُرُكَ. اَللّٰهُمَّ اِيَّاكَ نَعْبُدُ وَلَكَ نُصَلِّى وَنَسْجُدُ وَ

اِلَيْكَ نَسْعٰـــى وَنَحْفِدُ نَرْجُو رَحْمَتَكَ وَنَخْشٰــــى عَذَابَكَ اِنَّ عَذَابَكَ بِالْكُفَّارِ مُلْحِقٌ.

Allâhümme innâ nes'te'înüke ve nestağfiruke ve nestehdîke ve nü'minü bike ve netûbü ileyke ve netevekkelü aleyke ve nüsnî aleyke'l-hayre küllehû neşkürüke velâ nekfüruk ve nahleu ve netrukü men yefcüruk.

Allâhümme iyyâke na'büdü veleke nüsallî ve nescüdü ve ileyke nes'â ve nahfidü nercû rahmeteke ve nahşâ azâbeke, inne azâbeke bil küffâri mülhık.

(Allahım! Senden yardım, mağfiret ve hidâyet dileriz. Sana inanır, Sana tevbe eder ve Sana tevekkül ederiz. Her hayrı Senden bilir, Seni över ve Sana şükrederiz, küfretmeyiz. Sana isyan edeni terkederiz.

Allahım! Ancak Sana ibadet eder, ancak Sana namaz kılar, ancak Sana secde eder, Sana koşarız. Senin rahmetini ümid eder, fakat azabından korkarız. Hiç şüphe yok ki azabın kâfirlere ulaşacaktır.)

Hanefî mezhebi mensupları "kunut"u yatsı namazında yaparlar. Şâfiîler ise sabah namazında yaparlar. Şâfiîlerin okuduğu "Kunut" duası ise şöyledir:

اَللّٰـــــهُمَّ اهْدِنِي فِيمَنْ هَدَيْتَ وَعَافِنِي فِيمَنْ عَافَيْتَ وَتَوَلَّنِي فِيمَنْ تَوَلَّيْتَ وَبَارِكْ لِي فِيمَا اَعْطَيْتَ وَقِنِي شَرَّ مَا قَضَيْتَ فَاِنَّكَ تَقْضِــــي وَلاَ يُقْضٰــــى عَلَيْكَ وَاِنَّهُ لاَ يَذِلُّ مَنْ وَالَيْتَ وَلاَ يَعِزُّ مَنْ عَادَيْتَ * تَبَارَكْتَ رَبَّنَا وَتَعَالَيْتَ.

Allâhümme'hdinî fîmen hedeyte ve âfinî fîmen âfeyte ve tevellenî fîmen tevelleyt ve bârik lî fîmâ a'tayt ve kınî şerra mâ-kadayt, fe-inneke takdî velâ yukdâ aleyk. Ve innehû lâ-yezillü men vâleyte velâ ye'izzu men-âdeyt, tebârakte rabbenâ ve teâleyt, (Ebu Davûd, h. nu: 1425 (3/133)

Yalnız başına kılınıyorsa bu şekilde okunur. Eğer cemaatle kılınıyorsa tekil sigalar çoğul yapılır; şöyle okunur:

اَللّٰـــهُمَّ اهْدِنَا فِيمَنْ هَدَيْتَ وَعَافِنَا فِيمَنْ عَافَيْتَ وَتَوَلَّنَا فِيمَنْ تَوَلَّيْتَ وَبَارِكْ لَنَا فِيمَا اَعْطَيْتَ وَقِنَا شَرَّ مَا قَضَيْتَ فَاِنَّكَ تَقْضِى وَلاَ يُقْضٰى عَلَيْكَ وَاِنَّهُ لاَ يَذِلُّ مَنْ وَالَيْتَ وَلاَ يَعِزُّ مَنْ عَادَيْتَ * تَبَارَكْتَ رَبَّنَا وَتَعَالَيْتَ .

Allâhümmehdinî fîmen hedeyte ve âfinâ fîmen âfeyte vetevellenâ fimen tevelleyt, ve barik lenâ fima a'tayt ve kınâ şerra mâ kadayt, fe-inneke takdî velâ yukdâ aleyk ve innehû lâ -yezillu men-vâleyte velâ yeizzu men-âdeyt, tebârekta rabbenâ ve teâleyt.

IV. Namazlardan Sonra Okunacak Dualar:

Önce sağ sonra sol tarafa selâm vererek namazı bitirmiş oluruz. Selâm'dan sonra üç defa:

اَسْتَغْفِرُ اللّٰهَ الَّذِى لاَاِلٰهَ اِلاَّ هُوَ الْحَيَّ الْقَيُّومَ وَاَتُوبُ اِلَيْهِ

Estağfirullâhellezî lâilâhe illâ hüve'l-hayye'l-kayyûm, ve etûbü ileyh.

(Kendisinden başka bir ilâhın bulunmadığı yüce Allah'tan mağfiret isterim. O, diridir ve yeri-göğü her şeyi tutandır. Ben O'na tevbe ederim) (Tirmizi, Da'vat, 17)

Bu istiğfâr'dan sonra:

اَللّٰهُمَّ اَنْتَ السَّلاَمُ وَمِنْكَ السَّلاَمُ . تَبَارَكْتَ يَا ذَا الْجَلاَلِ وَالْاِكْرَامِ

Allâhümme Ente's-selâmü ve minke's-selâm. Tebârekte yâ ze'l-celâli ve'l-ikrâm.

(Allâhım! Selâm Sensin, selâmet Sendendir. Sen çok

ulu ve mübâreksin ey celâl ve ikrâm sahibi olan Allâhım) (Müslim, Mesacid, 136) denir.

Peygamber'e salât ve selâm getirilir, yani:

اَللّٰهُمَّ صَلِّ عَلٰى سَيِّدِنَا وَنَبِيِّنَا مُحَمَّدٍ .

Allâhümme salli alâ seyyidinâ ve nebiyyinâ Muhammed.

(Efendimiz ve Peygamber'imiz Muhammed'e salât ve selâm olsun) denilir.

سُبْحَانَ اللّٰهِ وَالْحَمْدُ لِلّٰهِ وَلاَ اِلٰهَ اِلاَّ اللّٰهُ وَاللّٰهُ اَكْبَرُ وَلاَ حَوْلَ وَلاَ قُوَّةَ اِلاَّ بِاللّٰهِ الْعَلِىِّ الْعَظِيمِ *

"Sübhana'llahi ve'l-hamdü lillâhi velâ ilâhe illâllahü va'l-lâhü ekber, velâ havle velâ kuvvete illâ bi-llâhi'l-aliyyil-azîm."

duası okunur ve eûzü besmele çekilerek Ayete'l-Kürsî okunur.

Ayetel-Kürsi Şudur:

اَعُوذُ بِاللّٰهِ مِنَ الشَّيْطَانِ الرَّجِيمِ بِسْمِ اللّٰهِ الرَّحْمٰنِ الرَّحِيمِ

اَللّٰهُ لاَاِلٰهَ اِلاَّ هُوَ الْحَيُّ الْقَيُّومُ لاَ تَاْخُذُهُ سِنَةٌ وَلاَ نَوْمٌ لَهُ مَا فِى السَّمٰوَاتِ وَمَا فِى الْاَرْضِ مَنْ ذَا الَّذِى يَشْفَعُ عِنْدَهُ اِلاَّ بِاِذْنِهِ يَعْلَمُ مَا بَيْنَ اَيْدِيهِمْ وَمَا خَلْفَهُمْ وَلاَ يُحِيطُونَ بِشَىْءٍ مِنْ عِلْمِهِ اِلاَّ بِمَا شَآءَ وَسِعَ كُرْسِيُّهُ السَّمٰوَاتِ وَالْاَرْضَ وَلاَ يَؤُدُهُ حِفْظُهُمَا وَهُوَ الْعَلِىُّ الْعَظِيمُ

Allâhü lâ ilâhe illâ hüve'l-hayyü'l-kayyûm. Lâ te'huzühû sinetün velâ nevm. Lehû mâ fissemâvâti ve mâ fi'l-ard. Men ze'l-lezî yeşfeu ındehû illâ biiznih. Ya'lemü mâ beyne eydîhim ve mâ halfehüm. Velâ yühitûne bişey'in min ilmihî illâ bimâ şâe. Vesia kürsiyyühü's-semâvâti ve'l-ard. Velâ yeûdühû hıfzuhümâ. Vehüve'l-aliyyü'l-aziym.

(Allah o Allah'tır ki, kendinden başka hiçbir ilah yoktur. O, ezelî ve ebedî hayat ile bizâtihi diridir. Zât ve kemâl sıfatlarıyle yaratıkların bütün işlerinde hâkim ve kâimdir, her şey O'nunla kâimdir. O'nu ne bir dalgınlık, ne de bir uyku tutmaz. Göklerde ve yerde ne varsa hepsi O'nundur. O'nun izni olmadıkça katında kim şefaat edebilir? O, bütün varlıkların önlerindeki ve arkalarındaki gizli ve âşikâr herşeyini bilir. Onlar ise, Allah'ın dilediği kadarından başka, O'nun ilminden hiç bir şey kavrayamazlar. O'nun kürsüsü gökleri ve yeri çevrelemiş, kuşatmıştır. Gökleri ve yeri korumak, gözetmek, O'na zorluk ve ağırlık vermez. O, çok yüce, çok büyüktür.)

Namaz cemaatle kılındığı zaman "Ayete'l-kürsî"yi cemaat içinden okumaktadır. Halbuki, müezzin devamlı olarak açıktan okuyacak olursa bu âyetleri bilmeyenler dinleye dinleye, müezzinle beraber okuya okuya ezberleme imkânına kavuşurlar. Veya yanlış öğrenenler yanlışlarını böylece düzeltebilirler.

"Ayete'l-kürsî" bitince 33 defa سبحان الله Sübhânellâh, 33 defa الحمد لله Elhamdü lillâh ve 33 defa الله اكبر Allâhü ekber denir. Bu tesbîhler hızlı hızlı değil, bilakis yavaş yavaş ve tane tane söylenmelidir.

Bundan sonra:

لاَاِلٰهَ اِلاَّ اللّٰهُ وَحْدَهُ لاَ شَرِيكَ لَهُ ، لَهُ الْمُلْكُ وَلَهُ الْحَمْدُ وَهُوَ
عَلٰى كُلِّ شَىْءٍ قَدِيرٌ

Lâ ilâhe illallâhu vahdehû lâ şerîke leh, lehü'l-mülkü ve lehü'l-hamdü ve hüve alâ külli şey'in Kadîr.

(Allah'tan başka ilah yoktur. O, tektir, eşi ve ortağı yoktur.Mülk O'nundur, hamd O'nadır. O, her şeye

Kâdirdir.) denir ve سُبْحَانَ رَبِّيَ الْعَلِيِّ الْأَعْلَى الْوَهَّابِ Sübhâne Rabbiye'l-aliyyi'l-a'lel-vehhâb.

(Yüceler yücesi Rabbimi tesbîh ederim) diyerek eller açılır ve dua etmeye başlanır.

Şimdi tekrar geriye dönelim ve yaptığımız duaların aslının ne olduğunu, nereden geldiğini öğrenmeye çalışalım.

Biraz önce zikrettiğimiz tesbîhler sevap bakımından çok değerlidirler.

Ebû Hureyre (r.a) diyor ki:

"Hz. Peygamber (s.a.s)'e muhâcirlerin fakirleri gelip dediler ki:

— Ey Allah'ın Elçisi! Mal-mülk sahipleri en yüksek dereceleri kazanıp yüksek devlet ve fazilete ermek saâdetini alıp gittiler. (sevapların hepsini aldılar): Onlar bizim kıldığımız gibi namaz kılıyorlar, bizim oruç tuttuğumuz gibi onlar da oruç tutuyorlar. Fazla malları olduğu için haccediyor, umre yapıyor, cihad ediyor, zekât veriyorlar. Bunun üzerine Hz. Peygamber (s.a.s) buyurdu ki:

— Size bir şey haber vereyim mi ki, onu yaptığınız takdirde bu hususlarda sizi geçmiş olanlara yetişesiniz... Sizden sonraya kalanlardan (bu zikri yapmayanlar) hiç kimse size yetişemesin. Ve içlerinde bulunduğunuz cemaat içinde en hayırlı ümmet siz olasınız. Meğer ki, onun gibisini yapan biri buluna: Her farz namazdan sonra otuz üçer defa tesbîh ve tahmîd eder, tekbir alırsınız (Sübhânellah, Elhamdü lillah, Allahü Ekber) dersiniz..." (Buhârî, Ezan, 155 (1/205)

Daha sonra zenginler de bu tesbîhin sevabını duyup fakirler gibi onu yapmaya başlayınca onlar tekrar Hz. Peygamber (s.a.s)'e gelip:

— Ya Resûlallah, zengin kardeşlerimiz de bizim yaptığımız gibi yapıyor, deyince Allah'ın Elçisi:

ذَلِكَ فَضْلُ اللّٰهِ يُؤْتِيهِ مَنْ يَشَآءُ

— Bu Allah'ın bir lûtfu ihsanıdır ki, onu dilediğine verir, dedi ve (Hadîd, 21, Cuma 4) âyetini okudu. (Müslim, Mesacid, 142)

Burada, Hz. Peygamber ibadetlerini yerine getirip mal ve servetleriyle de Allah yolunda çalışanların derecelerine kimsenin yetişemiyeceğini açık bir şekilde belirtiyor. Böylece İslâm'ın fakirlik değil bilakis zenginlik dini olduğunu, zenginlerin hizmetinin daha fazla ve daha faydalı olduğuna işaret etmiş oluyor.

Muğîre b. Şu'be (r.a)'den Peygamber (s.a.s)'in namazdan sonra şöyle duâ ettiği rivayet edilmiştir:

لاَاِلَهَ اِلاَّ اللّٰهُ وَحْدَهُ لاَ شَرِيكَ لَهُ ، لَهُ الْمُلْكُ وَلَهُ الْحَمْدُ وَهُوَ عَلٰى كُلِّ شَىْءٍ قَدِيرٌ. اَللّٰهُمَّ لاَ مَانِعَ لِمَا اَعْطَيْتَ وَلاَ مُعْطِىَ لِمَا مَنَعْتَ وَلاَ يَنْفَعُ ذَاالْجَدِّ مِنْكَ الْجَدُّ.

Lâ ilâhe illallâhu vahdehû lâ şerîke leh, lehü'l-mülkü ve lehü'l-hamdü ve hüve alâ külli şey'in Kadîr. Allahümme lâ mânia li mâ a'teyte, ve lâ mu'tıye li mâ mena'te, ve lâ yenfau ze'l-ceddi minke'l-ceddu.

(Allah'tan başka tanrı yoktur. O'nun eşi ve ortağı da yoktur. Mülk O'nundur, hamd O'nadır. O, her şeye Kâdirdir. Allahım! Senin verdiğine engel olabilecek hiç bir şey yoktur. Vermediğini verebilecek hiç kimse de yoktur. Servet sahibinin serveti Senin ihsanın yerine geçerek kendisine fayda veremez.) (Müslim, Mesacid, 137)

Abdullah b. Zübery (r.a) her namazının arkasından, selâm verdikten sonra şu duâyı okur ve Allah'ın Resulü (s.a.s) bu duâyı okurdu, derdi.

لاَ الٰهَ الاَّ اللّٰهُ وَحْدَهُ لاَ شَرِيكَ لَهُ، لَهُ الْمُلْكُ وَلَهُ الْحَمْدُ وَهُوَ عَلٰى كُلِّ شَيْءٍ قَدِيرٌ. لاَ حَوْلَ وَلاَ قُوَّةَ الاَّ بِاللّٰهِ ، وَلاَ نَعْبُدُ الاَّ اِيَّاهُ ، لَهُ النِّعْمَةُ وَلَهُ الْفَضْلُ وَلَهُ الثَّنَاءُ الْحَسَنُ، لاَالٰهَ الاَّ اللّٰهُ مُخْلِصِينَ لَهُ الدِّينَ وَلَوْ كَرِهَ الْكَافِرُونَ.

Lâ ilâhe illallâhü vahdehû lâ şerîke leh, lehü'l-mülkü ve lehü'l-hamdü ve hüve alâ külli şey'in Kadîr. Lâ havle ve lâ kuvvete illâ billâh, ve lâ na'büdü illâ iyyâh, lehü'n-nî'metu ve lehü'l-fadlü, ve lehü's-senâu'l-hasen, lâ ilâhe illallâhu muhlisîne lehu'd-dîn, ve lev kerihe'l-kâfirûn.

(Allah'tan başka ilâh yoktur. O, tektir, eşi ve benzeri yoktur. Mülk O'nundur, hamd O'nadır. O, her şeye Kâdirdir. Güç ve kuvvet yalnız Allah'ındır. Biz yalnız O'na ibadet ederiz. Nimet O'ndandır, fazl ve ihsan O'ndandır. Ve en güzel övgüler O'nun içindir. Allah'tan başka tanrı yoktur. Din O'nundur. Kâfirler istemese de O'nun dinî galip gelecektir.) (Müslim, Mesacid, 139)

Görüldüğü gibi, Peygamber (s.a.s) namazlardan sonra her zaman aynı duâyı yapmamış, değişik duâlar okumuştur. Bizim burada zikretmediğimiz bazı duâları daha vardır. Onları da dikkate alarak ortaya şöyle bir metin koyabiliriz:

Namazdan Sonra Okunacak Duâ

اَلْحَمْدُ لِلّٰهِ رَبِّ الْعَالَمِينَ وَالصَّلَاةُ وَالسَّلَامُ عَلٰى رَسُولِنَا مُحَمَّدٍ
وَعَلٰى اٰلِهِ وَصَحْبِهِ اَجْمَعِينَ . اَللّٰهُمَّ رَبَّنَا تَقَبَّلْ مِنَّا اِنَّكَ اَنْتَ السَّمِيعُ
الْعَلِيمُ وَتُبْ عَلَيْنَا يَا مَوْلاَنَا اِنَّكَ اَنْتَ التَّوَّابُ الرَّحِيمُ.

لاَ اِلٰهَ اِلاَّ اللّٰهُ وَحْدَهُ لاَ شَرِيكَ لَهُ . لَهُ الْمُلْكُ وَلَهُ الْحَمْدُ وَهُوَ
عَلٰى كُلِّ شَىْءٍ قَدِيرٌ . لاَ حَوْلَ وَلاَ قُوَّةَ اِلاَّ بِاللّٰهِ الْعَلِيِّ الْعَظِيمِ. لاَ
اِلٰهَ اِلاَّ اللّٰهُ وَلاَ نَعْبُدُ اِلاَّ اِيَّاهُ . لَهُ النِّعْمَةُ وَلَهُ الْفَضْلُ وَلَهُ الثَّنَاءُ
الْحَسَنُ . لاَ اِلٰهَ اِلاَّ اللّٰهُ مُخْلِصِينَ لَهُ الدِّينَ وَلَوْ كَرِهَ الْكَافِرُونَ. لاَ اِلٰهَ
اِلاَّ اللّٰهُ وَحْدَهُ لاَ شَرِيكَ لَهُ . لَهُ الْمُلْكُ وَلَهُ الْحَمْدُ وَهُوَ عَلٰى كُلِّ
شَىْءٍ قَدِيرٌ. اَللّٰهُمَّ لاَ مَانِعَ لِمَا اَعْطَيْتَ. وَلاَ مُعْطِىَ لِمَا مَنَعْتَ وَلاَ
يَنْفَعُ ذَا الْجَدِّ مِنْكَ الْجَدُّ . اَللّٰهُمَّ اِنِّى اَعُوذُ بِكَ مِنْ عَذَابِ الْقَبْرِ
وَالنَّارِ. اَللّٰهُمَّ اِنِّى اَعُوذُ بِكَ مِنَ الْجُبْنِ وَاَعُوذُ بِكَ اَنْ اُرَدَّ اِلٰى اَرْذَلِ
الْعُمْرِ وَاَعُوذُ بِكَ مِنْ فِتْنَةِ الدُّنْيَا . اَللّٰهُمَّ اِنِّى اَعُوذُ بِكَ مِنَ الْمَأْثَمِ
وَالْمَغْرَمِ. اَللّٰهُمَّ اغْفِرْ لِى ذُنُوبِى وَخَطَايَاىَ كُلَّهَا وَاهْدِنِى لِصَالِحِ
الْاَعْمَالِ وَالْاَخْلاَقِ اِنَّهُ لاَ يَهْدِى لِصَالِحِهَا وَلاَ يَصْرِفُ سَيِّئَاتِهَا اِلاَّ
اَنْتَ . اَللّٰهُمَّ اِنَّكَ عَفُوٌّ تُحِبُّ الْعَفْوَ فَاعْفُ عَنَّا.

رَبَّنَا اٰتِنَا فِى الدُّنْيَا حَسَنَةً وَفِى الْاٰخِرَةِ حَسَنَةً وَقِنَا عَذَابَ
النَّارِ. رَبَّنَا اغْفِرْلِى وَلِوَالِدَىَّ وَلِلْمُؤْمِنِينَ يَوْمَ يَقُومُ الْحِسَابُ . سُبْحَانَ
رَبِّكَ رَبِّ الْعِزَّةِ عَمَّا يَصِفُونَ. وَسَلاَمٌ عَلَى الْمُرْسَلِينَ . وَالْحَمْدُ لِلّٰهِ
رَبِّ الْعَالَمِينَ.

El-hamdü lillâhi Rabbi'l-âlemîn. Ve's-salâtü ve's-selâmü alâ rasûlinâ Muhammedin ve alâ âlihî ve sahbihî ecmaîn.

Allâhümme Rabbenâ yâ Rabbenâ tekabbel minnâ inneke ente's-semîu'l-alîm. Ve tüb aleynâ yâ mevlânâ inneke ente't-Tevvâbu'r-Rahîm.

Lâ ilâhe illallâhü vahdehû lâ şerîke leh, lehü'l-mülkü ve lehü'l-hamdü ve hüve alâ külli şey'in Kadîr. Lâ havle ve lâ kuvvete illâ bi'l-lahi'l-aliyyi'l-âzîm. Lâ ilâhe illallâhü ve lâ na'büdü illâ iyyâh, lehü'n-ni'metu ve lehü'l-fadlu ve lehü's-senâü'l-hasen. Lâ ilâhe illallâhü muhlısîne lehu'd-dîne velev kerihe'l-kâfirûn. Lâ ilâhe illallâhü vahdehû lâ şerîke leh, lehu'l-mülkü ve lehü'l-hamdü ve hüve alâ külli şey'in Kadîr. Allahümme lâ mânia li mâ a'teyte, ve lâ mu'tıye li mâ menâ'te, ve lâ yenfau ze'l-ceddi minke'l-ceddu, Allahümme innî eûzü bike min azabi'l-kabri ve'n-nâr. Allâhümme innî eûzü bike mine'l-cübn, ve eûzü bike en uredde ilâ erzeli'l-omri, ve eûzü bike min fitneti'd-dünya. Allahümme innî eûzu bike mine'l-me'semi ve'l-mağrem. Allahumme'ğfirlî zünûbî ve hatâyâye külleĥâ, vehdinî li sâlihi'l-a'mâli ve'l-ahlâkì. innehû lâ yehdî li sâlihìhâ ve lâ yasrifu an seyyiâtihâ illâ Ente, Allahümme inneke afüvvün tuhìbbü'l-afve fa'fü annâ.

Rabbenâ âtinâ fi'd-dünyâ haseneten ve fil-âhireti haseneten vakìnâ azâbe'n-nâr. Rabbenağfirlî ve livâlideyye ve li'l-mu'minîne yevme yekûmu'l-hìsâb.

(Alemlerin Rabbı Allah'a hamd, Peygamberimiz Muhammed Mustafâya salât, âline ve ashâbına salât ve selâm olsun.

Ey Rabbimiz! Yaptığımız duaları ve hayırlı işleri kabul eyle, çünkü Sen işiten ve bilensin. Ey Mevlâmız! Tevbelerimizi kabul eyle, Sen tevbeleri kabul edersin ve çok merhametlisin.

Allah'tan başka tanrı yoktur. O'nun eşi ve ortağı da yoktur. Mülk O'nundur, hamd O'nadır. O, her şeye kâdirdir. Güç ve kuvvet yalnız Allah'tandır. Ve en güzel övgüler O'nun içindir. Allah'tan başka tanrı yoktur. Din O'nundur, kâfirler istemese de O'nun dini galip gelecektir.

Allah'tan başka tanrı yoktur. O'nun eşi ve ortağı da yoktur. Mülk O'nundur, hamd O'nadır, O, her şeye kâdirdir.

Allahım! Senin verdiğine engel olabilecek hiçbir şey yoktur. Vermediğini verebilecek de hiç kimse yoktur. Servet sahibinin serveti Senin ihsanının yerine geçerek kendisine fayda veremez. Allahım! Korkaklıktan, çok yaşayıp rezil olmaktan, dünyanın fitne ve şerrinden Sana sığınırım. Allahım! Günahtan ve borçtan Sana sığınırım. Allahım! Bütün günahlarımı ve hatalarımı bağışla, beni güzel işlere ve güzel ahlâka yönelt. Senden başka güzel ahlâka yöneltecek ve kötülükleri defedecek kimse yoktur.

Allahım! sen affedicisin, affetmeyi seversin, bizi affet.

Ey Rabbimiz! Bize dünyada ve ahirette iyilik ve güzellik ver, bizi cehennem azabından koru.

Ey Rabbimiz! Hesap gününde beni, anamı, babamı ve mü'minleri bağışla.)

Namazdan Sonra Okunacak Diğer Bir Duâ

اَلْحَمْدُ لِلّٰهِ رَبِّ الْعَالَمِينَ * اَلرَّحْمٰنِ الرَّحِيمِ * مَالِكِ يَوْمِ الدِّينِ
* اِيَّاكَ نَعْبُدُ وَاِيَّاكَ نَسْتَعِينُ * اِهْدِنَا الصِّرَاطَ الْمُسْتَقِيمَ * صِرَاطَ
الَّذِينَ اَنْعَمْتَ عَلَيْهِمْ غَيْرِ الْمَغْضُوبِ عَلَيْهِمْ وَلاَ الضَّآلِّينَ *

اَللّٰهُمَّ مَالِكَ الْمُلْكِ تُؤْتِى الْمُلْكَ مَنْ تَشَآءُ وَتَنْزِعُ الْمُلْكَ
مِمَّنْ تَشَآءُ وَتُعِزُّ مَنْ تَشَآءُ وَتُذِلُّ مَنْ تَشَآءُ بِيَدِكَ الْخَيْرُ اِنَّكَ عَلٰى
كُلِّ شَيْءٍ قَدِيرٌ. رَبَّنَا آمَنَّا بِمَا اَنْزَلْتَ وَاتَّبَعْنَا الرَّسُولَ فَاكْتُبْنَا مَعَ
الشَّاهِدِينَ . رَبَّنَا لاَ تُزِغْ قُلُوبَنَا بَعْدَ اِذْ هَدَيْتَنَا وَهَبْ لَنَا مِنْ لَدُنْكَ
رَحْمَةً اِنَّكَ اَنْتَ الْوَهَّابُ. رَبَّنَا اِنَّكَ جَامِعُ النَّاسِ لِيَوْمٍ لاَرَيْبَ فِيهِ اِنَّ
اللّٰهَ لاَ يُخْلِفُ الْمِيعَادَ . رَبَّنَا اِنَّنَا سَمِعْنَا مُنَادِيًا يُنَادِى لِلْاِيمَانِ اَنْ
اٰمِنُوا بِرَبِّكُمْ فَاٰمَنَّا . رَبَّنَا فَاغْفِرْ لَنَا ذُنُوبَنَا وَكَفِّرْ عَنَّا سَيِّاٰتِنَا وَتَوَفَّنَا

مَعَ الْاَبْرَارِ. رَبَّنَا وَاٰتِنَا مَا وَعَدْتَنَا عَلٰى رُسُلِكَ وَلاَ تُخْزِنَا يَوْمَ الْقِيٰمَةِ
اِنَّكَ لاَ تُخْلِفُ الْمِيعَادَ. اٰمَنَ الرَّسُولُ بِمَا اُنْزِلَ اِلَيْهِ مِنْ رَبِّهِ
وَالْمُؤْمِنُونَ . كُلٌّ اٰمَنَ بِاللّٰهِ وَمَلٰئِكَتِهِ وَكُتُبِهِ وَرُسُلِهِ . لاَ نُفَرِّقُ بَيْنَ
اَحَدٍ مِنْ رُسُلِهِ. وَقَالُوا سَمِعْنَا وَاَطَعْنَا غُفْرَانَكَ رَبَّنَا وَاِلَيْكَ الْمَصِيرُ .
لاَ يُكَلِّفُ اللّٰهُ نَفْسًا اِلاَّ وُسْعَهَا لَهَا مَا كَسَبَتْ وَعَلَيْهَا مَا اكْتَسَبَتْ
. رَبَّنَا لاَ تُؤَاخِذْنَا اِنْ نَسِينَا اَوْ اَخْطَاْنَا رَبَّنَا وَلاَ تَحْمِلْ عَلَيْنَا اِصْرًا
كَمَا حَمَلْتَهُ عَلَى الَّذِينَ مِنْ قَبْلِنَا رَبَّنَا وَلاَ تُحَمِّلْنَا مَا لاَ طَاقَةَ لَنَا
بِهِ. وَاعْفُ عَنَّا وَاغْفِرْ لَنَا وَارْحَمْنَا اَنْتَ مَوْلٰينَا فَانْصُرْنَا عَلَى الْقَوْمِ
الْكَافِرِينَ. رَبِّ اجْعَلْنِى مُقِيمَ الصَّلٰوةِ وَمِنْ ذُرِّيَّتِى رَبَّنَا وَتَقَبَّلْ دُعَاءِ
رَبَّنَا اغْفِرْلِى وَلِوَالِدَىَّ وَلِلْمُؤْمِنِينَ يَوْمَ يَقُومُ الْحِسَابُ. رَبَّنَا اٰتِنَا فِى
الدُّنْيَا حَسَنَةً وَفِى الْاٰخِرَةِ حَسَنَةً وَقِنَا عَذَابَ النَّارِ بِرَحْمَتِكَ يَا اَرْحَمَ
الرَّاحِمِينَ. سُبْحَانَ رَبِّكَ رَبِّ الْعِزَّةِ عَمَّا يَصِفُونَ وَسَلاَمٌ عَلَى
الْمُرْسَلِينَ وَالْحَمْدُ لِلّٰهِ رَبِّ الْعَالَمِينَ.

El-hamdü lillâhi rabbi'l-âlemîn. Er-Rahmâni'r-Rahîm. Mâliki yevmi'd-dîn. İyyâke na'büdü ve iyyâke ne'staîn. İhdina's-sirâta'l-müstakîm. Sırâta'llezîne en'amte aleyhim, ğayri'l-mağdûbi aleyhim ve le'ddâllîn. Allahümme mâlike'l-mülki tü'ti'l-mülke men teşâu ve tenziu'l-mülke mimmen teşâü, ve tüizzü men teşâü ve ve tüzillü men teşâü biyedike'l-hayr, inneke alâ külli şey'in kadîr. Rabbenâ âmennâ bimâ enzelte vetteba'nâ'r-resûle fektübnâ maaş-şâhidîn. Rabbenâ lâ tüziğ kulûbenâ ba'de iz hedeytenâ ve heblenâ min ledünke rahmeh, inneke Ente'l-Vehhâb. Rabbenâ inneke câmiunnâsi liyevmin lâ raybe fîh, innallâhe lâ yuhlifül-mîâd. Rabbenâ innenâ semi'nâ münâdiyen yünâdî lil-îmâni en âminû birabbikûm feâmennâ, Rabbenâ fağfir lenâ zünûbenâ ve keffir annâ seyyiâtinâ ve teveffenâ maa'l-ebrâr. Rabbenâ ve âtinâ mâ vaadtenâ alâ rusulike velâ tuhzinâ yevme'l-kıyâmeh, inneke lâ tuhlifu'l-mîâd. Âmene'r-rasûlü bimâ ünzile ileyhi mi'r-rabbihî ve'l-mü'minûn. Küllün âmene billâhi ve melâiketihî ve kütübihî ve rusülih, lâ nüferriku beyne ahadin mir-rusulih, ve kâlû semi'nâ ve eta'nâ ğufrâneke rabbenâ ve ileyke'l-masîr. Lâ yükellifullâhu nefsen illâ vüs'ahâ lehâ mâ kesebet, ve aleyhâ me'k-tesebet. Rabbenâ lâ tüâhıznâ in nesînâ ev ahta'nâ, Rabbenâ ve lâ tahmil aleynâ ısran kemâ hameltehû ale'llezîne min kablinâ, Rabbenâ ve lâ tuhammilnâ mâlâ tâkate lenâ bih. Va'fu annâ, vağfir lenâ, verhamnâ, ente Mevlânâ fensurnâ ale'l-kavmi'l-kâfirîn.

Rabbi'c-alnî mukîme's-salâti ve min zürriyyetî, Rabbenâ ve tekabbel duâ, Rabbenâğfirlî ve livâlideyye ve li'l-mu'minîne yevme yakûmu'l-hisâb.

Rabbenâ âtinâ fi'd-dünyâ haseneten ve fi'l-âhirati haseneten vakînâ azâbe'n-nâr. Bi rahmetike yâ erhame'r-râhimîn.

Sübhâne Rabbike Rabbi'l-izzeti ammâ yasifûn, ve selâmün ale'l-murselîn, vel-hamdü lillâhi Rabbi'l-âlemîn.)

(Görüldüğü gibi bu duâ Kur'ân-ı kerim'deki duâ âyetlerinin bir araya getirilmesinden meydana gelmiştir.)

Namazlardan Sonra Okunacak Özlü Bir Duâ

اَلْحَمْدُ لِلّٰهِ رَبِّ الْعَالَمِينَ . وَالْعَاقِبَةُ لِلْمُتَّقِينَ وَلاَ عُدْوَانَ اِلاَّ
عَلَى الظَّالِمِينَ. وَالصَّلٰوةُ وَالسَّلاَمُ عَلَى رَسُولِنَا مُحَمَّدٍ وَعَلَى اٰلِهِ
وَاَصْحَابِهِ اَجْمَعِينَ . اَللّٰهُمَّ رَبَّنَا يَا رَبَّنَا تَقَبَّلْ مِنَّا صَلٰوتَنَا وَقِيَامَنَا
وَرُكُوعَنَا وَسُجُودَنَا وَ قُعُودَنَا وَتَشَهُّدَنَا وَتَسْبِيحَنَا وَتَهْلِيلَنَا
وَتَضَرُّعَنَا وَتَمِّمْ تَقْصِيرَنَا وَلاَ تَضْرِبْ بِهَا وُجُوهَنَا يَا مَوْلاَنَا. اَللّٰهُمَّ
اَعْطِنَا صِحَّةً وَعَافِيَةً وَسَعَادَةً وَ رِفْقًا وَاَوْلاَداً صَالِحًا وَعِلْمًا نَافِعًا

وَرِزْقًا واَسعًا وَعَمَلاً مَقْبُولاً يَا اَرْحَمَ الرَّاحِمِينَ . اَللّٰهُمَّ رَبَّنَا آتنَا فى الدُّنْيَا حَسَنَةً وَفى الْآخرَةِ حَسَنَةً وَقنَا عَذَابَ النَّارِ . اَللّٰهُمَّ رَبَّنَا اغْفِرْلِى وَلِوَالدَىَّ وَلِلْمُؤْمنِينَ يَوْمَ يَقُومُ الْحِسَابُ. سُبْحَانَ رَبِّكَ رَبِّ الْعِزَّةِ عَمَّا يَصِفُونَ. وَسَلاَمٌ عَلَى الْمُرْسَلِينَ وَالْحَمْدُ لِلّٰهِ رَبِّ الْعَالَمِينَ.

El-hamdü lillâhi rabbi'l-âlemîn. ve'l-âkıbetü lil - Muttekîn, ve lâ udvâne illâ ale'z-zâlimîn. Ve's-salâtü ve's-selâmü alâ resûlinâ Muhammedin ve alâ âlihî ve ashâbihî ecmaîn.

Allâhümme rabbenâ yâ rabbenâ tekabbel minnâ salâtenâ ve kıyâmenâ ve rükû'anâ ve sücûdenâ ve ku'ûdenâ ve teşehhudenâ ve tesbîhanâ ve tehlîlenâ ve tadarru'anâ ve temmim taksîrenâ ve lâ tadrib bihâ vücûhenâ yâ mevlânâ.

Allahümme a'tinâ sıhhaten ve âfiyeten ve saâdeten ve rifkan ve evlâden sâlihan ve ìlmen nâfiân ve rizkan vâsian ve amelen makbûlâ, yâ erhame'r-râhìmîn. Allâhümme rabbenâ âtinâ fi'd-dünyâ haseneten ve fi'l-âhireti haseneten vakìnâ azâbe'n-nâr. Allahümme rabbena'ğfir lî ve li vâlideyye ve li'l-mü'minîne yevme yakûmü'l-hìsâb.

Sübhâne rabbike rabbi'l-ìzzeti ammâ yesìfûn, ve selâmun ale'lmurselîn, ve'l-hamdü lillâhi rabbi'l-âlemîn.

(Hamd âlemlerin Rabbı Allah'a mahsustur. (O'na hamdolsun). Takvâ sahipleri için güzel bir âkibet, zalimler için ise düşmanlık ve korkudan başka bir şey yoktur. Peygamber efendimiz Muhammed Mustafâ'ya, yakınlarına ve bütün Ashabına salât ve selâm olsun.

Allahım! Ey Rabbimiz! Namazımızı, kıyamımızı, rükûlarımızı, secdelerimizi, oturuşlarımızı, teşehhüdlerimizi, tesbih ve tekbirlerimizi, tazarru ve niyazlarımızı kabul eyle. Eksik ve noksanlarımızı Sen tam say. Ey Mevlâmız! Kusurlarımızı yüzümüze vurma. Allahım! Bize sağlık ve âfiyet, mutluluk, tatlılık ve güzellik ver, hayırlı evlatlar nasibeyle. Ya Rabbî! Bize faydalı ilim, bol rızık ve makbul ameller ver, ey merhametlilerin merhametlisi olan Allahım!

Ey Rabbimiz! Bize dünyada ve âhirette iyilik ve güzellikler ver. Bizi Cehennem azabından koru. Allahım! Ey Rabbimiz! Beni, ana-babamı ve bütün mü'minleri bağışla, bizi cehennem azabından koru.)

Sabah namzından sonra "Haşr" sûresinin son âyetlerini okumak çok efdaldir.

بِسْمِ اللّٰهِ الرَّحْمٰنِ الرَّحِيمِ. لَوْ اَنْزَلْنَا هٰذَا الْقُرْآنَ عَلٰى جَبَلٍ
لَرَاَيْتَهُ خَاشِعًا مُتَصَدِّعًا مِنْ خَشْيَةِ اللّٰهِ وَتِلْكَ الْاَمْثَالُ نَضْرِبُهَا
لِلنَّاسِ لَعَلَّهُمْ يَتَفَكَّرُونَ . هُوَ اللّٰهُ الَّذِى لَآ اِلٰهَ اِلاَّ هُوَ عَالِمُ الْغَيْبِ
وَالشَّهَادَةِ هُوَ الرَّحْمٰنُ الرَّحِيمُ . هُوَ اللّٰهُ الَّذِى لَآ اِلٰهَ اِلاَّ هُوَ اَلْمَلِكُ
الْقُدُّوسُ السَّلَامُ الْمُؤْمِنُ الْمُهَيْمِنُ الْعَزِيزُ الْجَبَّارُ الْمُتَكَبِّرُ سُبْحَانَ
اللّٰهِ عَمَّا يُشْرِكُونَ. هُوَ اللّٰهُ الْخَالِقُ الْبَارِئُ الْمُصَوِّرُ لَهُ الْاَسْمَآءُ
الْحُسْنٰى يُسَبِّحُ لَهُ مَا فِى السَّمَاوَاتِ وَالْاَرْضِ وَهُوَ الْعَزِيزُ الْحَكِيمُ.

Lev 'enzelnâ hâza'l-Kur'âne alâ cebelin le-ra'eytehû hâşi'an mutesaddian min-haşyetillâh, ve tilke'l-emsâlü nadribühâ lin-nâsi leallehüm yetefekkerûn. Hüvallâhüllezî lâilâhe illâ hû, âlimü'l-ğaybi ve-şehâdeh, hüve'r-rahmanü'r-rahîm. Hüvallahüllezî lâilâhe illâ hû, el-melikü'l-kuddûsü's-selâmü'l-mü'minü'l-müheyminü'l-azîzül-cebbâru'l-mütekebbir, sübhanallâhi ammâ yüşrikûn. Hüvallahü'l-halikul'-bâri'ül-musavviru lehül'-esmâü'l-ḥusnâ, yüsebbihu lehû mâfissemâvâti ve'l-ard, ve ḥüve'l-azîzü'l-hakîm.

(Eğer biz, bu Kur'ân'ı bir dağın üzerine indirseydik, muhakkak o dağı, Allah korkusundan baş eğmiş, paramparça olmuş görürdün. Bu temsilleri insanlar için veriyoruz, olur ki, düşünürler.

O, öyle Allah'dır ki, O'ndan başka hiçbir ilâh yoktur.

Gizliyi de âşikârı da bilir. O, Rahmân ve Rahîmdir.

O, öyle Allah'dır ki, O'ndan başka hiçbir ilâh yoktur; Melik'dir, Kuddûs'tür, Selâm'dır. Mu'min'dir, Muheymin'dir, Azîz'dir, Cebbâr'dır, Mutekebbir'dir. Allah müşriklerin koştukları ortaklardan münezzehtir.

O, öyle Allah'tır ki; Hâlık'tır, Bâri'dir, Musavvir'dir. En güzel isimler O'nundur. Göklerde ve yerde olanlar hep O'nu tesbîh eder. O, Azîz'dir. Hakîm'dir.)

Bu âyetler "aşir" olarak akşam namazından sonra da okunabilir.

Bazı zamanlar, cuma sabahları veya vaktin müsait olduğu zamanlarda "Lev enzelnâ..." dan sonra "esmâü'l-husnâ"yı okumak efdaldir. Bilindiği gibi bu isimler Allah'ın en güzel isimleridir ve Kur'ân-ı Kerim'de ve Hadîs-i şerîflerde geçen isimlerdir.

Kur'ân-ı Kerim'de (A'râf, 180): *"En güzel isimler Allah'ındır, O'na mahsustur. Allah'a bu isimlerle duâ ediniz"* buyurulmaktadır.

Tirmizî'nin rivayet ettiği bir hadiste ise, Hz. Peygamber (s.a.s):

اِنَّ لِلّٰهِ تِسْعَةً وَتِسْعِينَ اِسْمًا مِائَةً غَيْرَ وَاحِدٍ وَمَنْ اَحْصَاهَا دَخَلَ الْجَنَّةَ

"Allah'ın 99 ismi vardır. Bunları kim sayarsa Cennet'e girer" (Tirmizi, Da'vat, h. nu: 3506) buyurmaktadır. Burada saymaktan maksat; bu isimleri ezberlemek veya okumaktır. Duâ makamında okunduğu zaman yüce Yaratıcı'dan istenecek şeyler bu isimler hürmetine istenecektir.

Esmâü'l-Husnâ اَلْاَسْمَاءُ الْحُسْنٰى:

هُوَ اللّٰهُ الَّذِى لاَ اِلٰهَ اِلاَّ هُوَ * اَلرَّحْمٰنُ * اَلرَّحِيمُ * اَلْمَلِكُ *

اَلْقُدُّوسُ * اَلسَّلَامُ * اَلْمُؤْمِنُ * اَلْمُهَيْمِنُ * اَلْعَزِيزُ * اَلْجَبَّارُ *
اَلْمُتَكَبِّرُ * اَلْخَالِقُ * اَلْبَارِئُ * اَلْمُصَوِّرُ * اَلْغَفَّارُ * اَلْقَهَّارُ *
اَلْوَهَّابُ * اَلرَّزَّاقُ * اَلْفَتَّاحُ * اَلْعَلِيمُ * اَلْقَابِضُ * اَلْبَاسِطُ *
اَلْخَافِضُ * اَلرَّافِعُ * اَلْمُعِزُّ * اَلْمُذِلُّ * السَّمِيعُ * اَلْبَصِيرُ * اَلْحَكَمُ
* اَلْعَدْلُ * اَللَّطِيفُ * اَلْخَبِيرُ * اَلْحَلِيمُ * اَلْعَظِيمُ * اَلْغَفُورُ *
اَلشَّكُورُ * اَلْعَلِىُّ * اَلْكَبِيرُ * اَلْحَفِيظُ * اَلْمُقِيتُ * اَلْحَسِيبُ *
اَلْجَلِيلُ * اَلْكَرِيمُ * اَلرَّقِيبُ * اَلْمُجِيبُ * اَلْوَاسِعُ * اَلْحَكِيمُ *
اَلْوَدُودُ * اَلْمَجِيدُ * اَلْبَاعِثُ * اَلشَّهِيدُ * اَلْحَقُّ * اَلْوَكِيلُ * اَلْقَوِىُّ
* اَلْمَتِينُ * اَلْوَلِىُّ * اَلْحَمِيدُ * اَلْمُحْصِى * اَلْمُبْدِئُ * اَلْمُعِيدُ *
اَلْمُحْيِى * اَلْمُمِيتُ * اَلْحَيُّ * اَلْقَيُّومُ * اَلْوَاجِدُ * اَلْمَاجِدُ * اَلْوَاحِدُ
* اَلاَحَدُ * اَلصَّمَدُ * اَلْقَادِرُ * اَلْمُقْتَدِرُ * اَلْمُقَدِّمُ * اَلْمُؤَخِّرُ *
اَلاَوَّلُ * اَلاخِرُ * اَلظَّاهِرُ * اَلْبَاطِنُ * اَلْوَالِى * اَلْمُتَعَالِى * اَلْبَرُّ *
اَلتَّوَّابُ * اَلْمُنْتَقِمُ * اَلْعَفُوُّ * اَلرَّؤُفُ * مَالِكُ الْمُلْكِ * ذُوالْجَلَالِ
وَالْاِكْرَامِ * اَلْمُقْسِطُ * اَلْجَامِعُ * اَلْغَنِىُّ * اَلْمَانِعُ * اَلضَّارُّ * اَلنَّافِعُ
* اَلنُّورُ * اَلْهَادِى * اَلْبَدِيعُ * اَلْبَاقِى * اَلْوَارِثُ * اَلرَّشِيدُ *
اَلصَّبُورُ * جَلَّ جَلَالُهُ *

Hüva'llahüllezî lâilâhe illâ hû, er-Rahmân, er-Rahîm, el-Melik, el-Kuddûs, es-Selâm, el-Mu'min, el-Muheymin, el-Azîz, el-Cebbâr, el-Mutekebbîr, el-Hâlık, el-Bâri', el-Musavvir, el-Ğaffâr, el-Kahhâr, el-Vehhâb, ar-Razzâk, el-Fettâh, el-Alîm, el-Kâbid, el-Bâsit, el-Hâfıd, er-Râfi', el-Muizz, el-Müzill, es-Semî', el-Basîr, el-Hakem, el-Adl, el-Lâtif, el-Habîr, el-Halîm, el-Azîm, el-Ğafur, es-Şekûr, el-Aliyy, el-Kebîr, el-Hafîz, el-Mukît, el-Hasîb, el-Celîl, el-Kerîm, er-Rakîb, el-Mucîb, el-Vâsî', el-Hakîm, el-Vedûd, el-Mecîd, el-Bâis, eş-Şehîd, el-Hakk, el-Vekîl, el-Kaviyy, el-Metîn, el-Veliyy, el-Hamîd, el-Muhsî, el-Mübdî, el-Muîd, el-Muhyî, el-Mümît, el-Hayy, el-Kayyûm, el-Vâcid, el-Mâcid, el-Vâhid, el-Ehad, es-Samed, el-Kaadir, el-Muktedir, el-Mukaddim, el-Muahhir, el-Evvel, el-Âhîr, ez-Zâhir, el-Bâtın, el-Vâli, el-Muteâli, el-Berr, et-Tevvâb, el-Muntekîm, el-Afüvv, er-Ra'ûf, Mâlikü'l-Mulki, Zü'l-celâli ve'l-İkrâm, el-Muksıt, el-Câmi, el-Ğaniyy, el-Muğnî, el-Mâni', ed-Dârr, en-Nâfi', en-Nûr, el-Hâdî, el-Bedî', el-Bâkî, el-Vâris, er-Raşîd, es-Sabûr, Celle Celâlüh. (1)

Burada Allah'ın Güzel İsimlerinin kısa Bir Açıklamasını vermeyi faydalı buluyoruz.

اَللّٰهُ ALLAH

Allah'ın 99 isminin ilkidir. Bu isim, yüce Allah'ın diğer isimlerinden farklıdır. Çünkü diğer isimlerinin her birinin ifade etmiş olduğu manayı bu tek kelime ihtiva etmektedir. Bu isim aynı zamanda İsm-i A'zam'dır. Allah'ın diğer isimleri ayrı ayrı bir mânâya delâlet eder, fakat bütün ulûhiyyet sıfatlarını kendinde toplamaz. Cenâb-ı Allah'ın mesela "Âlim" sıfatı O'nun yalnız ilmine, "Rahîm" sıfatı merhametine delâlet eder. Fakat Allah ismi, 99 isminin ihtiva ettiği mânâların hepsini kaplamakta, içine almaktadır.

İnsanın Allah'ın diğer isimlerinin mânâsıyla muttasıf olması mümkündür, ve istenen de budur. Kul, âlim olabilir, merhametli olabilir, sabırlı olabilir. Allah da âlimdir, merhametlidir, sabırlıdır. Fakat O'nun bu sıfatları taşıması ile kulun taşıması arasında fark vardır. Allah kelimesinde öyle bir özellik vardır ki, Allah'tan başka birinin onda ortak olması, diğer bir ifadeyle Allah'tan başka birine bu

---

(1) Bu son cümle ta'zim için her isimden sonra tekrar edilir.

adın verilmesi imkânsızdır. İşte bundan dolayıdır ki, Kur'ân-ı Kerîm O'nun adı ile başlamaktadır.

Allah'ın varlığını bilip, birliğine inanan kimsenin yapması gereken şey, O'nun eşinin ve ortağının bulunmadığına inandıktan sonra ibadet edilecek Tek Mabûd'un O olduğunu bilmek, kalbini ve yüreğini O'nun sevgisi ile doldurmaktır. Bu sevgi, diğer sevgilerden farklı bir sevgidir. Biraz haşyet ve korku ihtiva eder.

Müslüman yalnız O'na ibadet edecek ve yalnız O'ndan yardım isteyecektir. Ve yalnız O'nun rızasını kazanabilmek için uğraşacaktır. Bu hali ruhunda duyan ve ahlâk haline getiren müslüman şahsiyetli örnek bir insan mertebesine yükselmiş olur.

اَلرَّحْمٰنُ **er-Rahmân**

اَلرَّحِيمُ **er-Rahîm**

Rahmân ve Rahîm kelimeleri rahmet kökünden türemiştir, acımak manası vardır. Yüce Allah yaratmış olduğu varlıkların -bilhassa insan- acınacak durumlarından dolayı onlara acır, merhamet eder. O'nun bu sıfatı insanlar üzerinde tecellî ederken mü'min kâfir ayırımı yoktur. O Rahmân ismiyle bu dünyada herkese merhamet eder. Âhirette ise Rahîm ismiyle yalnız mü'minlere merhamet edecektir.

اَلْمَلِكُ **el-Melik**

Bu isim, Allah'ın bütün kâinatın sahibi, mâliki, ve hükümdârı olduğunu ifade eder. İnsanlar arasında da melikler, sultanlar vardır. Bunların hayatları hiçbir zaman emniyette değildir. Her an bir ihtilâl ile yok olup gitmeye mahkumdurlar. Yüce Allah hakîkî Melik, hakîki Sultandır. Zulmetmez, merhamet eder. Daima kullarının iyililiğini ister.

اَلْقُدُّوسُ el-Kuddûs

Yüce Allah mahlûkâta benzemekten münezzehtir. İnsanoğlu kemâle ulaşmak için gayret sarfeder; fakat hiç bir zaman tam kemâle ulaşamaz. Allah insanların kemâl zannettikleri bir takım vasıfların hepsinden münezzehtir.

İnsan, Allah'ın bu isminden nasibini almağa çalışmalı, kemâle ulaşmak için bütün gücünü bu yolda harcamalıdır.

اَلسَّلاَمُ es-Selâm

Zatı, kusur ve ayıplardan, şer fiillerden noksan işlerden salim olan, halka selâmet veren kimse demektir. Cennet'te cennetliklere selamet verip onları korkudan salim kılan anlamı da vardır. Allah'ın fiilleri şerden salimdir, uzaktır. Allah hiçbir zaman şerri dilemez.

İnsan kalbinde kötü arzu ve emellere ne kadar az yer verirse, Allah'ın bu isminden o kadar nasibini almış demektir.

اَلْمُؤْمِنُ el-Mü'min

Kullarına emniyet ve güven veren, iman şerefi ile onurlandıran Varlık demektir. Allah her türlü emniyet ve güvenin yegane kaynağıdır. insanoğlu zayıf tabiatlı olarak yaratılmıştır, her şeyden korkar. Açlıklar, zelzeleler, kazalar vs. Fakat inanan insan bütün bunlardan korkmaz. İnanır ki, kendini yaratan yüce Varlık onu sahipsiz bırakmıyacaktır. Çünkü O'nun bir adı da el-Mü'min'dir; yarattığı mahlûkâta emniyet ve güven verecektir.

اَلْمُهَيْمِنُ el-Müheymin

Kâinattaki her zerreyi, her mahlûku amelleri,

ecelleri, rızıkları ile bilen, murakabe eden, kullarını koruyan demektir. Bunlar mutlak ve kemâl üzere ancak yüce Allah'da bulunur. Bundan dolayıdır ki, el-Müheymin isminin eski ilâhî kitaplarda da bulunduğu söylenir.

اَلْعَزِيزُ **el-Azîz**

Her şeye gâlib olan, dilediğini yapmaktan kimsenin alıkoyamadığı tek varlık demektir. Bir varlığın azîz olabilmesi için kendisinde bir takım özelliklerin bulunması gerekir. Eşi az bulunur olmak, kendisine olan ihtiyaç çok olmak ve ulaşılması güç olmak gibi. Bu özelliklerden bazıları insanlarda da bulunabilir. Fakat bunlar sınırlıdır. Allah'ın Azîz oluşu ise bunlarla mukayese edilemez. O her bakımdan tek, ve kendisine olan ihtiyaç sonsuzdur. O'nsuz hiç bir şey olamaz.

اَلْجَبَّارُ **el-Cebbâr**

Allah'ın bu ismi, cebir veya cebretmek kökünden gelmektedir. Bu, eksikleri tamamlayan, icbar yoluyla hükmünü icra eden demektir. O, her şeye hükmünü geçirir. Kâinatın düzeni O'nun koyduğu kanunlara göre cereyan eder. Kâinatın her noktasında O'nun emri yürür. O, bu sıfatıyle insanların noksanlarını giderir, eksiklerini tamamlar ve ihtiyaçlarını karşılar.

اَلْمُتَكَبِّرُ **el-Mutekebbir**

Allah, ululuk, yükseklik ve büyüklük sahibidir. Bu isim O'na mahsustur. Yani Allah'tan başka kimseye mütekebbir denemez. Çünkü insanoğlu'nun kibirlenebilecek bir şeyi yoktur. Malına mülküne güvense, bir gün elinden çıkabilir. Makamına, gücüne, akraba ve taraftarlarına güvense, bir gün onlar da onu terkedebilir. İlmine güvenerek kibirlense, bu ilmi kimse kendinden alamaz; fakat ilim ile kibir bir arada bulunabilecek şeyler değildir. İlmin de elden gitmesi her zaman mümkündür. Gelebilecek bir hastalık bütün ilmi alır götürür. Öyleyse insanın kibirlenmeye hiç hakkı yoktur. Bu adı hakkıyle ancak Allah'a verilebilir.

اَلْخَالِقُ **el-Hâlık**

Kâinattaki her şeyi yoktan vareden demektir. Artık bu gün ilmen de biliyoruz ki, bu kâinat sonradan yaratılmıştır. Kâinatın yaratılmasında mahlûkâtın hiç bir müdahelesi yoktur. Onu yalnız başına yüce Allah yaratmıştır. Allah'ın kâinatı ne kadar zamanda yarattığı konusunda Kur'ân'da bazı ip uçları var ise de insanoğlunun bu gün ulaştığı bilgi seviyesi bunu anlayabilecek derecede değildir. Yüce Allah bu sıfatından insanlara azıcık lûtfetmiştir. İlim adamları bu sayede ilmî keşiflerde bulunabilmekte, icâdlar yapabilmektedirler.

اَلْبَارِئُ **el-Bâriu**

Bir önceki isim gibi, bu da Yaratıcı demektir, fakat onunla tam eş anlamlı değildir. Hâlık ismi genel bir yaratmayı ifade eder. Bu ise, yaratıklar arasında bir düzenin, bir âhengin bulunduğunu gösterir. Bu isim, kâinatı bu düzen ve güzellik içinde yaratanın Allah olduğunu gösterir.

اَلْمُصَوِّرُ **el-Musavvir**

Bundan önceki iki isim gibi bu da Yaratıcı demektir. Fakat bunlar eş anlamlı isimler değildir. Musavvir, yarattığı her varlığa ayrı bir özellik, bir sûret veren Yaratıcı demektir. Yer yüzünde milyarlarca insan vardır, fakat her birinin parmak izleri birbirinden farklıdır, sesleri birbirinden farklıdır. İşte bütün bunları yaratan yüce Allahtır, el-Musavvir ismi ise bunu ifade eder.

اَلْغَفَّارُ el-Ğaffâr

Bu kelimenin kökünde örtmek manası vardır. Yani Allah, çok örtendir, demektir.

Allah insanların başkaları tarafından görülüp bilinmemesi gereken şeylerini örter, gizler. Tabiî bunun başında günahlar gelmektedir. Biz bunu Türkçe'de bağışlamak kelimesiyle ifade ediyoruz. Eğer bu dünyada işlemiş olduğumuz her günah âhirette açığa çıkacak olsaydı, halimizi anlatacak kelimeler bulamazdık. Ne var ki, yüce Allah bu ismiyle tecellî etmekte ve kullarının günahlarını örtmekte yani bağışlayıp affetmektedir.

اَلْقَابِضُ el-Kâbid

اَلْبَاسِطُ el-Bâsit

Yüce Allah'ın bu iki ismi birlikte zikredildiği zaman biraz daha kolay açıklanabilir. Çünkü her iki isim birbirinin zıddı bir manâ taşımaktadır.

el-Kâbid, daraltan, sıkan demektir. Allah istediği zaman kuluna verdiği nimetleri alıverir, verdiği evlatları alıverir, sağlığı alıverir. Böylece insanı sıkar ve daraltır.

el-Bâsit ismi ise, açan ve genişleten anlamındadır. Yüce Allah dilediği kuluna da bol nimetler ihsan eder, gönül huzuru verir. Sağlık ve âfiyet ihsan eder. Bu da söz konusu isminin tecellîsidir. Tabiî bütün bunların bir sebebi, bir hikmeti vardır.

اَلْخَافِضُ el-Hâfid

اَلرَّافِعُ er-Râfi'

Yüce Allah'ın birbirine zıd manâsı olan iki ismi de bunlardır. el-Hâfid, yukarıdan aşağıya indiren, alçaltan demektir. Yüce Allah bazı kullarını bulundukları mevki ve makamlardan birdenbire indiriverir. Şan ve şeref sahibi iken rezil ve rüsvay eder. Kişinin başına öyle bir olay gelir ki, en kısa zamanda istifa edip bırakıp kaçmaktan başka çare kalmaz. Bu durum, Allah'ı tanımayan, âsi ve mütekebbirler üzerinde tecellî eder.

er-Râfi' ismi ise, yükselten demektir. Allah dilediği kullarına bazan birden bire ikbâl kapılarını açar. Gönlünü iman nuru ile aydınlatır. Böyle insanlar daima Hakk'ın rızasını kazanmak için, hak ve hakikatı yükseltmek için uğraşır, didinirler.

Adam aldırma da geç git diyemem, aldırırım

Çiğnerim, çiğnenirim Hakkı tutar kaldırırım

beyti böyle bir insanın yüreğinin feryadından başka bir şey değildir.

اَلْمُعِزُّ el-Muizz

اَلْمُذِلُّ el-Muzil

Yukarıdaki gibi bunlar da zıd anlamlı isimlerdir. Birincisi, izzet şeref veren ve azîz kılan demektir.

Yüce Mevlâ dilediği kuluna çeşitli nimetler vererek onu azîz eyler. Allah'ın azîz kıldığı insan ise, cemiyet içinde her haliyle temayüz eder. İşgal ettiği makam onun tavrında, insanlarla olan ilişkilerinde bir değişiklik yapmaz. Onlara hizmet için çırpınır durur.

İkinci isim ise, zillete düşüren, hor ve hakir

kılan anlamına gelir. Allah hiçbir sebep yokken bir kulunu zillete düşürmez. Mutlaka bir sebebi, bir hikmeti vardır. Âl-i İmrân sûresinde (ayet 26) bu husus anlatılmaktadır.

اَلسَّمِيعُ **es-Semî'**

Her şeyi işiten ve duyan demektir. İşitmek fiili insanlarda da vardır. Fakat insanların işitmesi sınırlı, Allah'ın işitmesi ise sınırsızdır. O, insanlar gibi vasıtalarla değil, vasıtasız olarak işitir. İşitemediği bir şey olamaz. Hatta O, işitmekten de öte, insanların ne düşündüklerini bile bilir.

Allah'ın bu isminden nasibini alan insanlar kulaklarını ve gönüllerini daima hayırlı ve güzel şeyleri duymak için açarlar.

اَلْقَهَّارُ **el-Kahhâr**

Kahr kökünden gelen bu kelime "kahretmek, kahrolsun" şeklinde dilimize girmiştir. Yokeden, mahv ve helâk eden demektir.

Allah dilediği zaman kâinattaki bütün mevcûdâtı hemen yok edebilir. Dilerse tevbe etmeyen günahkârları da yok edebilir. Tarihin çeşitli devirlerinde çeşitli şekillerde yok olan milletlerin bulunduğunu biliyoruz. Eğer Allah bu ismini sık sık tecellî ettirseydi, yer yüzünde çok az insan bulunurdu. Fakat O, Rahîm ismiyle merhamet etmektedir.

اَلْوَهَّابُ **el-Vehhâb**

Kullarına karşılıksız olarak sayılamayacak kadar çok nimet veren demektir, ki bu süreklidir. Vermek fiili biz insanlarda da vardır. Fakat bizler daima verdiklerimizden bir karşılık bekleriz. Allah için bir karşılık beklemek söz konusu olamaz; O'nun kullarına ihtiyacı yoktur ki, onlardan bir şey beklesin. O'nun bütün istediği kullarının doğru bir şekilde ibadet etmeleri ve saâdeti yakalamalarıdır.

اَلرَّزَّاقُ er-Rezzâk

Yarattığı varlıklara ihtiyacı olan gıdaları bol bol veren demektir. Nerede yaşarsa yaşasın, Allah yarattıklarının rızıklarını verir. Ama insan nasıl olsa Rabbim benim rızkımı veriyor diyerek rızkını beklemiyecek, çalışacaktır.

اَلْفَتَّاحُ el-Fettâh

Açmak kökünden gelen bu ismin manası, kullarına bütün müşkül kapıları açan, kolaylaştıran ve nimetlerini kullarının önüne seren demektir. "Allah, kullarına rahmet, ilim ve marifet kapılarını açar" şeklinde açıklayan bilginler vardır.

اَلْعَلِيمُ el-Alîm

Her şeyi bilen demektir. O'nun bilgisinin bir sınırı yoktur. Ezelden ebede kadar olmuş ve olacak olan bütün her şeyi bilir. O'nun bilgisi insanların bilgisi gibi öğrenilerek elde edilen bir bilgi değildir. O, açık ve gizli her şeyi bilir. O'nun ilmi kâinattaki her şeyi kuşatmıştır.

İnsan da bilgi sahibidir. Fakat insanın bilgisinin ne kadar sınırlı olduğu meydandadır. İnsan ilmini artırmak için uğraşmalı, ilmi arttıkça yüce Mevlâyı daha iyi tanıma imkânı bulacağını bilmelidir.

İlim, bilmekmiş
İlim bilmek Hakkı bilmekmiş
Hakkı bilmeyen ilim
Boşuna emekmiş.

اَلْبَصِيرُ el-Basîr

İnsanların ve bütün yaratıkların hal ve hareketlerini hiçbir vasıta olmadan gören ve gözeten demektir. O'nun için görme konusunda aydınlık veya karanlık söz konusu değildir. O, her hal ve şartta görür.

Kul, Allah'ın bütün davranışlarını bildiğini düşünerek kendine bir çeki-düzen vermelidir.

اَلْحَكَمُ el-Hakem

Hakkı yerine getiren, hükmeden demektir. Yüce Allah mutlak hükmedendir. O, dünyada gücünü kullanarak insanlara hükmedenlere de hükmeder. O'nun iradesi her yerde ve her zaman geçer.

اَلْعَدْلُ el-Adl

Adâlet sahibi demektir. Allah zâlim değil, âdildir, adâletle hükmeder. İnsanlar da adâletle hükmederler. Fakat çeşitli sebeplerle her zaman adâleti temin edemezler. Allah ise her zaman âdildir.

Kul, Allah'ın bu isminden nasibini alarak bütün işlerinde ve insanlarla olan münasebetlerinde âdil olmaya çalışmalıdır.

اَللَّطِيفُ el-Latif

İşlerin bütün inceliklerini bilen, kullarına bir çok sebeple çeşitli faydalar sağlayan, onlara çok lûtufda bulunan demektir.

اَلْخَبِيرُ el-Habîr

Kâinatta olmuş ve olacak olan her şeyden haberdardır. O'nun haberdâr olmadığı bir konu yoktur. Allah kalbimizden geçen iyi ve kötü düşüncelerden de haberdardır. Fakat bunlardan dolayı bizi sorumlu tutmaz.

اَلْحَلِيمُ el-Halîm

Allah çok hilim sahibidir demektir. O, bu ismi ile kullarını günahlarından dolayı hemen cezalandırmaz. Bazı günahları affeder, bazılarının cezasını âhirete bırakır. Hilm sahibi olmakta kimse O'nun gibi değildir.

اَلْعَظِيمُ el-Azîm

Allah her şeyden büyüktür. Hakîkî büyüklük O'na mahsustur. Allah, kendisinin büyüklüğünü kullarının bilmelerini ister. Biz O'nun büyüklüğünü kâinatta düzene bakarak anlayabiliriz.

اَلْغَفُورُ el-Ğafûr

Allah çok mağfiret sahibidir, demektir. İnsanın günahı ne kadar çok olursa olsun, Allah onları açığa çıkarmaz, örter, affeder. Ğaffar ismi ile aynı köktendir.

اَلشَّكُورُ eş-Şekûr

Şükretmek, iyiliğe iyilikle karşılık vermek demektir. Allah'ın verdiği nimetlerden dolayı kulların O'na şükretmesi bir vecîbedir. Allah, kendisine şükredenlere karşı daha çok nimetler ihsan eder. O'nun hazinesi tükenmez. *"Şükrederseniz daha çok veririm"* mealindeki âyet (İbrahim Sûresi, âyet, 7) bu hususu anlatmaktadır.

اَلْعَلِيُّ El-Aliyy

Rütbe bakımından Allah en yüksektir. Kâinatın en üstündedir. Fakat bu üstünlük maddî bakımdan değildir, aşağının zıddı olan yükseklik de değildir.

O, insana şah damarından daha yakındır. Yükseklik de O'na mahsustur.

اَلْكَبِيرُ el-Kebîr

Allah'ın kâinatta eşi, benzeri bulunmayan en büyük varlık olduğunu gösteren ismidir. Her şey O'nun büyüklüğüne delalet eder. Astronomi'ye dair azıcık bilgisi olan O'nun büyüklüğünü kavramakta gecikmez. İnsan vücudunun çalışması hakkında azıcık düşünen insan, O'nun büyüklüğünü anlamakta gecikmez.

اَلْحَفِيظُ el-Hafîz

Bu isim, çok koruyan, çok muhafaza eden manasındadır. Allah, kâinatın nizamını bozmadan belli bir zamana kadar korur. İnsanların yaptığı hiçbir şeyi unutmaz, hepsini muhafaza eder. Kullarını çeşitli kötülüklerden korur.

İnsan, Allah'ın bu isminden nasibini alırsa, yaptığı her işin Allah tarafından muhafaza edildiğini bilerek davranışlarını ona göre ayarlar.

اَلْمُقِيتُ el-Mukît

Bu ismin kökünde gıda vermek manası vardır. Yani Allah yarattığı her varlığın gıdasını, rızkını verir demektir. Allah yarattığı varlıkların hiç birini unutmaz; O'nun için unutmak asla söz konusu olamaz.

اَلْحَسِيبُ el-Hasîb

Herkesin bu dünyada hayatı boyunca yaptığı her işin hesabını en iyi bilen demektir. O, bilinmeyecek gibi şeyleri en ince teferrüatına kadar bilir. Öyle ki, insanın hayatı boyunca ne kadar nefes alıp-verdiğini bile bilir.

اَلْجَلِيلُ el-Celîl

Allah celâl sahibidir. Ululuk ve büyüklük O'na mahsustur. O'nun zâtı büyük olduğu gibi sıfatları da büyüktür. Kebîr sıfatı zâtının kemâline, Celîl sıfatı, sıfatının kemâline, Azîm sıfatı da hem zâtının, hem sıfatının kemâline delalet eder.

اَلْكَرِيمُ el-Kerîm

Keremi ve cömertliği çok bol demektir. Cezalandırmak, intikam almak elinde olduğu halde O, keremiyle affeder, kullarının günahlarına bakmaksızın onlara cömertçe nimetler ihsan eder.

اَلرَّقِيبُ er-Rakîb

Kâinattaki her şeyi gözeten, bütün varlıkları murâkebesi altında tutan demektir. Yüce Allah'ın kudreti, büyüklüğü bunu gerektirir. Hiç bir şey O'nun murakabesinden uzak kalamaz. O'ndan gizli, O'nun görmediği bir iş yapılamaz.

اَلْمُجِيبُ el-Mucîb

Kendine dua edip yalvaranların dualarını kabul eden demektir. Allah ihlas ile dua edenlerin dualarını kabul eder. Bunun manası, olur-olmaz her isteği yerine getirir demek değildir. Kul, Allah'tan neyin isteneceğini, neyin istenmiyeceğini bilmek durumundadır.

اَلْوَاسِعُ el-Vâsi'

Bilgisi, ihsanı ve merhameti çok geniş demektir. İlmi geniş, yani sonsuzdur. Kudreti geniş, yani sonsuzdur. O'na ait sıfatlarda bir sınır düşünülemez.

اَلْحَكِيمُ el-Hakîm

Allah hikmet sahibidir. Her mevzuda her şeyi yerli yerinde yapar. Yaptıklarında bir eksiklik, bir kusur görülemez. O'nun emir ve yasaklarında insanlar için hikmetler vardır. O, daima insanların menfaatine olan emir ve yasaklar koyar. İnsan, bunları öğrenmek ve hayatında tatbik etmekle yükümlüdür.

اَلْوَدُودُ el-Vedûd

Allah, iyi kullarını sever, onlara rahmet ve bereketini ulaştırır. O, rızası ve sevgisi kazanılacak biricik varlıktır.

اَلْمَجِيدُ el-Mecîd

Şanı büyük ve yüce demektir. O'na güç yetmez. O, mağlup edilemez. Fakat güzel hareketlerle rızası kazanılabilir. Yapılan iyiliklere daima mukabele eder.

اَلْبَاعِثُ el-Bâis

Diriltici demektir. Bu gün ilmen de biliyoruz ki, bir gün hayat sona erecek ve kâinattaki bu düzen bozulacaktır, hiç bir canlı kalmayacaktır. İşte öldükten sonra insanları Allah tekrar diriltecek ve hesap soracaktır. el-Bâis ismi buna delalet etmektedir.

اَلشَّهِيدُ eş-Şehîd

Allah, her zaman ve her yerde hazır ve nâzır olan varlıktır, demektir. Şâhid bir olaya tanık olan kişi demektir. Yüce Allah, her olaya tanıktır. O'nun görmediği, bilmediği, şâhid olmadığı herhangi bir olay, herhangi bir şey yoktur.

اَلْحَقُّ el-Hakk

Varlığı hiç değişmeden duran ve duracak olan varlık demektir. Değişmek yaratıklara mahsustur. Allah için değişmek düşünülemez.

اَلْوَكِيلُ el-Vekîl

Usûlüne uygun olarak O'nu vekil tayin edenlerin işlerini düzelten, yoluna koyan demektir. En iyi vekil Allah'tır. Fakat O'nu işlerimize nasıl vekil yapacağımızı bilmek şartıyle.

اَلْقَوِىُّ el-Kaviyy

Yüce Allah kudret sahibidir. Yani O'nun gücünün yetmeyeceği bir iş yoktur. Bir işi yapmada O'nun için zorluk söz konusu değildir. Dilediğini yapmada, yaratmada, yok etmede hiç bir güç harcamaz; ol, demesi yeter.

اَلْمَتِينُ el-Metîn

Allah kuvvet ve kudretinin kemâlindedir, demektir. O'nu âciz bırakacak bir güç yoktur. O, bir işi yaparken kimseye muhtaç değildir.

اَلْوَلِىُّ el-Veliyy

Allah sevdiği kullarının dostudur, demektir. Allah'ın dostlarına korku ve hüzün olmadığını bildiren âyetler vardır. O, dostlarına her zaman bizim tasavvur edemiyeceğimiz şekilde yardım eder. O'na dost olabilmekten daha üstün gerek bu dünyada, gerek âhirette bir mertebe yoktur.

اَلْحَمِيدُ el-Hamîd

Hamdedilecek, övülecek yegâne varlığın Allah olduğunu ifade eden ismidir. Hamd O'na mahsustur. Her varlık bizim anlıyamıyacağımız bir lisan ile O'nu tesbih eder, hamdeder. Mü'minler namazın her rekâtında Fâtiha sûresini okuyarak O'na hamd ederler. Dilleriyle hamd ettikleri gibi, hâl ve tavırlarıyle de hamd ettikleri zaman kemâle ererler.

اَلْمُحْصِى el-Muhsî

Her şeyin sayısını bilen manasındadır. Allah'ın bilmediği şey yoktur. O, denizlerdeki suların damla olarak sayılarını bilir. O'nun için bir şey ne kadar çok olursa olsun, bilmemek diye bir şey yoktur.

اَلْمُبْدِئُ el-Mübdiü

Her şeyi var eden, yaratan yüce varlık O'dur, demektir. O'nun yaratmasında örnek aldığı bir şey yoktur. O, her şeyi ilk yaratandır.

اَلْمُعِيدُ el-Muîd

Yaratılmışları yok ettikten sonra, tekrar yaratan, dirilten demektir. Ölümle her şey bitmiyor; tam tersine asıl ve ebedî olan hayat başlıyor. Bunu yapacak olan da Allah'dır.

اَلْمُحْيِى el-Muhyî

Yaratıp hayat veren, yaşatan demektir. Allah'ın iradesi olmasaydı, hiçbir varlık hayat bulamazdı. Bazı âlimler bu ismi, âriflerin kalblerini ihya edendir, şeklinde açıklamışlardır.

اَلْمُمِيتُ el-Mumît

Belli bir süre yaşadıktan sonra varlıkları öldüren demektir. Mahlûkatı yaşatan O olduğu gibi, öldüren de O'dur.

اَلْحَىُّ el-Hayy

Bu isim Allah'ın daima diri olduğuna delâlet eder. Yaratıklar doğar, büyür ve ölürler. Fakat Allah doğmaz ve ölmez. O, daima diridir, bâkîdir. Bizim hayatımız geçicidir. Yaşamak için bir takım şartlara ihtiyacımız vardır. Allah'ın ise, hiç bir şeye ihtiyacı yoktur.

اَلْقَيُّومُ el-Kayyûm

Gökleri ve yeri bir nizam üzere tutan demektir. O'nun nizamını kimse bozamaz. Ama kendisi isterse her an bozabilir. Fakat merhametli ve lûtfeden olduğu için bunu yapmaz, tesbit ettiği zamana kadar nizamını devam ettirir.

اَلْوَاجِدُ el-Vâcid

Allah istediğini istediği vakit bulur, demektir. O'nun için biraz beklemek, zaman kollamak, tedbir almak gibi şeyler yoktur. Bütün bunlar biz insanlar içindir.

اَلْمَاجِدُ el-Mâcid

Şanı yüce,keremi bol anlamındadır. O'nun kereminin sınırı yoktur. O, insanları önce temiz ve güzel işler yapmaya yöneltir, sonra da o işleri sanki kendiliklerinden yapmışlar gibi onlara bol bol nimetler ihsan eder. Böyle kulları için Cennet'ini hazırlar.

اَلْوَاحِدُ el-Vâhid

Her konuda; zâtında, sıfatlarında, işlerinde, isimlerinde eşi, benzeri, ortağı, yardımcısı olmayan tek varlık Allah'tır demektir. İhlâs suresi O'nun bu sıfatlarını anlatır. İhlâs suresini sık sık okumak çok sevaptır.

اَلصَّمَدُ es-Samed

İhtiyaçları gideren, dertleri sona erdiren yegâne makam Allah'dır. Kul yalnız O'na güvenir, O'na ibadet eder, O'ndan yardım bekler, O'na tevekkül eder.

اَلْقَادِرُ el-Kâdir

İstediği şeyi istediği gibi yapmaya muktedir olan varlık Allah'dır. O'nun kudretinin bir sınırı yoktur. O, her şeye Kâdirdir.

اَلْمُقْتَدِرُ el-Muktedir

Yeryüzünde kuvvet ve kudret sahibi kimseler vardır. Allah onlar üzerinde istediğini istediği zaman yapmaya muktedirdir. Allah'ın kudreti karşısında onların güçlerinin bir tesiri yoktur, olamaz.

اَلْمُقَدِّمُ el-Mukaddim

Allah istediğini öne geçirir, bazı insanları diğer bazılarına üstün kılar. Kısa zamanda onlara imkânlar verir, izzet ve şeref sahibi kılar.

اَلْمُؤَخِّرُ el-Muahhir

Sona bırakan demektir. Allah nasıl bazı insanları öne geçirir, bir takım imkânlar lûtfederek mevki ve makam sahibi yaparsa, bazan da kulların isteklerinin karşılığını hemen vermez, geri bırakır. O'nun böyle yapmasındaki hikmeti insanlar kavrayamaz. Çünkü insanların bilgisi sınırlıdır. Allah'ın bilgisi ise sonsuz...

اَلاَوَّلُ el-Evvel

İlk varlık O'dur. O'nun ilk varlık oluşu, O'nun bir başlangıcı olduğunu gösteremez. O'nun için

"Evvel" demek, ikincisi vardır, demek değildir. Kendisinden evvel bir varlık yoktur, demektir.

اَلآخِرُ el-Âhir

O'ndan evvel bir varlık olmadığı gibi, O'ndan sonra da bir varlık yoktur, olmayacaktır. Bir gün her şey yok olacak, fakat Allah bâkî kalacaktır.

اَلظَّاهِرُ ez-Zâhir

Allah âşikârdır, apaçıktır. O'nu varlık olarak göremeyiz. Ama gördüğümüz her şey O'nun varlığına delâlet eder. Göremediğimiz şeyler de vardır O'nun varlığına delalet eden.

اَلْبَاطِنُ el-Bâtın

Allah'ın varlığı âşikâr olmakla birlikte O, gizlidir. Biz O'nu gerçek haliyle bilemeyiz, kavrayamayız. Hz. Musâ'ya dağda tecellî edince Musa bayılmıştı. İnanırız ve biliriz ki, O, her yerde vardır, O'nun olmadığı bir yer yoktur.

اَلْوَالِى el-Vâlî

Bütün kâinâtı tek başına yönetendir. O, hem yaratır, hem yok eder. Hem öldürür, hem diriltir. Tek tasarruf sahibi O'dur.

اَلْمُتَعَالِى el-Müteâlî

Her şeyden, her hal ve tavırdan yüce anlamındadır. O'nun yüceliği süreklidir, bir gün sona ermez. O, her şeyden müstağnîdir.

اَلْبَرُّ el-Berr

Allah iyilik edendir. Her iyilik O'ndandır. O, kullarına daima iyilik eder. Kullar da kendi aralarında birbirlerine yardım etmekle yükümlüdürler.

اَلتَّوَّابُ et-Tevvâb

Allah, tevbeleri kabul eden günahları bağışlayandır. Allah'ın tevbe kapısı daima açıktır. Çok günah işleyen kimse "Rabbimin yüzüne bakacak halim kalmadı" diyerek günahında ısrar etmemeli, hemen pişmanlık duyup secdeye kapanmalı, af ve mağfiret dilemelidir.

اَلْمُنْتَقِمُ el-Muntakım

İnsanların işlemiş oldukları suçların tam karşılığını verendir. Allah tevbe ve pişmanlık için insana bir çok fırsat verir. Kul, bunların hiç birini kullanmaz, yasak yolda yürümeye devam ederse, işte o zaman işlediği günahın tam karşılığını verir. Ne biraz az, ne de biraz çok.

اَلْعَفُوُّ el-Afuvv

Çok affeden demektir. Allah intikam sahibi olduğu gibi, af sahibidir de. Affetmeyi sever. Onun için insan daima günahlarından tevbe edip yüce Allah'dan af dilemelidir. Hz. Peygamber (s.a.s) efendimiz Hz. Âişe (r.a)'ye bir Kadir gecesinde "Allahım, Sen Afuv'sun, affetmeyi seversin, beni affet" diye dua etmesini öğretmiştir.

اَلرَّؤُوفُ er-Raûf

Allah çok merhametlidir. Merhametinin bir sınırı yoktur, bir ölçüsü yoktur.

مَالِكُ الْمُلْكِ Mâlikü'l-mülk

Her şeyin sahibi, mâliki O'dur. Bizim kendi malımız zannettiğimiz şeyler, gerçekte O'nundur. Dilediği an elimizden alabilir. Biz O'nun mülkünde yaşıyoruz; bize istediği muâmeleyi yapabilir. Mülkün ebedî sahibi O'dur. Mal da, mülk de yalandır. Dünya hayatında oyalanmak için bir vasıtadır. Ama bir çok insan malı, mülkü gaye zanneder, onun peşinden koşar. Fakat o mallar, o servetler sahibinin peşinden koşamaz. Âhirette sahibine hiç bir faydaları olamaz. O gün tek fayda verecek şey, selîm bir kalb'tir.

ذُوالْجَلاَلِ وَالْاِكْرَامِ Zü'l-Celâli ve'l-İkrâm

Büyüklük ve ikram sahibi yalnız Allah'dır. O'nun ikramının bir hududu yoktur. İnsan, O'nun bu ikramı sayesinde yaşar.

اَلْمُقْسِطُ el-Muksit

Allah, bütün işlerini denk ve uygun bir şekilde yapar, demektir. O'nun işinde bir uyumsuzluk, bir noksanlık yoktur. Haksızlık ve zulüm gibi kavramlar insanlara mahsustur. Allah bunlardan berîdir.

اَلْجَامِعُ el-Câmi'

İstediğini, istediği zaman, istediği yerde toplayan demektir. Dağınık şeyleri toplamak bile biz insanlar için zorluk verir. Allah ise, ölüp toprak haline gelen insanları hiç bir güçlük çekmeden toplayacaktır.

اَلْغَنِىُّ el-Ğaniyy

Çok zengin ve her şeyden müstağnî olan yegâne varlık Allah'tır. Allah'tan daha zengin kimse olamaz. O'nun hiç bir şeye ihtiyacı yoktur. Fakat her şey O'na muhtaçtır.

اَلْمُغْنِى el-Muğnî

Allah zengin olduğu gibi, istediği kullarını da zengin eder. Bazılarını zengin ederken, bazılarının yokluk içinde kıvranmasındaki hikmeti kavrayamayız. Mal ve servet verdiği kimselerden bir kısmı bu malları Allah yolunda harcarken bazıları da tamamiyle O'nun hoşnud olmayacağı yerlerde harcamaktadırlar ve Allah onlara da vermeye devam etmektedir. Biz bunun sebebini, hikmetini anlayamayız.

اَلْمَانِعُ el-Mâni'

Mâni olan, engel olan demektir, Bir şeyin meydana gelmesine bazan O engel olur. Bu engel olma menfi mânâda değildir. O, sebeplerini yaratmak suretiyle meydana gelebilecek noksanları önler. Öyle olaylar cereyan etmektedir ki, hangisinin hayırlı olduğunu ancak yıllar sonra anlayabiliriz. Oysa başlangıçta "işimiz olmadı" diye üzülmüşüzdür.

اَلضَّارُّ ed-Dârr

اَلنَّافِعُ en-Nâfi'

Birinci isim, zarar veren şeyleri yaratan, ikincisi ise, faydalı şeyleri yaratan demektir. Her şeyin yaratıcısı O olduğuna göre, elbette bunları da yaratan O olacaktır. Kul, "zararlı şeyleri Allah yaratmıştır, benim ne suçum var" diyemez, kul iradesini iyi yolda kullanmakla yükümlüdür.

اَلنُّورُ en-Nûr

Alemleri nurlandırıp aydınlatan, gönüllere hidayet ışığını yakan O'dur. Allah göklerin ve yerin Nûr'udur.

اَلْهَادِى el-Hâdî

Dilediği kuluna hidayet verip, doğru yola ulaştıran mânâsındadır. Allah hayır ve şerri yaratmakla birlikte insanın şer yoldan gitmesini istemez. Müslüman, namazın her rekâtında "Allahım! Bizi doğru yola ulaştır" diye dua eder.

اَلْبَدِيعُ el-Bedîu

Kâinâtı en güzel şekilde ve örneksiz olarak yaratandır. Allah'ın yaratıcı manasındaki isimlerinden biridir. Bu isimler arasında bir takım anlam farkları vardır.

اَلْبَاقِى el-Bâkî

Sonu olmayan varlık demektir. Allah'ın ne başlangıcı, ne de sonu yoktur. Her şey yok olacak, fakat O, var olmaya devam edecektir.

اَلْوَارِثُ el-Vâris

Mal, mülk ve servetin gerçek sahibi Allah'dır, demektir. İnsanların da servetleri vardır. Fakat onlar tam olarak servetlerine hakim olamazlar. Ecel geldiği an, arabaların, çeklerin yatların bir faydası olmaz. Onların gerçek sahipleri Allah'dır. O'nun ise bunlara hiç ihtiyacı yoktur.

اَلرَّشِيدُ er-Reşîd

Kâinatı bir nizam üzere yürütendir. Her işi idare eden, yöneten O'dur. İnsanlar birer vasıtadan ibarettirler.

اَلصَّبُورُ es-Sabûr

Allah çok sabırlıdır. Günahkârları, âsileri, zâlimleri cezalandırmakta bir acelesi yoktur. onlara mühlet verir. Bu zaman içinde tevbe ederlerse onları affeder, affetmeyi sever. Etmezlerse bir gün cezalandırır. Biz insanlar O'nun hikmetlerini anlayamadığımız için "Allah bunları niye cezalandırmıyor", diye söylenir dururuz. Halbuki O, her şeyi bilmekte, görmektedir.

Sabah Namazlarından Sonra İmam-ı Azam'ın Okuduğu Duâ Şudur:

سُبْحَانَ الْاَبَدِىِّ الْاَبَدْ سُبْحَانَ الْوَاحِدِ الْاَحَدْ سُبْحَانَ الْفَرْدِ
الصَّمَدْ سُبْحَانَ رَافِعِ السَّمَآءِ بِغَيْرِ عَمَدْ سُبْحَانَ مَنْ بَسَطَ الْاَرْضَ
عَلٰى مَآءٍ جَمَدْ سُبْحَانَ مَنْ خَلَقَ الْخَلْقَ فَاَحْصٰيهُمْ عَدَدْ سُبْحَانَ مَنْ
قَسَمَ الرِّزْقَ وَلَمْ يَنْسَ اَحَدْ سُبْحَانَ الَّذِى لَمْ يَتَّخِذْ صَاحِبَةً وَلَا
وَلَدْ سُبْحَانَ الَّذِى لَمْ يَلِدْ وَلَمْ يُولَدْ وَلَمْ يَكُنْ لَهُ كُفُوًا اَحَدْ سُبْحَانَ
مَنْ يَرَانِى وَيَعْرِفُ مَكَانِى وَيَرْزُقُنِى وَلَا يَنْسَانِى

Sübhâne'l-ebediyyi'l-ebed. Sübhâne'l-vâhidi'l-ehad, Sübhâne'l-ferdi's-samed. Sübhâne râfiı's-semâi biğayri amed. Sübhâne men beseta'l- arda alâ mâin cemed. Sübhnâne men haleka'l-halka fe ahsâhüm aded. Sübhâne men kaseme'r-rızka ve lem yense ehad. Sübhâne'l-lezî lem yettehız sâhıbeten velâ veled. Sübhâne'l-lezî lem yelid ve lem yûled ve lem yekün lehû küfüven ehad. Sübhâne men yerânî ve ya'rifü mekânî ve yerzükunî velâ yensânî.

(Ebedîyyen var olacak olan Allah'ı tesbîh ederim. Vâhid ve ahad olan Allah'ı tesbîh ederim. Tek ve samed olan Allah'ı tesbîh ederim. Gökyüzünü (sema) direksiz yükseltip tutan Allah'ı tesbîh ederim. Yer yüzünü donmuş suyun üstüne seren Allah'ı tesbîh ederim. Mahlûkatı yaratan ve sayılarını bilen Allah'ı tesbîh ederim. Rızıkları taksim edip hiç bir varlığı unutmayan Allah'ı tesbîh ederim. Eş ve evlad edinmeyen Allah'ı tesbîh ederim. Doğmayan ve doğurulmayan, kendisine denk hiç bir şey bulunmayan Allah'ı tesbîh ederim. Beni görüp gözeten, yerimi bilen ve beni unutmayıp rızkımı veren Allah'ı tesbîh ederim.).

Öğle Veya İkindi Nnamazından Sonra Duâ Niyetiyle Okunabilecek Âyetler.

إِنَّ فِى خَلْقِ السَّمٰوَاتِ وَالْاَرْضِ وَاخْتِلاَفِ اللَّيْلِ وَالنَّهَارِ
لَاَيَاتٍ لِأُولِى الْاَلْبَابِ. اَلَّذِينَ يَذْكُرُونَ اللّٰهَ قِيَامًا وَقُعُودًا وَعَلٰى
جُنُوبِهِمْ وَيَتَفَكَّرُونَ فِى خَلْقِ السَّمٰوَاتِ وَ الْاَرْضِ رَبَّنَا مَا خَلَقْتَ هٰذَا
بَاطِلاً سُبْحَانَكَ فَقِنَا عَذَابَ النَّارِ . رَبَّنَا اِنَّكَ مَنْ تُدْخِلِ النَّارَ فَقَدْ
اَخْزَيْتَهُ وَمَا لِلظَّالِمِينَ مِنْ اَنْصَارٍ . رَبَّنَا إِنَّنَا سَمِعْنَا مُنَادِيًا
يُنَادِى لِلاِيمَانِ اَنْ آمِنُوا بِرَبِّكُمْ فَآمَنَّا رَبَّنَا فَاغْفِرْلَنَا ذُنُوبَنَا وَكَفِّرْ عَنَّا
سَيِّآتِنَا وَتَوَفَّنَا مَعَ الْاَبْرَارِ. رَبَّنَا وَاٰتِنَا مَا وَعَدْتَنَا عَلٰى رُسُلِكَ وَلاَ
تُخْزِنَا يَوْمَ الْقِيَامَةِ اِنَّكَ لاَ تُخْلِفُ الْمِيعَادَ.

İnne fî halki's-semâvâti ve'l-ardi ve'htilâfi'l-leyli ve'n-nehâri le âyâtin li ulil'l-elbâb.

Ellezîne yezkürûne'l-lâhe kıyâmen ve kuûden ve alâ cunûbihim ve yetefekkerûne fî halkis-semâvâti ve'l-ard, Rabbenâ mâ halakte hâzâ bâtılâ, Sübhâneke fakınâ azâbe'n-nâr.

Rabbenâ inneke men tüdhìli'n-nâre fe kad ahzeyteh, ve mâ li'z-zâlimîne min ensâr.

Rabbenâ innenâ semi'nâ münâdiyen yünâdî lil-îmâni en âminû bi rabbiküm fe âmennâ, Rabbenâ fağfir lenâ zünûbenâ ve keffir annâ seyyiâtinâ ve teveffenâ maa'l-ebrâr.

Rabbenâ ve âtinâ mâ veadtenâ alâ rusülike ve lâ tuhzinâ yevme'l kıyâmeh, inneke lâ tuhlifu'l-mîâd.

(Gerçekten göklerin ve yerin yaratılışında gece ile gündüzün birbiri ardına gelişinde akıl sahipleri için Allah'ın kudret ve azametini gösteren deliller vardır.

Onlar, ayakta iken, otururken ve yatarken Allah'ı

anarlar; göklerin ve yerin yaratılışı hakkında düşünürler ve şöyle derler:

— "Ey Rabbimiz! Şüphesiz Sen bunları boşuna yaratmadın. Sen boş ve batıl şey yaratmazsın, Seni tesbih ederiz, Bizi cehennem azâbından koru. Ey Rabbimiz! Gerçekten Sen kimi ateşe atarsan onu hor ve hakîr edersin, orada zalimlerin azabını önleyecek bir yardımcıları da yoktur. Ey Rabbimiz! Günahlarımızı bağışla, kötülüklerimizi ört, canımızı iyi kimselerle beraber al.

"Ey Rabbimiz! Peygamberlerinin lisanıyla bize vadettiğin mükâfâtı ver ve kıyâmet günü bizi rüsvây etme; Sen şüphesiz va'dinden dönmezsin".) (Al-i İmrân, 190 - 194)

Bu âyetler duâ olarak okunabileceği gibi, namazlardan sonra aşir olarak da okunurlar.

Yatsı Namazından Sonra Okunacak "Âmene'r-resûlü".

اٰمَنَ الرَّسُولُ بِمَا اُنْزِلَ اِلَيْهِ مِنْ رَبِّهِ وَالْمُؤْمِنُونَ. كُلٌّ اٰمَنَ بِاللّٰهِ وَمَلٰئِكَتِهِ وَكُتُبِهِ وَرُسُلِهِ لاَ نُفَرِّقُ بَيْنَ اَحَدٍ مِنْ رُسُلِهِ. وَقَالُوا سَمِعْنَا وَاَطَعْنَا غُفْرَانَكَ رَبَّنَا وَاِلَيْكَ الْمَصِيرُ. لاَ يُكَلِّفُ اللّٰهُ نَفْسًا اِلاَّ وُسْعَهَا لَهَا مَا كَسَبَتْ وَعَلَيْهَا مَا اكْتَسَبَتْ . رَبَّنَا لاَ تُؤَاخِذْنَآ اِنْ نَسِينَآ اَوْ اَخْطَأْنَا. رَبَّنَا وَلاَ تَحْمِلْ عَلَيْنَا اِصْرًا كَمَا حَمَلْتَهُ عَلَى الَّذِينَ مِنْ قَبْلِنَا. رَبَّنَا وَلاَ تُحَمِّلْنَا مَا لاَ طَاقَةَ لَنَا بِهِ. وَاعْفُ عَنَّا وَاغْفِرْ لَنَا وَارْحَمْنَا اَنْتَ مَوْلٰينَا فَانْصُرْنَا عَلَى الْقَوْمِ الْكَافِرِينَ.

Âmene'r-rasûlü bimâ ünzile ileyhi min rabbihî ve'l-mu'minûn. Küllün âmene billâhi ve melâiketihî ve kütübihî ve rusülih. Lâ nufarriku beyne ahadin min rusülih. Ve kalû sami'nâ ve ata'nâ ğufrâneke rabbenâ ve ileyke'l-masîr.

Lâ yükellifullâhü nefsen illâ vüs'ahâ. Lehâ mâ kesebet ve aleyhâ ma'k-tesebet. Rabbenâ lâ tüâhiznâ in nesînâ ev ahta'nâ, Rabbenâ velâ tahmil aleynâ ısran kemâ hameltehû ala'l-lezîne min kablinâ, Rabbenâ velâ tuhammilnâ mâ lâtâkate lenâ bih. Va'fu annâ vâğfir lenâ va'rhamnâ. Ente Mevlânâ fe'n-surnâ ala'l-kavmi'l-kâfirîn.

Âmene'r-resûlü yalnız yatsıdan sonra değil, hemen her yerde okunabilir. Namazdan sonra duâ olarak okunur, kabristan ziyaretinde okunur. Düşmana galip gelmek ve Allah'tan yardım isteneceği zaman okunur. Bakara sûresinin ilk âyetleri ile son âyetlerinin okunmasının çok sevap olduğu kaynaklarda zikredilmiştir.

Bakara Sûresinin İlk Âyetleri Şunlardır:

الٓمٓ * ذٰلِكَ الْكِتَابُ لَارَيْبَ فِيهِ هُدًى لِلْمُتَّقِينَ * اَلَّذِينَ يُؤْمِنُونَ بِالْغَيْبِ وَيُقِيمُونَ الصَّلٰوةَ وَمِمَّا رَزَقْنَاهُمْ يُنْفِقُونَ * وَالَّذِينَ يُؤْمِنُونَ بِمَٓا اُنْزِلَ اِلَيْكَ وَمَٓا اُنْزِلَ مِنْ قَبْلِكَ وَبِالْاٰخِرَةِ هُمْ يُوقِنُونَ * اُولٰٓئِكَ عَلٰى هُدًى مِنْ رَبِّهِمْ وَاُولٰٓئِكَ هُمُ الْمُفْلِحُونَ *

Elîf lâm mîm, Zalike'l-kitâbu la raybe fîh, Hüden lil'-müttakîn. Ellezîne yü'minûne bi'lğaybi ve yükîmûne's-salâte ve mimmâ razaknâhüm yünfikûn. Vellezîne yü'minûne bimâ ünzile ileyke vemâ ünzile min kablike ve bi'l-âhireti hüm yûkinûn. Ülâike alâ huden min rabbihim ve ülâike hümü'l-müflihûn.

Yatsı namazından sonra Bakara sûresinin son âyetleri okunur. Bunun manası şudur: Sabah namazından sonra "Lev enzelnâ" okunur. Müslüman, Allah'ın güzel isimleriyle güne başlar. Bütün dikkatine rağmen bilerek ya da bilmeyerek günah işlemiş, haksızlık etmiş olabilir. İşte bu âyetleri okuyarak yüce Allah'tan kendisini affetmesini niyaz eder. Ayrıca yatmadan önce o günün bir muhasebesini yapmak, o günkü yaptığı işleri gözden geçirmek ve bir kimseyi üzüp üzmediğini, malının içine haram karışıp karışmadığını kontrol etmek gerekir.

Namazlardan sonra bütün bu duâları okumak müstehabtır. İsteyen kimse bunlardan başka bildiği diğer bazı duâları da okuyabilir. "Ayete'l-kürsî," "Amene'r-resûlu", "İhlâs" ve "Muavvizeteyn" gibi sûreleri okumak güzel ve sevaptır.

V. Cuma Namazı ve Duâsı

Cuma gününün müslümanların hayatında ayrı bir yeri vardır. Cuma namazı bir özrü bulunmayan akıllı ve büluğa ermiş erkek müslümanlara farzdır. Vakit namazları evde kılınabildiği halde cuma namazı mutlaka cemaatle kılınır. Cuma günü mü'minlerin bayramıdır.

Biz, okuyucuyu fazla meşgul etmemek için cuma hutbesi ile ilgili duaları başka bir bölüme bırakıyoruz. Burada ise konuya kitabın ilgisi açısından yaklaşmak istiyoruz.

Peygamber (s.a.s) şöyle buyurmaktadır:

"O günde öyle bir saat vardır ki, namazını kılan bir kul ona rastlayan bir saatte Allah'tan bir şey isterse, Allah onu verir" (Buhârî, Cumua, 37)

Bu saatin hangi saat olduğu açık bir şekilde belirtilmemiş, müslümanlar o saati yakalamak için dua ve istiğfâra teşvik edilmiştir.

Ebû Hureyre (r.a)'nin anlattığına göre, Peygamber (s.a.s) cuma günü mescide girdiğinde kapının iki direğini tutarak şöyle duâ etmiştir:

اَللّٰهُمَّ اجْعَلْنِي اَوْجَهَ مَنْ تَوَجَّهَ اِلَيْكَ وَأَقْرَبَ مَنْ تَقَرَّبَ إِلَيْكَ وَأَفْضَلَ
مَنْ سَأَلَكَ وَرَغِبَ اِلَيْكَ

Allâhumme'c-alnî evcehe men teveccehe ileyke ve akrabe men tekarrabe ileyke ve efdale men seeleke ve rağìbe ileyke.

(Allahım! Beni Sana yönelenlerin en iyisi, Sana yaklaşanların en çok yaklaşanı, beni Senden (dua edip) isteyen ve arzu edenlerin en iyisi ve en üstünü eyle)

Cuma günü tevbe ve istiğfâr etmek, için en uygun günlerdendir. Bilenlerin "Kehf" sûresini okuması iyidir. Günümüzde bunu imamların yapması -eğer vaaz yoksa- daha uygundur.

VI. Bayram Namazları ve Teşrîk Tekbirleri

Ramazan ve Kurban bayramı namazları vâcibtir; fakat terkedilmemesi gereken vâciblerdir.

Bayram namazları şöyle kılınır:

Farz namazlarda olduğu gibi kâmet getirilmez. Fakat müezzin "Tekbirlere hazır olun, uyun imama"der. Bu sırada Ramazan veya Kurban bayramı namazı, hangisi kılınıyorsa "niyet ettim iki rekat ..... bayramı namazını kılmağa, uydum imama" denir ve imamla birlikte tekbir alınır. Diğer namazlarda olduğu gibi "Sübhâneke" okunur. Sübhâneke bitince imam "Allâhu Ekber" diyerek tekrar tekbir alır. Namaza yeni başlıyormuş gibi ellerini kulak hizasına kadar götürür. Cemaat da aynı şekilde yapar. Tekbir alınca eller yan taraflara salınır. İkincide de aynı şekilde tekbir alınarak eller yanlara salınır. Üçüncü tekbirde eller tekrar göbek altında bağlanır. Herkes gizlice Eûzü-besmele çeker. İmam "Fâtiha" ve bir sûre okur. Diğer namazlardaki gibi, rükû' ve secde yaptıktan sonra ayağa kalkılır. İmam yine "Fatiha" ve bir sûre okur. (Kurban bayramında Kevser sûresini okuması iyidir). Sonra "Allâhu ekber" diyerek yine aynı şekilde ellerini kulak hizasına kadar götürür ve salar. Bu, üç defa yapılır.

Dördüncü tekbirde eller kulaklara gitmez, rükû'ya gidilir. İmamın bu tekbirleri caminin her tarafından duyulmalıdır. Cemaat imamla birlikte içinden, yani kendi duyacak bir sesle, tekbirleri söyler.

Diğer namazlardaki oturuş esnasındaki dualar okunur ve selâm verilir. Selâmdan sonra imam, müezzin ve cemaat hep birlikte tekbir getirir. Bu sırada imam hutbeyi okumak üzere minbere doğru yürür. İmam minbere çıkıncaya kadar tekbirlere devam edilir. Bu tekbir şöyledir:

اَللّٰهُ أَكْبَرُ اَللّٰهُ أَكْبَرْ لَاۤاِلٰهَ اِلاَّ اللّٰهُ وَاللّٰهُ اَكْبَرْ اَللّٰهُ أَكْبَرْ وَلِلّٰهِ الْحَمْدُ

Allâhu ekber, Allâhu ekber. Lâilâhe illellâhu vallâhu ekber. Allâhu ekber, ve lillâhi'l-hamd.

(Allah büyüktür, Allah büyüktür Allah'tan başka tanrı yoktur. Allah büyüktür, Allah büyüktür, hamd O'na mahsustur).

Teşrîk Tekbirleri

Adına Teşrik tekbirleri dediğimiz yukarıdaki duâ -tekbir, kurban bayramı arefe günü sabah namazından itibaren 4. bayram günü ikindi namazına -ikindi dahil-kadar devam eder. Her farz namazdan sonra söylenir. Bu vaciptir, sünnet diyenler de vardır.

Kurban Keserken Okunacak Duâ

Kurban bayramında dînen zengin sayılan müslümanlara kurban kesmek vâcibtir.

Kurban, bayramın 1. 2. ve 3. günü kesilebilir. Burada esas olan kurbanı sahibinin kesmesidir. Bununla birlikte ehil birine de kestirebilir.

Kurban kesecek kimse abdest alır. Kurban kıbleye karşı yatırılır.

اِنِّي وَجَّهْتُ وَجْهِيَ لِلَّذِي فَطَرَ السَّمٰوَاتِ وَالْاَرْضَ حَنِيفًا وَمَٓا اَنَا مِنَ الْمُشْرِكِينَ *

İnnî veccehtü vechiye lillezî fetara's-semâvâti ve'l-arda hanîfen vemâ ene mine'l-müşrikîn.

(Muhakkak ben, dînime bağlanarak gökleri ve yeri Yaratan Allah'a yöneldim. Ben müşriklerden değilim) (En'âm, 79) âyeti okunur ve بِسْمِ اللّٰهِ اَللّٰهُ اَكْبَرْ "Bismillâhi Allâhu Ekber" diyerek kesilir. Kurban kesildikten sonra kendisi kesmese bile sahibi de şu duayı okur ve kurbanı kestikten sonra iki rek'at şükür namazı kılmaları efdaldir.

اِنَّ صَلَاتِي وَنُسُكِي وَمَحْيَايَ وَمَمَاتِي لِلّٰهِ رَبِّ الْعَالَمِينَ *

İnne salâtî ve nüsükî ve mahyâye ve memâtî lillâhi Rabbi'l-âlemîn

(Namazım, ibadetim, hayatım ve ölümüm âlemlerin Rabbı Allah içindir) (En'âm, 162)

Kurban eti üçe bölünür. Bir kısmı ev halkına ayrılır. Bir kısmı komşulara dağıtılır, bir kısmı da fakirlere ve ihtiyaç sahiplerine verilir.

BİR HATIRLATMA

Bu gün memleketimizde fakir olan bir çok kimse de kurban kesmektedir. Hatta bazı kimseler borç para bularak kurban kesme yoluna gitmektedirler. Bunun sebebi, herkes kurban keserken kurban kesemiyen babanın çoluk - çocuğunun yanında mahcup olmamak ve fakirliğini, hissettirmemek düşüncesidir.

Bizce, izzet-i nefsine böylesine düşkün insanlara bayramdan önce maddî yardımda bulunup kurban kesmesini sağlamak güzel bir hareket gibi görünmektedir. Babanın "Biz niye kurban kesmiyoruz?" diye soru soran çocuğuna cevap vermesi çok zordur.

Ayrıca, bazı kimseler kurban etini dağıtırken etin iyi kısımlarını değil, işe yaramıyacak kısımlarını dağıtmaktadırlar. Bu da kurban âdâbına ve İslâm ahlâkına uygun olmayan bir davranıştır.

Kurban bayramı bayramların en büyüğüdür. Bu bayramda birlik ve beraberlik geliştirilmeli, ziyaretler artırılmalı, dargınlar barışıp kucaklaşmalıdırlar.

VII. Cenaze Namazı ve Duâları

Ölmek üzere olan bir kimsenin mümkün olduğu takdirde sağ tarafa çevrilmesi ve yüzünün kıbleye doğru döndürülmesi sünnettir. Eğer hastaya eziyet verilecek olursa bundan vazgeçilir.

Ölmek üzere olan hastanın yanında "Yâsin" sûresi okunur. Bu sûreyi okumak Peygamberimiz (s.a.s)'in tavsiyesidir. [1]

Hastanın duyacağı şekilde "Lâ ilâhe illallâh, Muhammedü'r-Resûlullâh", "Eşhedü en lâ ilâhe illallâh ve eşhedü enne Muhammeden abduhû ve Resûlüh" denir. Zorlamadan onun da tekrarlanması sağlanır.

اَللّٰهُمَّ اَعِنْهُ عَلٰى سَكَرَاتِ الْمَوْتِ

Allâhümme eìnhü alâ sekerâti'l-mevt

"Allahım! Ölümün verdiği şuursuzluk halinde (sekerâtu'l-mevt) ona yardım et" diye dua edilir. (İbn-i Mace, Cenaiz, 64 (1/519)

---

(1) Hz. Peygamber (s.a.s) "Ölülerinize Yâsin okuyunuz" buyurmuştur. Ebu Davud, Cenaiz, h. nu: 3121 (3/489)

Cenaze Namazı

Cenaze namazı farz-ı kifâye'dir. Yani bir müslüman vefat ettiği zaman onun cenaze namazını kılmak bütün müslümanlara farzdır. Ancak, bazı müslümanların kılmasıyle diğer müslümanların üzerinden düşmüş olur.

Cenaze namazı rükû'u ve secdesi olmayan bir namazdır. Namaz esnasında Kur'ân okunmaz, duâ edilir.

Müezzin "Meyyit için duâya" diye bildirir ve cenazenin erkek veya kadın olduğunu belirtir. Çünkü niyet ederken erkek veya kadın olduğu belirtilir.

Cenaze imamın göğsü hizasında, yüksekce bir yere konur. İmam **"Allahu Ekber"** diyerek tekbir alır. Cemaat de onunla birlikte tekbir alır. **"Sübhaneke"** duâsı **"ve celle senâûke"** ziyadesiyle okunur. Burada Fatiha sûresi de okunabilir. Çünkü o da bir duâdır. İmam ikinci defa **"Allahu Ekber"** diyerek tebir alır. Fakat ellerini kulak hizasına götürmez, eller bağlı olarak durur. Bu ikinci tekbirden sonra **"Allahumme salli ve bârik"** duâları okunur. İmam üçüncü defa tekbir alır. Burada ölüye, müslümanlara ve kendisine duâ edilir. Dünya ile ilgili işler için duâ edilmez. Bilenlerin Hz. Peygamber (s.a.s)'den nakledilen şu duâyı okumaları iyi olur.

اَللّٰهُمَّ اغْفِرْ لِحَيِّنَا وَمَيِّتِنَا وَشَاهِدِنَا وَغَائِبِنَا وَذَكَرِنَا وَاُنْثَانَا
وَصَغِيرِنَا وَكَبِيرِنَا * اَللّٰهُمَّ مَنْ اَحْيَيْتَهُ مِنَّا فَاَحْيِهِ عَلَى الْاِسْلَامِ وَمَنْ
تَوَفَّيْتَهُ مِنَّا فَتَوَفَّهُ عَلَى الْاِيمَانِ * وَخُصَّ هٰذَا الْمَيِّتَ بِالرَّوْحِ وَالرَّاحَةِ
وَالْمَغْفِرَةِ وَالرِّضْوَانِ * اَللّٰهُمَّ اِنْ كَانَ مُحْسِنًا فَزِدْ فِى اِحْسَانِهِ وَاِنْ
كَانَ مُسِيئًا فَتَجَاوَزْ عَنْهُ وَلَقِّهِ الْاَمْنَ وَالْبُشْرٰى وَالْكَرَامَةَ وَالزُّلْفٰى
بِرَحْمَتِكَ يَا اَرْحَمَ الرَّاحِمِينَ *

Allahümme'ğfir li-hayyinâ ve meyyitinâ ve şâhidinâ ve ğâibinâ ve zekerinâ ve ünsânâ ve sağîrinâ ve kebîrinâ. Allahümme men ahyeytehû minnâ feahyihî âle'l-İslâmi ve men teveffeytehû minnâ fe-teveffehû ale'l-îman. Ve hussa hazâ'l-meyyite bi'r-ravhi ve'r-râhati ve'l-mağfirati ve'r-rıdvân. Allâhümme in kâne muhsinen fezid fi ihsânihî ve in kâne musî'en fetecâvez anhu ve lekkıhi'l-emne ve'l-buşrâ ve'l-kerâmete ve'z-zulfâ bi-rahmetike yâ erhame'r-râhîmîn.

(Allahım! Dirimizi, ölümüzü, burada bulunanları ve bulunmayanları, erkeğimizi, kadınımızı, küçüğümüzü ve büyüğümüzü bağışla. Allahım! Bizden yaşattığını İslâm dini üzere yaşat, öldürdüğünü de imanlı olarak öldür. Bu ölüye huzur, rahat, mağfiret ve rıza ver. Allahım! Eğer bu cenaze iyi ise, Sen iyiliğini artır, eğer kötü ise günahını sil. Ve onu güven, müjde ve yakınlıkla karşıla. Ey merhametlilerin merhametlisi olan Allahım!)

Eğer cenaze kadın ise "Ve hussa..." dan sonraki zamirleri dişi olarak okumak gerekir. O takdirde duanın bu kısmı şöyle okunur:

وَخُصَّ هٰذِهِ الْمَيِّتَةَ بِالرَّوْحِ وَالرَّاحَةِ وَالْمَغْفِرَةِ وَالرِّضْوَانِ * اَللّٰهُمَّ اِنْ كَانَتْ مُحْسِنَةً فَزِدْ فِى اِحْسَانِهَا وَاِنْ كَانَتْ مُسِيئَةً فَتَجَاوَزْ عَنْهَا وَلَقِّهَا الْاَمْنَ وَالْبُشْرٰى وَالْكَرَامَةَ وَالزُّلْفٰى بِرَحْمَتِكَ يَا اَرْحَمَ الرَّاحِمِينَ

*

Ve hussa hâzihi'l-meyyitete bi'r-ravhi ve'r-râhati ve'l-mağfirati ve'r-rıdvân. Allahümme in kânet muhsineten fezid fî ihsanihâ ve in kânet müsîeten fe-tecâvez anhâ ve lakkihel-emne ve'l-buşrâ ve'l-kerâmete ve'z-zülfâ bir-rahmetike yâ erhame'r-râhimîn.

Bu duâları bilmeyen kimse, eğer biliyorsa, Vitir Namazı'nda okunan Kunut Duâsı'nı okuyabilir. Duâ niyetine Fatiha sûresini okuyabilir.

Duâlar konusunda hiçbir şey bilmeyen kimse

"bilmiyorum ne yapayım?" diyerek yakınlarının cenâze namazını kılmamazlık etmemelidir. Bildiği çok kısa bir duâ bile olsa onun Cenâze namazını kılmalıdır.

Cenaze çocuk veya deli ise istiğfar edilmez. Çünkü onlar zaten mükellef değildir. Onlara şu şekilde duâ edilir:

اَللّٰهُمَّ اجْعَلْهُ لَنَا فَرَطًا وَاجْعَلْهُ لَنَا اَجْرًا وَذُخْرًا وَاجْعَلْهُ لَنَا شَافِعًا مُشَفَّعًا *

Allâhümme'c'alhü lenâ feratan, ve'c'alhü lenâ ecran ve zuhran, ve'c'alhü lenâ şâfian muşeffe'an.

(Allahım! Onu bize önden gönderilmiş bir sevap kıl, bizim için bir âhiret azığı, ecri eyle, onu bize şefaatçi yap.)

Bu duâları bilmeyenler sadece şu duâyı okuyabilirler:

اَللّٰهُمَّ اغْفِرْلِى وَلَهُ وَلِلْمُؤْمِنِينَ وَالْمُؤْمِنَاتِ

"Allâhümme'ğfir lî ve lehû ve lil'mu'minîne ve'l-mu'minât"

(Allahım! Beni ve kadın olsun erkek olsun bütün mü'minlerin günahlarını bağışla)

Cenaze, kabir yakın ise, omuzda götürülür, eğer uzak ise arabaya konur. Bu takdirde arabanın birazcık uzakta durması ve hiç olmazsa yakınlarının biraz onu omuzlarında taşıması sağlanır.

Kabir bir adam boyu kadar kazılır. Ölünün yönü kıbleye doğru çevrilir. Ölüyü kabre indiren kimse:

بِسْمِ اللّٰهِ وَعَلٰى مِلَّةِ رَسُولِ اللّٰهِ صَلَّى اللّٰهُ تَعَالٰى عَلَيْهِ وَسَلَّمَ *

"Bismillâhi ve alâ milleti Rasûlillâhi sallallâhu taâlâ aleyhi ve sellem" der.

Ölü kadın ise, kabre en yakın mahreminin indirmesi efdaldir. Üzerine toprak atarken ilk atışta مِنْهَا خَلَقْنَاكُمْ *minhâ halaknâkum:* sizi ondan yarattık, ikinci atışta وَفِيهَا نُعِيدُكُمْ, *Ve fihâ nuîdukum*; sizi tekrar ona döndüreceğiz, üçüncü atışta وَمِنْهَا نُخْرِجُكُمْ تَارَةً أُخْرَى, *Ve'minhâ nuhricükum târaten uhrâ:* Sizi bir kéz daha ondan çıkaracağız" denir. Bunları okumak müstehaptır. Bilen kimse yoksa *"topraktan geldik, yine toprağa dönüyoruz ve yine dirileceğiz"* demesi uygun olur.

Defin işi bitince cemaat hemen dağılmaz, oturulur, Kur'ân okunur. Burada Kur'ân okumak müstehaptır. Yâsin, Tebareke, Amme, Felak, Nas ve Bakara sûresinin baş tarafıyla Âmene'r-resûlü okunur. Diğer dua ayetleri de okunabilir, dua edilir. Bundan sonra telkin verili·

VIII. Diğer Nâfile (Regâib) Namazlar ve Duâları

Farz veya vâciblerle herhangi bir alâkası olmaksızın, kişinin gönlünden gelerek kıldığı bazı namazlar vardır ki, bunlara "Regâib Namazlar" adı da verilmektedir. Allah'ın rızasını kazanmak, O'nun verdiği nimetlere şükretmek, O'na daha yakın olmak maksadıyla kılınır. Hz. Peygamber (s.a.s)'in bu namazları bazan kıldığı bilinmektedir. Bazılarını ise çok đefa kılmıştır. Bu namazların başlıcaları şunlardır:

1. Teheccüd Namazı:

Teheccüd, geceleyin uykudan uyanıp kalkarak namaz kılmak demektir.

İsrâ sûresinin 78. ve 79. âyetlerinde *"Güneşin batıya yönelmesinden gecenin kararmasına kadar namaz kıl; sabah vakti de namaz kıl, zira sabah na-*

mazına melekler şahid olur. Ey Muhammed! Geceleyin uyanıp, yalnız sana mahsus olarak fazladan namaz kıl. Belki de Rabbin seni övülecek bir makama yükseltir" buyurulmaktadır.

Teheccüd namazı Hz. Peygamber (s.a.s)'e bu âyetle emredilmiştir. Yüce Allah elçisini, yüksek bir makama yükselteceğini yine aynı âyette teheccüd namazını emrettikten sonra beyan etmektedir. Bu, söz konusu makam ile teheccüd namazı arasında bir münasebet bulunduğunu gösterir. Durum böyle olunca, teheccüd namazının önemi ortaya çıkmaktadır.

Bu namaza ayrıca, Müzemmil (1-8) sûresinde de işaret olunmaktadır.

"Ey örtünüp bürünen Muhammed! Gecenin yarısında, istersen biraz sonra, istersen biraz önce, bir müddet için namaza kalk; yahut ağır ağır Kur'ân oku Doğrusu Biz sana, taşınması çok zor Kur'ân'ı vahyedeceğiz. Şüphesiz geceleyin namaz kılmak çok tesirli, Kur'ân okumak da çok elverişlidir. Çünkü gündüz seni bunlardan alıkoyacak işlerin vardır. Rabbının adını an, her şeyi bırakıp O'na yönel."

Hz. Peygamber (s.a.s)'in gece namazı kıldığını öğrenen sevgili ashabı da O'nun gibi gece namazı kılmaya başlamıştır. Zikrettiğimiz âyetlerin teheccüd namazının önemine işaret etmesi, bu namazın Hz. Peygamber (s.a.s)'den itibaren O'na gönülden bağlı insanlar tarafından günümüze kadar kılınmasına sebep olmuştur. Aynı aşk ve imanla kıyamete kadar da kılınacaktır. Çünkü Hz. Peygamber (s.a.s): *"Gece namazına devam edin..."* buyurmuştur.

Teheccüd namazı iki rekat ile on iki rekat arasında kılınır.

İbn Abbas (r.a)'dan Hz. Peygamber (s.a.s)'in teheccüd namazında şu duâyı okuduğu rivayet edilmiştir:

اَللّٰهُمَّ لَكَ الْحَمْدُ اَنْتَ قَيِّمُ السَّموَاتِ وَالْاَرْضِ وَمَنْ فِيهِنَّ وَلَكَ الْحَمْدُ اَنْتَ مَلِكُ السَّموَاتِ وَالْاَرْضِ وَمَنْ فِيهِنَّ وَلَكَ الْحَمْدُ اَنْتَ نُورُ السَّموَاتِ وَالْاَرْضِ وَمَنْ فِيهِنَّ وَلَكَ الْحَمْدُ اَنْتَ الْحَقُّ وَوَعْدُكَ الْحَقُّ وَلِقَاؤُكَ حَقٌّ وَقَوْلُكَ حَقٌّ وَالْجَنَّةُ حَقٌّ وَالنَّارُ حَقٌّ وَالنَّبِيُّونَ حَقٌّ وَمُحَمَّدٌ حَقٌّ وَالسَّاعَةُ حَقٌّ * اَللّٰهُمَّ لَكَ اَسْلَمْتُ وَبِكَ اٰمَنْتُ وَعَلَيْكَ تَوَكَّلْتُ وَاِلَيْكَ اَنَبْتُ وَبِكَ خَاصَمْتُ وَاِلَيْكَ حَاكَمْتُ فَاغْفِرْ لِي مَا قَدَّمْتُ وَمَا اَخَّرْتُ وَمَا اَسْرَرْتُ وَمَا اَعْلَنْتُ اَنْتَ الْمُقَدِّمُ وَاَنْتَ الْمُؤَخِّرُ وَلَا اِلٰهَ اِلَّا اَنْتَ اَوْ لَا اِلٰهَ غَيْرُكَ وَلَا حَوْلَ وَلَا قُوَّةَ اِلَّا بِاللّٰهِ *

Allâhümme leke-l-hamdü ente kayyimu's-semâvâti ve'l-ardı ve men fîhinne, ve leke'l-hamdü ente melikü's-semâvâti ve'l-ardı ve men fîhinne ve leke'l-hamdü ente nûru's-semâvâti ve'l-ardı ve men fîhinne, ve leke'l-hamdü ente'l-hakku ve va'duke'l-hakku ve likâuke hakkun ve kavluke hakkun ve'l-cennetü hakkun ve'n-nâru hakkun ve'n-nebiyyûne hakkun ve Muhammedün hakkun ve's-sâ'atu hakkun, Allâhümme leke eslemtü ve bike âmentü ve aleyke tevekkeltü ve ileyke enebtü ve bike hâsamtü ve ileyke hakemtü fe'ğfir lî mâ kademtü vemâ ahhartü vemâ asrartü vemâ a'lentü ente'l-mukaddimu ve ente'l-muahhir velâ ilâhe illâ ente evlâ ilâhe ğayruke velâ havle velâ kuvvete illâ billâh.

(Allâhım! Hamd Sana mahsustur. Sen göklerin ve yerin ve bunlarda bulunan her şeyin yegâne yöneticisisin. Hamd Sana'dır. Sen göklerde ve yerde ve bunlarda bulunan her şeyin padişahısın. Hamd Sana mahsustur (Allâhım). Sen göklerdekilerin ve yerdekilerin nurusun. Hamd Sanadır. Sen Hak'sın, va'din haktır, âhirette Seni görmek haktır. Sözün haktır, Cennet haktır, Cehennem haktır, peygamberler haktır ve Muhammed haktır, kıyamet haktır.

Allâhım! Sana teslim oldum, Sana inandım, Sana tevekkül ettim, Sana yöneldim. Senin rızan için düşmanlarla mücadele ettim, aramızda yalnız Seni hakem kıldım. Rabbim! İşlediğim ve işleyeceğim bütün günahlarımı bağışla. Gizli ve âşikâr yaptığım bütün günahlarımı mağfiret eyle. Sensin öne geçiren, Sensin geri bırakan. Senden başka tanrı yoktur Allahım! Senden başka güç ve kuvvet sahibi hiç kimse yoktur Rabbim!) (Buhârî, Teheccüd, I (11/41-42)

Hz. Peygamber (s.a.s)'in bütün gece namazlarında aynı duâyı okuduğu söylenemez. Bilindiği gibi o, namazlarda değişik duâlar okumuştur. Onun için gece namazı kılanların farklı duâlar okumalarında bir sakınca yoktur, hatta daha uygundur, diyebiliriz.

2. Kadir Gecesi Namazı

Kesin olarak bilinmemekle birlikte Ramazan'ın 27. gecesinin Kadir gecesi olduğu kabul edilmiştir.

Kur'ân-ı Kerîm'de bu gecenin faziletini ve mahiyetini anlatan bir sûre bulunmaktadır. Bu, "Kadr sûresi"dir. Yüce Allah bu sûrede Kur'ân-ı Kerim'i Kadir gecesinde indirdiğini, bu gecenin bin aydan daha hayırlı olduğunu, tan yeri ağarıncaya kadar selamet olduğunu, meleklerin ve Ruh'un bu gece yer yüzüne indiğini beyan etmektedir. Bu bakımdan Kadir gecesi mübarek gecelerin en büyüğüdür.

Bu gece Allah'ın rahmetinin çok bol olduğu bir gecedir. Gündüz ihtiyaç sahiplerine imkânlar ölçüsünde yardım etmeli, iftarda fakir-fukarayı yedirip içirmeli, geceyi de Kur'ân okuyarak, ibadet ederek ihya etmelidir. Hz. Peygamber (s.a.s):

"Kadir gecesini inanarak ve şuuruna vararak

ibadetle geçiren kimsenin Allah geçmiş günahlarını bağışlar" (Buhârî, S. Teravih, c. II, s. 253) buyurmuştur.

Ramazan ayını oruç ve diğer ibadetlerle geçiren kimseler için Kadir gecesinin büyük bir değeri olduğu gibi, Ramazan ayında oruç tutamayıp diğer ibadetleri yerine getiremeyenler için de bir değeri vardır. Çünkü bu gece, Allah'ın rahmet ve bereket kapılarının açıldığı bir gecedir. Bu gece tevbe etmek isteyenler için bir fırsattır.

Bu geceye mahsus olmak üzere bir namaz yoktur. Fakat böyle kutsal bir gecede en az iki rekat olmak üzere nafile namaz kılmak iyidir.

Bu gece, ibadet açısından çok değerli bir gece olduğu için 2 ila 1000 rekat arasında bir namaz kılınabileceğinden bahsedilmektedir. Ancak 1000 rekatın kılınamıyacağı bellidir. İkisinin ortası 100 rekat kılmak lazımdır denmiştir. Bu takdirde her rekatta Fatihadan sonra İnnâ enzelnâ sûresi ve üç kere ihlâs sûresi okunmalıdır.

Kur'ân bu gecede nazil olduğu için Kur'ân okumak çok sevaptır.

Hz. Peygamber (s.a.s) efendimiz sevgili eşleri Hz. Âişe (r.a)'ye bu gece için şu duâyı öğretmiştir:

اَللّٰهُمَّ إِنَّكَ عَفُوٌّ تُحِبُّ الْعَفْوَ فَاعْفُ عَنِّى

"Allâhumme inneke afuvvun tuhibbu'l-afve fa'fu annî"

(Ey Allahım! Sen affedicisin, affetmeyi seversin, beni affet) (Tirmizi, Da'vat, h. nu: 3513)

3. Mi'rac Gecesi Namazı ve Duâsı

Recep ayının 27. gecesi Mi'râc gecesidir. İsrâ sûresi'nin ilk âyeti Mi'rac olayını anlatmaktadır. Peygamber (s.a.s) efendimizin bu gece, insan aklının kavrayamıyacağı bir şekilde göklerin melekûtuna yükseldiği gecedir. Beş vakit namaz bu gecede farz kılınmıştır. Mübarek bir gece olması hasebiyle 12 rekat bir namaz kılmak hoş görülmüştür. Gündüzü oruçlu olarak geçirmek ve geceleyin bu namazı kılmak daha sevaptır.

Mi'râc gecesi namazı şöyle kılınır:

Yatsı namazından sonra gecenin herhangi bir vaktinde iki rekatta bir selâm vermek üzere 12 rekat namaz kılınır. Her rekatta Fatiha'dan sonra sûre okunup selam verilir. Bilen kimselerin İsrâ sûresi'nden âyetler okuması güzel olur. Selam verdikten sonra 100 defa:

سُبْحَانَ اللّٰهِ وَالْحَمْدُ لِلّٰهِ وَلاَ اِلٰهَ اِلاَّ اللّٰهُ وَاللّٰهُ اَكْبَرُ

"Sübhânellâhi ve'l-hamdu lillâhi ve lâ ilâhe illellâhu vallâhu ekber"

(Hamd ve tesbîh kendisinden başka tanrı olmayan Allah'a mahsustur, O, her şeyden büyüktür) denir. 100 defa:

اَسْتَغْفِرُ اللّٰهَ الْعَظِيمَ وَاَتُوبُ اِلَيْهِ

"Estağfirullâhe'l-azîm ve etûbu ileyh"

(Büyük Allah'tan mağfiret diler, O'na tevbe ederim) dedikten sonra 100 defa:

اَللّٰهُمَّ صَلِّ عَلٰى سَيِّدِنَا وَنَبِيِّنَا مُحَمَّدٍ

"Allâhümme salli alâ seyyidinâ ve nebiyyinâ Muhammed", diyerek salavât getirilir ve namaz bitirilir, dua edilir.

4. Berâat Gecesi Namazı

Şaban ayının 15. gecesi, Berâat gecesidir. Günahların affedildiği bir gece olarak tarif edilmiştir.

Bu geceye mahsus olmak üzere bir namaz yoktur. Ancak gecenin bir bölümünü ibadetle geçirmek, kaza namazlarını kılmak sevaptır. Bu gece kılınan namaza "**salâtu'l-hayr**" hayır namazı denildiği ve bunun 100 rekat olduğunu ifade edenler olmuştur. Gündüz fakirlere sadaka vermek geceyi de ibadetle geçirmek efdaldir.

5. Reğâib Gecesi Namazı:

Receb'in ilk cuma gecesi Reğâib gecesidir. Bu gece, Peygamber (s.a.s) efendimiz yüce tecellîlere mazhar olmşutur. İki rekatta bir selâm vermek üzere 12 rekat namaz kılmak müstehaptır. diğer namazlardan sonra yapılan duâlar okunur.

6. Kuşluk Namazı

Nâfile olarak kılınan namazlardan biri de Kuşluk namazıdır. Bu namaz, güneş bir mızrak boyu yükseldikten sonra zeval vaktine kadar kılınabilir.

Hadislerden Peygamber (s.a.s) efendimizin bu namazı çok kere kılmadığı,bazan kıldığı anlaşılmaktadır. İki rekat kılınabileceği gibi, sekiz rekat da kılınabilir, yani sekiz rekata kadar kılınabilir. Şükür namazı olarak niyet edilir. Bu namaza mahsus olmak üzere bir duâ yoktur.

7. Küsûf Namazı

Peygamber (s.a.s) efendimizin kılmış olduğu namazlardan biri de "**küsûf**" namazıdır. Güneş veya ay'ın tutulmasına küsûf denir. Buna Husûf da denilmiştir.

Allah Elçisi (s.a.s) güneş veya ay tutulduğu zaman namaz kılmayı tavsiye etmişlerdir.

Bazı islâm âlimleri, bu namazın yalnız sünnetle değil, Kur'an'la da sabit olduğunu ifade etmişlerdir. Onlar bu konuda Fussilet sûresinin 37. âyetini delil olarak ileri sürmüşlerdir. Bu âyetde yüce Allah şöyle buyurmaktadır:

"Gece ile gündüz, güneş ile ay yüce Allah'ın kudretine delâlet eden âyetlerdir. Siz güneşe veya aya secde etmeyiniz, fakat onları yarattığından dolayı Allah'a secde ediniz."

Peygamberimiz (s.a.s)'de: *"Güneş ve ay bir kimsenin ölmesinden veya yaşamasından dolayı tutulmaz; buna rağmen siz güneş veya ayın tutulduğunu görürseniz, namaz kılınız, Allah'a dua ediniz"* (Buhârî, Kusûf, 1 (II/24)

Küsûf namazının hikmetini şöyle açıklayabiliriz:

Güneş ve ay Allah'ın yarattığı kanunlara uygun olarak hareket edip dururken, bir aksaklık olmaktadır. Yüce Allah dilediği an, bu kanunlarında bir değişiklik yapıp her şeyi yok etme kudretine sahiptir. Ve bir anda her şeyi alt-üst edebilir. Güneş veya ay tutulması insana bunu hatırlatır. İşte Allah'ın insanlara lûtfetmiş olduğu bu hayat nizamından dolayı, böyle zamanlarda Allah'a şükran duygularını ifade etmek üzere namaz kılmak, duâ etmek sünnettir. Peygamberimiz bu namazı kılmıştır.

İki veya dört rekat kılınır. Fatihadan sonra bilen kimselerin güneş ve ayla ilgili âyetleri okuması uygun olur. Tek başına kılınabileceği gibi, isteyenler cemaatle de kılabilirler.

8. Tahiyyetü'l-Mescid Namazı

Hz. Peygamber (s.a.s)'in tavsiye ettiği iki rekat bir namazdır. Camiye giren kişi, caminin hakkını vermek üzere iki rekat namaz kılar. Bu namaza mahsus bir dua yoktur. Ancak namaz kılan kimsenin o caminin yapımında emeği geçenlere Fatiha okuyup duâ etmesi bu namazın âdâbındandır.

9. Yolculuk Namazı

Hz. Peygamber (s.a.s)'in nafile olarak kıldığı namazlardan biri de yolculuk namazıdır. O bir sefere çıkacağı zaman veya yoldan dönünce iki rekat namaz kılardı. Bu namazın mânâsı, sağ-salim tekrar yuvasına kavuşturduğu için Yüce Allah'a şükür olsa gerektir.

Yolculuk namazına ait bir duâ yoktur. Yalnız yola çıkacak kimse yola çıkarken okuyacağı duâyı burada da okuyabilir.

10. Hacet Namazı ve Duâsı

Gönlünde bir muradı, bir arzusu olan kimse bu arzusunun gerçekleşmesi için yatsı namazından sonra abdest alır. İki veya dört rekat namaz kılar. Allah'a hamdu senada bulunur, Hz. Peygamber (s.a.s)'e salât ve selâm getirir. Muradının gerçekleşmesi için Allah'a duâ ve niyazda bulunur. Ancak arzusunun meşru bir arzu olması şarttır.

Hacet Namazı Şöyle Kılınır:

Birinci rekatta Fatiha'dan sonra üç defa âyete'l-kürsî, diğer üç rekatında Fatiha'dan sonra birer kez ihlâs, felak ve nâs sûreleri okunur. Namaz bittikten sonra Allah'a hamdu senâ edilip, Hz. Peygamber (s.a.s)'e salâtu selâm getirildikten sonra şu duâ okunur:

لاَاِلَهَ اِلاَّ اللّٰهُ الْحَلِيمُ الْكَرِيمُ . سُبْحَانَ اللّٰهِ رَبِّ الْعَرْشِ
الْعَظِيمْ . اَلْحَمْدُ لِلّٰهِ رَبِّ الْعَالَمِينَ . أَسْأَلُكَ مُوجِبَاتِ رَحْمَتِكَ

وَعَزَائِمَ مَغْفِرَتِكَ وَالْغَنِيمَةَ مِنْ كُلِّ بِرٍّ ، وَالسَّلاَمَةَ مِنْ كُلِّ اِثْمٍ لاَ تَدَعْ لِى ذَنْبًا الاَّ غَفَرْتَهُ ، وَلاَ هَمًّا إِلاَّ فَرَّجْتَهُ وَلاَ حَاجَةً هِىَ لَكَ رِضًا إِلاَّ قَضَيْتَهَا يَا أَرْحَمَ الرَّحِمِينَ .

"Lâ ilâhe illallâhu'l-halîmu'l-kerîm. Sübhânellâhi rabbi'l-arşi'l-azîm. Elhamdu lillâhi Rabbi'l-âlemîn. Es'elüke mûcibâti rahmetike ve azâime mağfiratike ve'l-ğanîmete min külli birrin ve's-selâmete min külli ismin, lâ teda' lî zenben illâ ğafertehû, ve lâ hemmen illâ ferractehû, ve lâ hâceten hiye leke rıdan illâ kadaytehâ yâ erhame'r-râhimîn."

(Hilim ve kerem sahibi olan Allah'tan başka tanrı yoktur. Büyük arşın sahibi Rabbımı tesbîh ederim. Hamd, âlemlerin rabbı Allah'adır. Ey Rabbim! Rahmetini gerektiren, mağfiretini kesinleştiren her sevaptan nasib ve her günahtan selamet istiyorum. Bağışlamadığın günah, kurtarmadığın bir sıkıntı, karşılamadığın, vermediğin bir ihtiyacımı bırakma. Rızana uygun ihtiyaçlarımı gider. Ey merhametlilerin merhametlisi olan Allahım!) (İbn-i Mace, İkametu's-Salât, h. nu: 1384)

11. Tesbih Namazı

Dört rekat olarak kılınan bir namazdır. Her rekatta yetmiş beş defa:

سُبْحَانَ اللّٰهِ وَالْحَمْدُ لِلّٰهِ وَلاَ اِلٰهَ الاَّ اللّٰهُ وَاللّٰهُ اَكْبَرُ

"Sübhânallâhi ve'l-hamdü lillâhi ve lâ ilâhe illallâhu vallâhu ekber" "

(Allah'ı tesbih ederim, hamd O'na mahsustur. Allah'dan başka tanrı yoktur. Allah her şeyden büyüktür) denir.

Kılınışı Şöyledir:

"Niyet ettim Allah rızası için tesbih namazını

kılmaya" diye niyet edilir. "Sübhaneke"yi okuduktan sonra 15 defa *"Sübhânellâhi ve'l-hamdu lillâhi...* okunur. Eûzu besmeleden sonra Fatiha ve sûre okunur. On defa *"Sübhanellâhi..* okunup rüku'a gidilir. Üç defa "sübhane Rabbiye'l-azîm" denilebileceği gibi, üç defa *"sübbûhun kuddûsun Rabbunâ ve Rabbu'l-melâiketi Ve'r-ruh"* da denebilir. Rükûda iken 10 defa *"Sübhânellâhi...* okunur. Semiallâhu limen hamideh, Rabbenâ leke'l-hamd dedikten sonra yine 10 kere *"Sübhânellâhi...* okunur. Secdeye varılıp üç defa, "Sübhane Rabbiye'l-A'lâ" denildikten sonra yine 10 defa *"Sübhanellâhi...* denir. Yine secdede "Sübhane Rabbiye'l-a'la" yerine *"Sübbûhun kuddûsun...* okunabilir. Allahu Ekber denilip oturulunca 10 defa *"Sübhanellâhi...* denilir. İkinci defa secdeye varılır. Aynı şekilde "Sübhane Rabbiye'l-a'lâ" dedikten sonra 10 defa *"Sübhânellâhi...* denir. Böylece bir rekatta 75 defa tesbih getirilmiş olur.

İkinci rekata kalkınca, Fatiha'ya başlamadan önce 15 kez *"Sübhanellâhi...* okunur. Fatiha ve sûreyi okuduktan sonra 10 defa *"Sübhanellâhi...* okunur. Birinci rekatta olduğu gibi ikinci rekat da kılınır.

İkinci rekatta oturulunca selâm verilip üçüncü rekata başlanabileceği gibi, selâm vermeden de üçüncü rekata kalkılabilir ve aynı şekilde dört rekata tamamlanır. Dört rekat bitince 300 defa sübhanellâhi... duası okunmuş olur. Bu namazın yılda bir defa, olmazsa hayatta bir defa olsun kılınması tavsiye edilmiştir.

12. İstihâre Namazı

Yapılacak bir işin sonucu hakkında bir kanaate sahip olamayınca, iki rekat istihâre namazı kılınır. Allah'a duâ edilir ve o iş hakkında rüyada durumu açıklığa kavuşturacak bir işaret göstermesi yüce Allah'tan istenir. Bu namaz şöyle kılınır:

Gecenin herhangi bir vaktinde abdest alınır, iki rekat namaz kılınır. Fatiha'dan sonra "Kul yâ eyyuhe'l-kâfirûn... sûresi okunur. Rüku ve secde yapılıp ikinci rekata kalkılır. İkinci rekatta Fatiha'dan sonra "Kul hüvellahu ahad... sûresi okunur. Diğer namazlar gibi iki rekat namaz tamamlanır. Selâm verince aşağıdaki istihâre duâsı okunur. Abdestli olarak ve yönü kıbleye doğru olmak üzere yatılır. Rüyada beyaz veya yeşil renk görülmesi, o işin hayırlı olacağına, siyah veya kırmızı görülmesi o işin iyi olmayacağına delil kabul edilir. Eğer birinci ve ikinci günlerde netice alınamazsa bir kaç defa yapılabilir. Bu namaz sünnettir.

اَللّٰهُمَّ اِنّى اَسْتَخيرُكَ بِعِلْمِكَ وَاَسْتَقْدِرُكَ بِقُدْرَتِكَ وَ اَسْئَلُكَ مِنْ
فَضْلِكَ الْعَظيمِ * فَاِنَّكَ تَقْدِرُ وَلاَ اَقْدِرُ وَتَعْلَمُ وَلاَ اَعْلَمُ وَاَنْتَ عَلاَّمُ
الْغُيُوبِ * اَللّٰهُمَّ اِنْ كُنْتَ تَعْلَمُ اَنَّ هذَا الْاَمْرَ خَيْرٌ لى فى دينى
وَمَعَاشى وَعَاقِبَةِ اَمْرى عَاجِلِ اَمْرى وَآجِلِهِ فَاقْدِرْهُ لى وَيَسِّرْهُ لى ثُمَّ
بَارِكْ لى فيهِ * وَاِنْ كُنْتَ تَعْلَمُ اَنَّ هذَا الْاَمْرَ شَرٌّ لى فى دينى
وَمَعَاشى وَعَاقِبَةِ اَمْرى عَاجِلِ اَمْرى وَآجِلِهِ فَاصْرِفْهُ عَنّى
وَاصْرِفْنى عَنْهُ وَاقْدِرْ لِىَ الْخَيْرَ حَيْثُ كَانَ ثُمَّ اَرْضِنى بِهِ *

Allâhümme innî estehîruke bi-ilmike ve estakdiruke bi-kudratike ve es'elüke min fadlike'-âzîm. Fe inneke takdiru velâ akdiru ve ta'lemu velâ a'lemu ve ente allâmu'l-ğuyûb.Allahumme in kunte ta'lemu enne hâza'l-emre hayrun lî fî dînî ve meâşî ve âkibeti emrî âcili emri ve âcilihî fa'kdirhu lî ve yessîrhu lî summe bârik lî fih. Ve in künte ta'lemu enne hâza'l-emre şerrun lî fî dinî ve meâşî ve âkibeti emrî âcili emrî ve âcilihî fa'srifhu annî va's-rifnî anhu va'kdir liye'l-hayra haysu kâne summe ardinî bih.

(Allahım! Senin ilmine göre hayrı istiyorum. Kudretinden güç istiyorum ve Senin büyük fazlını istiyorum. Çünkü Sen Kâdir'sin, ben değilim. Sen bilirsin, ben bilmem. Gizlileri Sen bilirsin. Allâhım! Bu işin benim dînim, geçimim, sonum, halim ve geleceğim için hayırlı olduğunu biliyorsan, bu hayırlıdır diyorsan, bu işi bana takdir eyle, onu yapmamı kolaylaştır, onu bana mübarek kıl. Eğer, bu işin dinim, geçimim, sonum, halim ve geleceğim hakkında şer olduğunu biliyorsan, bu iş şerdir, diyorsan, bu işi benden, beni ondan uzak tut. Alahım! Hayır nerede ise bana nasip eyle, bu hayırla beni hoşnut et.)

Hayırlı olduğu bilinen işler için istihare yapılmaz.

Enes b. Mâlik' (r.a)'den rivayet edildiğine göre, Hz. Peygamber (s.a.s) ona:

"— *Ey Enes! Bir iş yapmak istediğin zaman yedi kere Rabbine istihare et, sonra kalbine ilk gelene bak. Çünkü hayır ondadır*", demiştir.

Bu hadis, rüya dışında da istihare yapılabileceğini göstermektedir.

13. Tevbe Namazı

Bir günah işlediğinin farkına varan mü'min ilk fırsatta hemen tevbe edip, istiğfâr getirmelidir.

Bunun için abdest alıp iki rekat namaz kılmalı ve namazdan sonra tevbe ve istiğfar edip Allah'dan af dilemelidir. Tevbe namazında bilen kimselerin "Fatiha'dan" sonra "Amener-Resûlu" veya ona benzer duâ âyetlerini okuması iyidir. Ayrıca gündüz sadaka vermesi efdaldir. Bu namazı kılmak menduptur.

14. Yağmur Namazı

Hz. Peygamber (s.a.s)'in kıldığı namazlardan biri de "İstiska namazı" adı verilen yağmur namazıdır.

Yağmur namazı hakkında ileride bilgi verilecektir. Bu namaz kılınışı itibariyle hutbe okumasını da bilen birisi tarafından kılınacağı için "Din görevlilerinin bilmesi gereken duâlar" kısmında vermeyi faydalı gördük. Bilgi sahibi olmak isteyenler oraya bakabilirler.

İKİNCİ BÖLÜM

GÜNLÜK HAYATTA OKUNABİLECEK BAZI DUÂLAR

Günlük Hayatta Okunabilecek Bazı Duâlar

1. Sabah Kalkınca Okunacak Duâ:

Müslüman, sabahleyin uyandığı zaman yatağından

Bismillâhi'r-rahmâni'r-rahîm بِسْمِ اللّٰهِ الرَّحْمٰنِ الرَّحِيمِ

diyerek kalkar. Daha sonra şu duâyı okuyabilir:

اَلْحَمْدُ لِلّٰهِ الَّذِى اَحْيَانَا بَعْدَ مَآ اَمَاتَنَا وَاِلَيْهِ الْبَعْثُ وَالنُّشُورْ

"Elhamdü lillâhi'l-lezî ahyânâ ba'de mâ emâtenâ ve ileyhi'l-ba'sü ve'n-nüşûr."

(Hamdolsun bizi öldütkten sonra dirilten Allah'a! Öldükten sonra dirilmek O'nadır. O'na aittir, dönüş O'nadır.)

Böyle bir duâyı bilmeyen kimse:*"Sağlık ve âfiyet içinde yeni bir güne başlatan Allah'a hamdolsun! Bizlere bu gün de hayırlar ve güzellikler versin"*, şeklinde dua edebilir.

2. Tuvalete Girerken Okunacak Duâ:

اَللّٰهُمَّ اِنِّى اَعُوذُ بِكَ مِنَ الرِّجْسِ الْخَبِيثِ الْمُخْبِث مِنَ الشَّيْطَانِ الرَّجِيمِ

"Allâhümme innî eûzu bike mine'r-ricsi'l habîsi'l-muhbisi mine'ş-şeytâni'r-racîm."

(Allahım! Pis ve kötü şeylerle taşlanmış Şeytan'dan sana sığınırım.)

3. Tuvaletten Çıkınca Okunacak Duâ:

اَلْحَمْدُ لِلّٰهِ الَّذِي اَذْهَبَ عَنِّى مَا يُؤْذِينِي وَاَمْسَكَ عَلَىَّ مَا يَنْفَعُنِى

سُبْحَانَكَ غُفْرَانَكَ رَبَّنَا وَاِلَيْكَ الْمَصِيرُ *

"Elhamdü lillâhillezî ezhebe annî mâ-yü'zînî ve emseke aleyye mâ yenfeunî sübhâneke ğufrâneke rabbenâ ve ileyke'l-masîr."

(Bana eziyet veren şeyi giderip faydalı olanı bırakan Allah'a hamdolsun. Allahım! Seni tesbih eder mağfiretine sınığırım. Ey Rabbimiz! Dönüşümüz Sanadır.)

4. Banyoya Girerken Okunacak Duâ:

اَللّٰهُمَّ اِنِّي اَسْئَلُكَ مِنَ الْجَنَّةِ وَنَعِيمِهَا وَ اَعُوذُ بِكَ مِنَ النَّارِ وَحَمِيمِهَا

"Allâhümme innî es'elüke min'el-cenneti ve naîmihâ ve eûzu bike mine'n-nâri ve hamîmihâ."

(Allahım! Senden Cennet'i ve nimetlerini istiyorum, Cehennemden ve Cehennem'in sıcağından Sana sığınıyorum.)

5. Banyo'dan Çıkarken:

اَلْحَمْدُ لِلّٰهِ الَّذِى اَذْهَبَ عَنِّى الْاَذٰى وَعَافَانِى

"Elhamdü lillâhillezi ezhebe anni'l-ezâ ve âfânî" denilir.

(Benden ezayı gideren, bana sağlık ve âfiyet veren Allah'a hamdolsun.)

6. Evden Çıkıp İşe Giderken Okunacak Duâ:

Evimizden "Besmele" çekerek çıkmalı, eş ve çocuklarımıza hayırlı ve başarılı günler dilemeliyiz. Hatta helallaşmalıyız.

Yaya olarak veya araba ile giderken yolda okuyabileceğimiz en güzel duâ "Âyete'l-Kürsî"dir. Üç, beş veya yedi defa okunur.

7. Evden Çıkarken Okunacak Diğer Bir Duâ:

بِسْمِ اللّٰهِ تَوَكَّلْتُ عَلَى اللّٰهِ ، وَلاَ حَوْلَ وَلاَ قُوَّةَ اِلاَّ بِاللّٰهِ

"Bismi'llâhi tevekkeltü alallâhi, velâ havle velâ kuvvete illâ billâh"

(Allah'ın adıyle, Allah'a güvendim. Güç ve kuvvet ancak Allah'tandır) (Ebu Davud, Edeb, h. nu: 5094)

Evden çıkarken: *"Allahım! Evimi, yuvamı ve âilemi Sana emânet ediyorum. Onları her türlü felaketlerden Sen koru"* diye türkçe dua da yapılabilir.

8. Dükkân veya Yazıhâne Gibi Yerleri Açarken Okunacak Duâ:

اَللّٰهُمَّ يَا مُفَتِّحَ الْاَبْوَابِ . اِفْتَحْ لَنَا خَيْرَ الْبَابِ . اَللّٰهُمَّ ارْزُقْنَا رِزْقًا حَلاَلاً طَيِّبًا وَرِزْقًا وَاسِعًا بِرَحْمَتِكَ يَا اَرْحَمَ الرَّاحِمِينَ وَاَنْتَ خَيْرُ الرَّازِقِينَ .

"Allâhümme yâ müfettiha'l-ebvâb, iftah lenâ hayra'l-bâb. Allâhümmerzuknâ rızkan halâlen tayyiben ve rizkan vâsian bi rahmetike yâ Erhamer-Râhimîn ve Ente hayrur-Râzikîn"

(Ey kapıları açan Allahım! Bize hayırlı kapılar aç. Allahım! Bize helâl ve temiz rızıklar ihsan eyle, rızkımızı genişlet ey merhametlilerin Merhametlisi! Rızık verenlerin en hayırlısı Sen'sin).

9. İşe Başlarken veya İş esnasında Okunacak Diğer Bir Duâ:

اَللّٰهُمَّ اِنِّى اَسْاَلُكَ صِحَّةً وَعَافِيَةً وَعِلْمًا نَافِعًا وَرِزْقًا حَلاَلاً طَيِّبًا وَعَمَلاً مَقْبُولاً .

"Allâhümme innî es'elüke sıhhaten ve âfiyeten ve ilmen nâfian ve rizkan halâlen tayyiben ve amelen makbûlâ"

(Allahım! Sen'den sağlık ve âfiyet, faydalı ilim, güzel ve helal rızık ve makbul olacak amel ve iş istiyorum.)

10. Eve Girerken Okunacak Duâ:

اَللّٰهُمَّ اِنِّى اَسْاَلُكَ خَيْرَ الْمَوْلَجِ وَخَيْرَ الْمَخْرَجِ . بِسْمِ اللّٰهِ وَ لَجْنَا وَ بِسْمِ اللّٰهِ خَرَجْنَا وَ عَلَى اللّٰهِ رَبِّنَا تَوَكَّلْنَا

"Allâhümme innî es'eluke hayra'l-mevleci ve hayra'l-mahraci bismillâhi velecnâ ve bismillâhi haracnâ ve alallâhi Rabbenâ tevekke'lnâ."

(Allahım! Senden girilen ve çıkılan yerlerin hayrını istiyorum. Allah'ın adıyle girdik, Allahın adıyle çıktık. Rabbimiz Allah'a güvendik) (Ebu Davud, Edeb, h. nu: 5046)

Eve girerken *"Allahım! Evimi ve âilemi sağlık ve âfiyet içinde bulmak nasibeyle"* deyip selâm vererek girmek de mümkündür.

11. Yatağa Girerken okunacak Duâ:

Peygamber (s.a.s) efendimiz'in yatağa girerken şöyle duâ ettiği rivayet edilmektedir:

بِاسْمِكَ اللّٰهُمَّ اَحْيَى وَاَمُوتُ

Bismike'llâhümme ahyâ ve emûtu (Allahım! Senin adını anarak yaşar ve ölürüm) (Müslim, Zikr, 59)

Bu konuda bir başka duâ da şöyledir:

بِاسْمِكَ رَبِّى وَضَعْتُ جَنْبِى وَبِكَ اَرْفَعُهُ اِنْ اَمْسَكْتَ نَفْسِى فَارْحَمْهَا وَاِنْ اَرْسَلْتَهَا فَاحْفَظْهَا بِمَا تَحْفَظُ بِهِ عِبَادَكَ الصَّالِحِينَ .

Bismike Rabbî, veda'tu cenbî ve bike erfauhû in emsekte nefsî ferhamhâ, ve in erseltehâ fahfazhâ bimâ tahfazu bihî ibâdeke's-sâlihîn.

(Ey Rabbim! Senin adınla yattım, yine Senin adınla kalkarım. Allahım! Eğer uykuda iken canımı alacaksan, bana merhamet et, eğer yaşatacaksan iyi kullarını koruduğun gibi, benim hayatımı da koru) (Tirmizi, Da'vat, h. nu: 3401)

Hz. Peygamber (s.a.s)'in yatarken şu duayı okuduğu da nakledilmektedir:

اَللّٰهُمَّ أَسْلَمْتُ وَجْهِى اِلَيْكَ وَ فَوَّضْتُ اَمْرِى اِلَيْكَ وَاَلْجَاْتُ ظَهْرِى اِلَيْكَ رَهْبَةً وَرَغْبَةً اِلَيْكَ لاَ مَلْجَأَ وَلاَ مَنْجَى مِنْكَ اِلاَّ اِلَيْكَ اٰمَنْتُ بِكِتَابِكَ الَّذِى اَنْزَلْتَ وَ بِنَبِيِّكَ الَّذِى اَرْسَلْتَ .

Allâhümme eslemtü vechî ileyke ve fevvadtü emrî ileyke ve elce'tü zahrî ileyke rahbeten ve rağbeten ileyke. Lâ melcee velâ mencâ minke illâ ileyke. Âmentü bi kitâbike'llezi enzelte ve nebiyyike'llezi erselte.

(Allahım! Kendimi Sana teslim ettim. İşimi Sana bıraktım, sırtımı Sana dayadım. Senden ümit ederek ve Senden korkarak yine Sana geldim. Allahım! Senden başka sığınılacak bir yer yoktur. Allahım! İndirdiğin Kitaba, gönderdiğin Peygamber'e inandım)(Ebu Davud, Edeb. h. nu: 5046)

Hz. Peygamber (s.a.s) efendimizin yatağa girdiği zaman okuduğu dualardan biri de şöyledir:

اَللّٰهُمَّ رَبَّ السَّموَاتِ وَرَبَّ الْاَرْضِ وَرَبَّ الْعَرْشِ الْعَظِيمِ رَبَّنَا وَرَبَّ كُلِّ شَىْءٍ . فَالِقُ الْحَبِّ وَالنَّوى وَمُنْزِلَ التَّوْرَاةِ وَالْإِنْجِيلِ

وَالْفُرْقَانِ . اَعُوذُ بِكَ مِنْ شَرِّ كُلِّ شَىْءٍ اَنْتَ اٰخِذٌ بِنَاصِيَتِهِ . اَللّٰهُمَّ اَنْتَ الْاَوَّلُ فَلَيْسَ قَبْلَكَ شَىْءٌ وَاَنْتَ الْآخِرُ فَلَيْسَ بَعْدَكَ شَىْءٌ . وَاَنْتَ الظَّاهِرُ فَلَيْسَ فَوْقَكَ شَىْءٌ . وَاَنْتَ الْبَاطِنُ فَلَيْسَ دُونَكَ شَىْءٌ . اقْضِ عَنَّا الدَّيْنَ وَاَغْنِنَا مِنَ الْفَقْرِ .

Allâhümme rabbe's-semâvâti ve rabbe'l-ardı ve rabbe'l-arşi'l-azîm, rabbenâ ve rabbe külli şey'in, fâliku'l-habbi ve'n-nevâ, ve münzile't-tevrâti ve'l-incîli ve'l-fürkan. Eûzu bike min şerri külli şey'in ente âhızu binâsiyetih.

Allahümme ente'l-evvelu fe leyse kableke şey'ün, ve ente'l-âhiru feleyse ba'deke şey'ün, ve ente'z-zâhiru feleyse fevkake şey'un, ve ente'l-bâtınu feleyse dûneke şey'un. Ikdı anne'd-deyne ve ağninâ mine'l-fakri.

(Allahım! Ey göklerin ve yerin ve büyük Arş'ın Sahibi, ey bizim Rabbimiz ve her şeyin Rabbi! Ey taneleri ve çekirdekleri patlatıp yaratan ve ey Tevrat'ı, İncil'i ve ey Kur'ân'ı indiren yüce Allah! Alnından tuttuğun her türlü kötülüğün şerrinden Sana sığınıyorum. İlk Sensin, Senden önce de hiçbir şey yoktu. Son Sensin, Senden sonra da yine hiçbir şey olmayacaktır. Sen zâhir ve apaçıksın, Senin üstünde bir şey yoktur. Sen bâtın ve gizlisin, Senin ötende de bir şey yoktur. Ey Rabbim! Bizim borçlarımızı ödememize yardım et ve bizi fakirlikten kurtar Allahım)(Müslim, Zikr ve'-Duâ, 61).

12. Uykuda Korkan Kimsenin Okuyacağı Duâ:

اَعُوذُ بِكَلِمَاتِ اللّٰهِ التَّامَّاتِ مِنْ غَضَبِهِ وَشَرِّ عِبَادِهِ وَمِنْ هَمَزَاتِ الشَّيَاطِينِ وَاَنْ يَحْضُرُونْ *

Eûzü bi-kelimâtillâhi't-tâmmâti min-ğadabihî ve şerri ibâdihî ve min hemezâti'ş-şeyâtîni ve en yahdurûn

(Allah'ın gazabından, kullarının şerrinden, şeytanların

her türlü şerrinden ve uğramalarından Allah'ın bütün kelimelerine sığınıyorum) (Ebu Davud, Tıb, h. nu: 3893).

13. Gece Uyanan Kimsenin Okuyabileceği Duâ:

لاَ اِلٰهَ اِلاَّ اللّٰهُ وَحْدَهُ لاَ شَرِيكَ لَهُ . لَهُ الْمُلْكُ وَلَهُ الْحَمْدُ وَهُوَ عَلٰى كُلِّ شَىْءٍ قَدِيرٌ . وَالْحَمْدُ لِلّٰهِ . وَسُبْحَانَ اللّٰهِ وَلاَ اِلٰهَ اِلاَّ اللّٰهُ وَاللّٰهُ اَكْبَرُ وَلاَ حَوْلَ وَلاَ قُوَّةَ اِلاَّ بِاللّٰهِ .

Lâilâhe illallâhü vahdehû lâ şerîke leh. Lehü'l-mülkü velehü'l-hamdü ve hüve alâ külli şey'in Kadîr. Ve'l-hamdü lillâh, ve sübhânellâhi velâ ilâhe illellâhu vallâhu ekber, velâ havle velâ kuvvete illâ billâh.

(Allah'dan başka tanrı yoktur, O'nun eşi ve benzeri de yoktur. Mülk O'nundur, hamd O'nadır, O, her şeye Kâdirdir. Hamd O'nadır, O'nu tesbih ederim. O'ndan başka tanrı yoktur ve O, herşeyden büyüktür. Güç ve kuvvet sahibi ancak O'dur).

Hz. Peygamber (s.a.s) efendimiz geceleyin uyandığı zaman şöyle dua ederdi:

لاَ اِلٰهَ اِلاَّ اَنْتَ سُبْحَانَكَ اللّٰهُمَّ اَسْتَغْفِرُكَ لِذَنْبِي وَاَسْاَلُكَ رَحْمَتَكَ . اَللّٰهُمَّ زِدْنِي عِلْمًا وَلاَ تُزِغْ قَلْبِي بَعْدَ اِذْ هَدَيْتَنِي وَهَبْ لِي مِنْ لَدُنْكَ رَحْمَةً اِنَّكَ اَنْتَ الْوَهَّابُ .

Lâ ilâhe illâ ente sübhaneke'llâhümme estağfiruke lizenbî ve es'elüke rahmetek. Allahümme zidnî ilmen ve lâ tuziğ kalbî ba'de iz hedeytenî ve heblî min ledünke rahmeh, inneke ente'l-vehhâb

(Allahım! Sen'den başka İlâh yoktur. Seni tesbih ederim. Allahım! Günahlarımdan dolayı Senden mağfiret diler, Senin rahmetini isterim. Allahım! İlmimi artır, hidayete erdirdikten sonra artık kalbimi saptırma. Tarafından bana merhamet ihsan eyle, çünkü Sen çok verensin)(Ebu Davud, edeb, H. nu: 5061).

Hz. Peygamber (s.a.s) efendimizin yatağa girdiği zaman okuduğu daha başka bazı duâlar vardır. Onlardan biri de şöyledir:

O, yatağa girdiği zaman ellerini birleştirir, içlerine üfleyerek, "İhlâs", "Felak" ve "Nâs" sûrelerini okur elleriyle yapabildiği kadar vücudunu üç defa sıvazlardı(Buhârî, F. Kur'ân, 14. (6/106).

Biz burada Türkçe olarak yapılacak ve çocuklarımıza öğretilebilecek bir duâ veriyoruz:

"Allahım! Senin adınla yatıyorum, Senin adınla kalkmak nasibeyle. Bana, anneme-babama, kardeşlerime ve âile fertlerime sağlık ve âfiyet ver. Bizlere derslerimizde, işlerimizde başarılar ver. Yardımını esirgeme. Dünyanın başka ülkelerinde yaşayan ve sana inanan hürriyetlerini kaybetmiş kardeşlerimize yardım elini uzat Allahım".

14. Güzel Rüya Görmek İçin Okunacak Duâ:

Yatarken bu duâ'yı okuyan kimsenin güzel rüya görmesi ümit edilir. Tabiî yatmadan önce yatsı namazını kılacak ve yukarıda zikrettiğimiz duâlardan bazılarını okuyacaktır.

نُؤْمِنُ بِاللّٰهِ نَثِقُ بِاللّٰهِ نَرُدُّ اُمُورَنَا اِلَى اللّٰهِ وَحَسْبُنَا اللّٰهُ وَنِعْمَ الْوَكِيلُ

* وَلاَ حَوْلَ وَلاَ قُوَّةَ اِلاَّ بِاللّٰهِ الْعَلِيِّ الْعَظِيمْ *

Nü'minü billâh, nesiku billâh, neruddu umûranâ ilâllah ve hasbünâllahu ve ni'mel-vekil velâ havle velâ kuvvete illâ billâhi'l-aliyyi'l-azîm.

(Allah'a inanıyor, Allah'a güveniyoruz. İşlerimizi O'na tevdi ediyoruz. Allah ne güzel vekildir. Ve O'ndan başka güç ve kuvvet sahibi kimse yoktur.)

Rivayete göre, Hz. Âişe şöyle duâ ederdi:

اَللّٰهُمَّ اِنِّى اَسْأَلُكَ رُؤْيَا صَالِحَةً صَادِقَةً غَيْرَ كَاذِبَةٍ نَافِعَةً غَيْرَ ضَارَّةٍ

Allâhümme innî es'eluke ru'yâ sâlihaten sâdikaten ğayre kâzibetin nâfiaten ğayra dârratin.

(Allahım! Sen'den salih, doğru yalansız, faydalı ve zararsız bir rüya istiyorum).

15. Erken Kalkmak İçin Okunacak Duâ:

Erken kalkmak veya istediği saatte uyanmak isteyen kimse üç defa Ayete'l-kürsî'yi okuduktan sonra, üç defa Kevser sûresini okur. Arkasından:

بِسْمِ اللّٰهِ الرَّحْمٰنِ الرَّحِيمِ . لاَ تَأْخُذُهُ سِنَةٌ وَلاَ نَوْمٌ . اَللّٰهُمَّ سَهِّرْ عَيْنِى وَنَوِّرْ قَلْبِى وَادْفَعْ عَنِّى كَثْرَةَ النَّوْمِ وَ غِلْظَةَ الْقَلْبِ .

Bismi'llâhirrahmânirrahim. Lâ te'huzuhû sinetün velâ nevm, Allahümme sehhir aynî ve nevvir kalbî vedfa' annî kesrete'n-nevmi ve ğılzatel-kalbi.

(Rahmân ve Rahîm olan Allah'ın adıyle. O'nu ne uyku ne uyuklama tutmaz. Allahım! Gözlerimi uyandır, kalbimi aydınlat, bana çok uyku verme, gafletten kurtar Allahım).

16. Yemek Duâsı:

Yemeğe mutlaka "Bismillâhirrahmânirrahîm" diyerek başlamalı, bitirince de verdiği nimetlerden dolayı Allah'a şükretmelidir, hamdetmelidir. Yemek duâları bu şükür ve hamdi ifade eden duâlar olmaladır.

اَلْحَمْدُ لِلّٰهِ الَّذِى اَطْعَمَنَا وَسَقَانَا وَجَعَلَنَا مُسْلِمِينَ . اَللّٰهُمَّ بَارِكْ لَنَا فِيهِ وَاَطْعِمْنَا خَيْراً مِنْهُ . اَللّٰهُمَّ اَعْطِنَا رِزْقًا حَلاَلاً وَاَنْتَ خَيْرُ الرَّازِقِينَ . اَللّٰهُمَّ نَوِّرْ قُلُوبَنَا وَارْحَمْنَا وَارْضَ عَنَّا. وَاَعْطِنَا تَمَامَ نِعْمَتِكَ وَدَوَامَ نِعْمَتِكَ وَتَمَامَ تَوْفِيقِكَ . بِحُرْمَةِ نَبِيِّكَ . وَالْحَمْدُ لِلّٰهِ رَبِّ الْعَالَمِينَ . رِضَاءً لِلّٰهِ الْفَاتِحَةَ .

El-hamdü lillâhi'llezi et'amenâ ve sekânâ ve cealenâ müslimin. Allâhümme bârik lenâ fîhi ve at'imnâ hayran minhu. Allâhümme a'tınâ rizkan halâlen ve ente hayru'r-râzikîn. Allâhümme nevvir kulûbena ve'r-hamnâ, ver'da annâ ve a'tınâ temâme ni'metike ve devâme ni'metike ve temâme tevfîkıke, bi hurmeti nebiyyike, ve'l-hamdü lillâhi rabbi'l-âlemin. Rıdâen lillâhil Fâtiha.

(Allah'a hamdolsun.Hamdolsun O Allah'a ki, bizi yedirdi içirdi ve müslüman olmayı bize nasibeyledi. Ey Allahım! Yemeklerimize bereket ver, bundan daha hayırlı yemekler yemeyi lûtfet. Bize helal rızık ver, çünkü Sen rızık verenlerin en hayırlısısın. Allahım! Kalblerimizi aydınlat, bize merhamet et ve bizden razı ol. Bize nimetinin tamamını ve devamını, tevfîkinin tamamını ve devamını ihsan eyle ya Rabbî. Peygamber'in hürmetine. Hamdolsun âlemlerin Rabbı Allah'a, O'nun rızası için el-Fâtiha.

Bir başka yemek duâsı:

اَلْحَمْدُ للهِ الَّذى خَلَقَ الْانْسَانَ وَاَطْعَمَهُ وَسَقَاهُ وَجَهَّزَهُ بِالْايمَانِ
. وَنَحْمَدُهُ لِمَنْ مَيَّزَ الْحَلاَلَ مِنَ السَّيِّئَاتِ وَالْحَرَامِ . وَقَسَّمَ الرِّزْقَ
عَلٰى خَلْقِهِ بِأَحْسَنِ الْاُسْلُوبِ وَاَرْقَى النِّظَامِ . وَنُصَلِّى وَ نُسَلِّمُ عَلٰى
مَنْ اُرْسِلَ رَحْمَةً لِلْعَالَمِينَ .

El-hamdü lillâhi'llezî halka' l-insân, ve et'amehû ve sekâhu ve cehhezehû bi'l-îmân. Ve nahmedu limen meyyeze'l-halâle mine's-seyyiâti ve'l-harâm. Ve kasseme'r-rizka alâ halkıhî bi ahseni'l-uslûbi ve erka'n-nizâm. Ve nusallî ve nüsellimü alâ men ursile rahmeten li'l-âlemîn.

(İnsanı yaratıp, yedirip içiren ve gönlüne iman nimetini yerleştiren Allah'a hamdolsun. Hamdolsun helal ile haramı birbirinden ayıran Allah'a. O'dur yarattıklarına rızıkları en güzel şekilde taksim edip, insanlara en güzel nizamı veren. Âlemlere rahmet olarak gönderilen Muhammed'e selât ve selâm olsun). Şu sözler de ilave edilebilir:

(Allahım! İhsan ettiğin nimetleri yedik, Sana şükürler olsun. En büyük varlığımız Senin Kitabın Kur'ân'dır. Varlığımız onun yoluna feda, canımız O'nun uğruna hebâ olsun. Sana hamd, bütün peygamberlere ve bizim Peygamberimize salât ve selâm olsun.Hepimize âfiyet olsun. Allah rızası için el-Fâtiha.)[1]

Bir başka yemek duâsı:

اَلْحَمْدُ لِلّٰهِ الَّذِى اَطْعَمَنَا وَسَقَانَا وَجَعَلَنَا مِنَ الْمُسْلِمِينَ وَالْحَمْدُ لِلّٰهِ وَبَرَكَاتُهُ عَلٰى صَاحِبِ الطَّعَامِ وَالْآكِلِينَ اَللّٰهُمَّ اجْعَلْ نِعْمَتَنَا دَائِمًا وَدِينَنَا قَائِمًا وَ اَوْلَادَنَا عَالِمًا صَالِحًا وَلَا تُسَلِّطْ عَلَيْنَا ظَالِمًا اَللّٰهُمَّ زِدْ نِعْمَةً كَثِيرَةً بِحُرْمَةِ سِرِّ سُورَةِ الْفَاتِحَةِ *

Elhamdü lillâhillezî et'amenâ ve sekânâ ve cealanâ minel müslimîn. Velhaındü lillâhi ve berekâtühû alâ sâhıbit taâmi vel âkilîn. Allâhümme'cal ni'metenâ dâimen ve dinenâ kâimen ve evlâdenâ âlimen sâlihan velâ tüsellıt aleynâ zâlimâ. Allâhümme zid ni'meten kesîreten bihurmeti sirri sûretil-fâtiha.

(Bizi doyuran, sulayan ve bizi müslümanlardan kılan Allaha hamd olsun.

Allaha hamd, bu yemeğin sahibine ve yiyenler üzerine Allah'ın bereketleri olsun.

Allahım! Bizim nimetlerimizi devamlı, dinimizi kâim, evlatlarımızı da âlim ve sâlih eyle. Bizim üzerimize (herhangi bir) zâlimi musallat etme. Fâtiha Sûresinin sırrı hürmetine bize verdiğin nimeti (daha da) artır Allahım.

(1) Bu dua rahmetli Mehmed Müftüoğlu'na aittir. Bu vesileyle rahmetle anıyoruz.

Çocuklarımıza Öğretebileceğimiz Bir Duâ:

Elhamdü lillâh, Elhamdü lillâh
Allahım!
Haram katma aşımıza
Bırakma tek başımıza
Yardım eyle işimize
Kimseler muhtaç olmasın
Dünyamızda aç kalmasın
Yetimin benzi solmasın
Hastalara şifâ eyle
Dertlilere devâ eyle
Duâmızı kabul eyle
Allâhım!
Fâtiha

Bu duaların hiçbirini bilmeyen kimse "ben duâ bilmiyorum" diyerek sofradan dua etmeden kalkmamalıdır. Böyle kimseler:

"*Allahım! Verdiğin nimetlere, sağlık ve âfiyete binlerce defa hamdederiz, şükrederiz. Bizi Hz. Peygamber (s.a.s)'in yolundan ayırma. Daima helal rızıklar ihsan eyle*" mealinde duâ ederek sofradan kalkmalıdır.

17. Hilâl'i Görünce Okunacak Duâ:

Talha b. Ubeydullah (r.a.)'dan rivayet edildiğine göre, Hz. Peygamber (s.a.s) Hilâl'i gördüğü zaman şöyle duâ etmiştir:

اَللّٰهُمَّ اَهِلَّهُ عَلَيْنَا بِالْيُمْنِ وَالْاِيمَانِ وَالسَّلَامَةِ وَالْاِسْلَامِ .

رَبِّى وَرَبُّكَ اللّٰهُ

Allâhümme ehillehû aleynâ bi'l-yümni ve'l-îmâni ve's-selâmeti ve'l-islâm, rabbî ve rabbüke'llâh.

(Allahım! Bu ay'ı bize uğurlu ve bereketli bir ay yap. İman, selâmet ve İslâmla dopdolu süslü gecelerde doğsun! Ey Hilâl! Senin de benim de Rabbımız Allah'dır) (Tirmizi, Da'vat, h. nu: 3677).

18. Oruç ve İftar Duâsı:

Oruç tutan kimse, orucunu yalnız Allah'ın rızasını kazanabilmek için tutar. Bu bakımdan oruc'un diğer ibadetlerden üstün bir tarafı vardır. Bundan dolayı olsa gerektir ki, yüce Allah "Oruç benim içindir, onun mükâfâtını bizzat ben kendim vereceğim" buyurmuştur.

Akşam orucu açarken bildiği duaları okumalıdır. Peygamber (s.a.s)'in şöyle dua ettiği rivayet edilmektedir:

اَللّٰهُمَّ لَكَ صُمْتُ وَعَلٰى رِزْقِكَ اَفْطَرْتُ

Allâhümme leke sumtü ve alâ rızkıke eftartü.

(Allahım! Senin rızan için oruç tuttum, Senin verdiğin rızıkla orucumu açtım). (Ebu Davud, h. nu: 2358 (2/765)

Bilenlerin aşağıdaki şu duâyı okumaları iyidir.

اَللّٰهُمَّ لَكَ صُمْتُ وَبِكَ آمَنْتُ وَعَلَيْكَ تَوَكَّلْتُ وَ عَلٰى رِزْقِكَ أَفْطَرْتُ
وَلِصَوْمِ غَدٍ نَوَيْتُ فَاغْفِرْلِي مَا قَدَّمْتُ وَمَا أَخَّرْتُ

Allahümme leke sumtü ve bike âmentü ve aleyke tevekkeltü, ve alâ rızkıke eftartü, ve lisavmi gadin neveytü, fağfirli mâ kaddemtü vemâ ahhartü."

(Allahım! Senin rızan için oruç tuttum. Sana inandım, sana güvendim, Senin verdiğin rızıkla iftar ettim. Yarınki oruca niyet ettim. Benim geçmiş ve gelecek günahlarımı affet Allahı'ım).

Oruçlunun Orucunu Açarken Yapacağı Diğer Bir Duâ:

اَللّٰهُمَّ اِنِّي اَسْاَلُكَ بِرَحْمَتِكَ الَّتِي وَ سِعَتْ كُلَّ شَيْءٍ اَنْ تَغْفِرَ لِي .

Allahümme innî es'elüke birahmetike'lletî vesiat külle şey'in en tağfira lî

(Allahım! Her şeyi kaplayan kuşatan rahmetini istiyor, Senden günahlarımı bağışlamanı diliyorum) (İbn-i Mace, Siyam, h. nu: 1753).

19. Kabir Ziyaretinde Okunacak Duâ:

Kabir ziyaretleri günlük hayatımızın olmasa bile, yıllık veya aylık hayatımızın ayrılmaz bir parçasını teşkil eder. Ölümün ne zaman ve nasıl geleceği daima meçhulümüzdür. Her zaman yakın bir dostumuzu, bir akrabamızı kaybedebiliriz. Ve ölüm hepimiz için her zaman hazır beklemektedir. Sabah işe giderken hiçbir zaman akşama eve sağlam geleceğimizin bir garantisi yoktur. Eğer dikkat edecek olursak dostlarımızın bir çoğu toprağın üstünde değil, altındadır ve onlar bizden Fatiha beklemektedir.

Kabirler ziyaret edildiğinde "Yâsin", "Tebâreke" gibi sûreler okunmalı, "İhlâs", "Felak" ve "Nâs" ve "Fâtiha" sûreleri, "Bakara" sûresinin ilk âyetleri okunmalıdır. Makbul olan bunları başkasına okutmak değil, fakat duâ etmek isteyen kişinin bizzat kendisinin okumasıdır. Dolayısiyle her insanın belli bir dînî eğitim alması gerektiği ortaya çıkmaktadır.

Peygamber (s.a.s) mezarları ziyaret ettiğinde:

اَلسَّلاَمُ عَلَيْكُمْ يَا اَهْلَ الْقُبُورِ . يَغْفِرُ اللّٰهُ لَنَا وَلَكُمْ . اَنْتُمْ سَلَفُنَا
وَنَحْنُ بِالْاَثَرِ

Es-selâmü aleyküm yâ ehle'l-kubûr. Yağfiru'llâhü lenâ ve leküm, entüm selefünâ ve nahnü bi'l-eseri.

(Selâm size ey kabir halkı! Allah bize ve size mağfiret etsin. Siz önce gidenlersiniz, biz de sizin arkanızdan geleceğiz).(Tirmizi, Cenaiz, h. nu: 1053)

Kabir ziyaretinde okunacak başka bir duâ

Kabirleri ziyaret edip, onlar için duâ ve istiğfârda bulunmak sünnettir. Kabirleri ziyaret etmekten maksat, ibret almaktır. Memleketimizin bazı bölgelerinde gelin, damat evine götürülürken kabristanın çevresinden dolaştırılmaktadır. Bu, yeni gelinin ölümü hatırlaması ve yeni tanıştığı insanlarla iyi bir muâmele içerisine girmesini temin etmek içindir. Çünkü, ne olursan ol, sonunda ölüm var!

Hz. Âişe(r.a)'nin bir rivayetini özetleyerek alalım:

Hz. Peygamber (s.a.) bir gece gelir ve o'nun yanına uzanır. Biraz sonra sessizce kalkar ve gider. Hz. Âişe (r.a) O'nun nereye gittiğini çok merak eder ve arkasından takip eder. Hz. Peygamber (s.a.s) nihayet Medine'nin kabristanı olan Baki mezarlığına varır, bir süre duâ eder. Hz.Âişe (r.a) O'ndan önce hızlıca eve gelir ve soluk soluğa kalır. Biraz sonra gelen Hz. Peygamber (s.a.) Âişe'nin nefes nefese ve heyecanlı olduğunu görünce; durumu merak edip sorar. Hz. Âişe(r.a)'nin kendisini takip ettiğini öğrenince öfkelenir ve kendisine Cebrâil (a.s.)'in gelip yüce Allah'ın emrini getirdiğini ve mezarlığa gidip duâ etmesini emrettiğini bildirdiğini söyler. Bunun üzerine Hz. Âişe:

– Ey Allah'ın Elçisi! Onlar için ben nasıl duâ edeyim? diye sorduğunda şu duâyı öğretir:

اَلسَّلَامُ عَلٰى اَهْلِ الدِّيَارِ مِنَ الْمُؤْمِنِينَ وَالْمُسْلِمِينَ وَيَرْحَمُ اللّٰهُ
الْمُسْتَقْدِمِينَ مِنَّا وَالْمُسْتَاْخِرِينَ وَاَنَّا اِنْ شَآءَ اللّٰهُ بِكُمْ لَاَحِقُونَ .

Es-selâmü alâ ehli'd-diyâri mine'l-mü'minîne ve'l-müslimîn. Ve yerhamu'llâhu'l-müstakdimîne minnâ ve'l-müste'hirîn. Ve innâ inşâallâhu bikûm lâhikûn.

(Selâm mü'minler ve müslümanlar diyarının halkına!

Allah bizden önce ölenlerle, daha sonra öleceklere rahmet eylesin! İnşaallah biz de sizlere katılacağız).(Müslim, Cenaiz, 103)

Kabir Ziyaretinde Okunacak Diğer Bir Duâ:

اَلسَّلَامُ عَلَيْكُمْ اَهْلَ الدِّيَارِ مِنَ الْمُؤْمِنِينَ . وَاِنَّا اِنْ شَآءَ اللّٰهُ بِكُمْ لَاحِقُونَ اَسْاَلُ اللّٰهَ لَنَا وَلَكُمُ الْعَافِيَةَ .

Es-selâmü aleykum ehle'd-diyâri mine'l-mü'minîn. Ve innâ inşâallahu biküm lâhikûn. Es'elu'llâhe lenâ ve lekum el-âfiyeh.

(Ey mü'minler diyarının halkı! Selâm size. Bizler de Allah dilediği an sizlere katılacağız. Allah'tan kendimiz ve sizin için âfiyet istiyorum.) (İbn-i Mace, Cenaiz, h. nu: 1547)

Kabirde yatan ölülerimize okumak için mutlaka mezara kadar gitmemize gerek yoktur. Nerede olursa olsun okuyacağımız Kur'ân ve duâlar onlara ulaşır. Mezar ziyareti onlardan ziyade bizim için faydalıdır. Çünkü bizlere ölümü hatırlatır.

20. Fakirlikten Kurtulmak için Okunacak Duâ:

Fakirlik İslâm dîninin hiç hoş görmediği, âdetâ savaş açtığı bir durumdur. Hal böyle olunca, müslüman kimse rızık ve maîşetini helâl yollardan kazanmak için gece-gündüz gayret sarfetmelidir. Tabiî duâ edip Allah'a yalvarmayı, bu kötü durumdan kendisini kurtarmasını niyaz etmeyi hiçbir zaman unutmamalıdır. Bu durumda olan bir kimse yatsı namazını kıldıktan sonra aşağıdaki duâyı da samimi bir kalple okumalı, gönlünce duâ etmelidir.

بِسْمِ اللّٰهِ عَلٰى نَفْسِى وَمَالِى وَ دِينِى. اَللّٰهُمَّ رَضِّنِى بِقَضَائِكَ وَبَارِكْ لِى فِيمَا قُدِّرَلِى حَتّٰى لَا اُحِبَّ تَعْجِيلَ مَا اَخَّرْتَ وَلَا تَاْخِيرَ مَا عَجَّلْتَ .

"Bismillâhi alâ nefsî ve mâlî ve dînî, Allâhümme raddınî bi kadâike ve bârik lî fîmâ kuddira lî hattâ lâ uhibbe ta'cîle mâ ahharte ve lâ te'hîra mâ accelte"

(Kendim, malım ve dinim`hususunda Allah'ın adını söylerim. Allahım! kazâ ve hükmüne beni razı et, bana takdîr edilen şeyleri bereketlendir. Öyle ki, sonraya bıraktığını şimdi, şimdi verdiğini de sonra isteyip durmayayım) (el-Ezkâr, s. 116)

Diğer Bir Duâ:

Haşr sûresinin son âyetleri olan "Lev enzelnâ"yı okuduktan sonra:

يَا حَنَّانُ . يَا مَنَّانُ . يَا فَتَّاحُ . يَا غَنِيُّ . يَا رَزَّاقُ . اَللّٰهُمَّ اِنّٖي اَسْاَلُكَ اَنْ تَرْزُقَنِي كُلَّمَا اُرِيدُ خَزَائِنَ قُدْرَتِكَ وَيَسِّرْلِي مَطْلُوبِي وَحَصِّلْ مُرَادِي يَا مُجِيبَ الدَّعَوَاتِ . يَا حَنَّانُ . يَا مَنَّانُ. يَا حَيُّ . يَا قَيُّومُ . يَا بَدِيعَ السَّمٰوَاتِ وَالْاَرْضِ يَا ذَا الْجَلَالِ وَالْاِكْرَامِ . اَللّٰهُمَّ اَعْطِنَا رِزْقًا وَاسِعًا وَاَنْتَ تَرْزُقُ مَنْ تَشَآءُ بِغَيْرِ حِسَابٍ .

"Yâ Hannân, Yâ Mennân, Yâ Fettâh, Yâ Ğaniyy, Yâ Razzâk. Allahümme innî es'elüke en terzukanî küllemâ urîdü hazâine kudratike ve yessirlî matlûbî, ve hassil murâdî, yâ Mucîbed-da'vât. Yâ Hannân, Yâ Mennân, Ya hayyu Yâ kayyûm, Yâ Bedîa's-semâvâti ve'l-ardı Yâ Ze'l-Celâli ve'l-İkram. Allahümme a'tınâ rizkan vâsian ve Ente terzuku men teşâu bi ğayri hısâb."

(Ey Hannân, Mennân, Fettâh, Ğaniyy, Razzâk olan Rabbim! Ey Allahım! Senin kudret hazinenden bana bolca rızık vermeni, işlerimi kolaylaştırmanı, arzularımı yerine getirmeni istiyorum. Ey duâları kabul eden yüce Rabbim! Ey Hannân, Ey Mennân, Ey Hayyu Kayyûm olan Allahım! Ey yerleri ve gökleri vareden Celâl ve İkrâm sahibi yüce Allah! Bize bol rızık ihsan eyle. Çünkü Sen dilediğine hesaba sığmayan rızıklar verirsin.)

21. Sıkıntıya Düşen Kimsenin Okuyacağı Duâ

Günümüzde hayat şartlarının neticesi olarak insanlar zaman zaman bir takım, maddî ve manevî sıkıntılara, rûhî bunalımlara düşmektedir. Böyle sıkıntılı bir duruma düşen kimse, abdest alıp iki rekat namaz kılmalıdır. Namazda birinci rekatta "Elem neşrah leke..." sûresini, ikinci rekatta ise, "Ve'l asri" veya "kevser" sûresini okumalıdır.

Namazdan sonra okuyabildiği kadar "Elem neşrah leke..." okunmalı, Kur'ân-ı Kerim'den duâ âyetleri okunmalıdır. Burada "Amene'r-Rasûlü" nün de okunması iyi olur.

Bunlar bitince

رَبِّ اشْرَحْ لِى صَدْرِى وَيَسِّرْ لِى اَمْرِى وَاحْلُلْ عُقْدَةً مِنْ لِسَانِى يَفْقَهُوا قَوْلِى. رَبَّنَا آتِنَا فِى الدُّنْيَا حَسَنَةً وَفِى الْآخِرَةِ حَسَنَةً وَقِنَا عَذَابَ النَّارِ .

"Rabbi'ş-rah lî sadrî, ve yessir lî emrî, vah'lul ukdeten min lisânî, yefkahû kavlî. Rabbenâ âtinâ fi'd-dünyâ haseneten ve fi'l-âhirati haseneten vakìnâ azâbe'n-nâr", ayeti okunabildiği kadar tekraren okunur. İçinde bulunduğu sıkıntıdan kurtarması için gönlünden geldiği gibi duâ eder.

Elem neşrah leke ve Ve'l-Asrı Sûreleri:

اَلَمْ نَشْرَحْ لَكَ صَدْرَكَ وَ وَضَعْنَا عَنْكَ وِزْرَكَ . اَلَّذِى أَنْقَضَ ظَهْرَكَ . وَرَفَعْنَا لَكَ ذِكْرَكَ . فَاِنَّ مَعَ الْعُسْرِ يُسْراً اِنَّ مَعَ الْعُسْرِ يُسْراً . فَاِذَا فَرَغْتَ فَانْصَبْ وَ اِلَى رَبِّكَ فَارْغَبْ .

وَالْعَصْرِ اِنَّ الْاِنْسَانَ لَفِى خُسْرٍ . اِلاَّ الَّذِينَ اٰمَنُوا وَعَمِلُوا الصَّالِحَاتِ وَتَوَاصَوْا بِالْحَقِّ وَتَوَاصَوْا بِالصَّبْرِ .

Elem neşrah leke sadrek, ve veda'nâ anke vizrek, ellezî ankada zahrek, ve refe'nâ leke zikrek. Fe inne maa'l-usri yüsran inne maa'l-usri yüsrâ. Fe izâ ferağte fe'nsab, ve ilâ rabbike fe'rğab.

Ve'l-asri inne'l-insâne lefî husr. İlle'llezîne âmenû ve amilu's-sâlihâti ve tevâsav bi'l hakkı ve tevâsav bi's-sabr.

(Biz senin göğsünü (kalbini) açmadık mı? Ağırlığından dolayı belini büken yükünü kaldırıp atmadık mı? Senin şanını ve ününü yüceltmedik mi? Muhakkak zorlukla beraber bir kolaylık vardır. Evet zorlukla beraber bir kolaylık vardır. İşlerin bittiğinde tekrar çalış. Rabbine, yalnız O'na yönel.)

(Asra yemin olsun ki insan gerçekten ziyandadır. Bundan ancak iman edip salih ameller işleyenler, birbirlerine hakkı ve sabrı tavsiye edenler müstesnadır.)

22. Hastalıktan Şifâ Bulmak İçin Okunacak Duâ:

Herhangi bir hastalığa yakalanan kimse, bu hastalıktan kurtulmak için hiç vakit kaybetmeden o hastalığın mütehassısı olan doktora gitmelidir. Doktorun tavsiyelerini yerine getirirken duâdan da faydalanma yoluna gitmelidir. Hasta bu duâları kendisi okuyabileceği gibi, bir başkasının ona okuması da mümkündür.

Abdestli olarak önce "Fâtiha" sûresi okunur. Sonra Kur'ân-ı Kerim'den şifa âyetleri okunur. Bu âyetler şunlardır:

بِسْمِ اللّٰهِ الرَّحْمٰنِ الرَّحِيمِ . وَيَشْفِ صُدُورَ قَوْمٍ مُؤْمِنِينَ وَيُذْهِبْ غَيْظَ قُلُوبِهِمْ

Bismillâhirrahmânirrahîm.

"Ve yeşfi sudûra kavmin mü'minîne ve yuzhib ğayza kulûbihim."

(Allah mü'min kavmin göğüslerine şifa verir, kalblerinin kin ve düşmanlığını giderir.) (Tevbe, 14-15).

يَآ اَيُّهَا النَّاسُ قَدْ جَآءَتْكُمْ مَوْعِظَةٌ مِنْ رَبِّكُمْ وَشِفَاءٌ لِمَا فِى الصُّدُورِ وَهُدًى وَرَحْمَةٌ لِلْمُؤْمِنِينَ .

"Ya eyyuha'n-nâsu kad câet kum mev'ızatun min Rabbikum ve şifâun limâ fi's-sudûri ve hüden ve rahmeten li'l-mü'minîn."

(Ey insanlar! İşte size Rabbınızdan bir öğüt ve kalblerdeki hastalıklar için bir şifâ. Mü'minler için bir hidâyet ve rahmet gelmiştir). (Yunus, 57).

وَنُنَزِّلُ مِنَ الْقُرْاٰنِ مَا هُوَ شِفَآءٌ وَرَحْمَةٌ لِلْمُؤْمِنِينَ .

"Ve nünezzilü mine'l-Kur'âni mâ hüve şifâun ve rahmetün li'l-mü'minîn"

(Biz Kur'ân'da mü'minler için şifâ ve rahmet olan âyetler indiriyoruz) (İsra, 82).

وَاِذَا مَرِضْتُ فَهُوَ يَشْفِينِ .

"Ve izâ meridtu fehüve yeşfîn"

(Ben hastalandığım zaman bana Allah şifa verir) (Şuara, 80).

قُلْ هُوَ لِلَّذِينَ اٰمَنُوا هُدًى وَشِفَآءٌ

"Kul hüve li'l-lezîne âmenû hüden ve şifâun.

(De ki: Kur'ân inananlar için hidayet ve şifâdır) (Fussilet, 44).

Bu âyetleri okuduktan sonra şöyle duâ eder:

اَللّٰهُمَّ رَبَّ النَّاسِ اَذْهِبِ الْبَأْسَ اِشْفِ اَنْتَ الشَّافِى لاَ شِفَآءَ اِلاَّ شِفَاؤُكَ . شِفَاءً لاَ يُغَادِرُ سَقَمًا. اَللّٰهُمَّ اشْفِ عَبْدَكَ يَنْكَاْ لَكَ عَدُوًّا اَوْ يَمْشِ لَكَ اِلَى صَلاَةٍ .

"Allâhümme Rabbe'n-nâsi ezhibi'l-be'se, işfi Ente'ş-şâfî

lâ şifâe illâ şifâuke, şifâen lâ yuğâdiru sekamen." (Ebu Davud, Tıb, h. nu: 3883).

Allahümme işfi abdeke yenke' leke adüvven ev yemşî leke ilâ salâtin. (Ebu Davud, Cenaiz, h. nu: 3107)

(Allahım! Ey insanların Rabbi! Hastalığı yokeden! Geride hastalığı bırakmayacak şifâ ver. Şifâ veren ancak Sensin, Senden başka şifâ verecek kimse yoktur)

(Allahım! Şu kuluna şifâ ver ki, Senin bir düşmanına acı versin, yahut Senin rızanı kazanmak için namaz kılmak üzere yürüsün)

بِسْمِ اللّٰهِ اَرْقِيكَ مِنْ كُلِّ شَىْءٍ يُؤْذِيكَ مِنْ شَرِّ كُلِّ نَفْسٍ اَوْ عَيْنِ حَاسِدٍ . اَللّٰهُمَّ يَشْفِيكَ بِسْمِ اللّٰهِ اَرْقِيكَ .

"Bismillâhi erkîke min kûlli şey'in yu'zîke min şerri külli nefsin ev aynü hâsidin, Allâhümme yeşfîke, bismillâhi erkîke. (Tirmizi, Cenaiz, h. nu: 972)

(Sana ıztırap veren her şeyden, her kıskanç nefisten veya gözden Allah'ın adıyla Sana şifâ dilerim. Allah Sana şifâ versin, Allah'ın adı ile sana şifâ dilerim.)

Bu duâyı yapan kimse zamirleri duruma göre değiştirir.

Hapşıran Kimseye Söylenecek Dua:

Peygamber (s.a.s) efendimiz hapşıran kimseye:

يَرْحَمُكَ اللّٰهُ

Yerhamüke'llah (Allah sana rahmet etsin) denilmesini tavsiye etmiştir. Hapşıran kimse ise,

يَرْحَمُكَ اللّٰهُ وَاَيَّاكُمْ وَيَغْفِرُ لَنَا وَلَكُمْ

"Yerhamüke'llahü ve iyyâkûm ve yağfiru lenâ ve lekum"

(Allah bize de size de rahmet etsin, bizi de sizi de bağışlasın), veya

يَهْدِينَا وَ يَهْدِيكُمُ اللّٰهُ

"Yehdînâ ve yehdîkumu'llah" "

Allah bize de size de hidayet etsin" der.

Hapşıran kimse yanında birisi bulunsun bulunmasın, hapşırınca اَلْحَمْدُ لِلّٰهِ Elhamdü lillah, (Allaha hamdolsun) der.

23. Zararlı Hayvanlardan Emin Olmak İçin Okunacak Duâ:

بِسْمِ اللّٰهِ الرَّحْمٰنِ الرَّحِيمِ . بِسْمِ اللّٰهِ الَّذِى لاَ يَضُرُّ مَعَ اسْمِهِ شَىْءٌ فِى الْاَرْضِ وَلاَ فِى السَّمَآءِ وَهُوَ السَّمِيعُ الْعَلِيمُ . اِنَّهُ مِنْ سُلَيْمٰنَ وَاِنَّهُ بِسْمِ اللّٰهِ الرَّحْمٰنِ الرَّحِيمِ . اَعُوذُ بِكَلِمَاتِ التَّآمَّةِ مِنْ كُلِّ شَرِّ مَا خَلَقَ

"Bismillâhirrahmânirrahîm. Bismillâhillezî lâ yadurru maasmihî şey'ün fi'l-ardı ve lâ fi's-semâi ve hüve's-semî'ul-alîm. İnnehü min süleymâne ve innehû bismillâhirrahmânir-rahîm. Eûzü bi kelimâti't-tâmmeti min külli şerri mâ haleka."

(Besmele. O, Allah'ın adıyle ki, O'nun ismi ile birlikte olunca yerde ve gökte hiç bir şey zarar veremez. O, işiten ve bilendir. O, muhakkak Süleyman'dandır ve onun ilk satırı Bismillah...dır. Yarattığı şeylerin şerrinden Allah'ın tam ve kusursuz olan kelimelerine sığınırım).

Bu duâ akşam üç defa okunur. Sabah kalkınca ise,

سَلاَمٌ عَلٰى نُوحٍ فِى الْعَالَمِينَ اِنَّا كَذٰلِكَ نَجْزِى الْمُحْسِنِينَ

"Selâmün alâ nûhìn fi'l-âlemîn. Innâ kezâlike neczi'l-muhsinîn." âyeti on yedi kere okunur.

(Bütün âlemler içinde Nuh'a selam olsun. İşte Biz, güzel söz söyleyip güzel iş yapanları böyle mükâfâtlandırırız.)

24. Son Nefeste İmanla Gitmek İçin Okunacak Duâ:

اَشْهَدُ اَنْ لاَاِلهَ اِلاَّ اللّـٰهُ وَحْدَهُ لاَ شَرِيكَ لَهُ وَاَشْهَدُ اَنَّ مُحَمَّداً عَبْدُهُ وَرَسُولُهُ. لاَ اِلهَ اِلاَّ اللّـٰهُ مُحَمَّدٌ رَسُولُ اللّٰه . لاَ اِلهَ اِلاَّ اللّٰهُ وَحْدَهُ لاَ شَرِيكَ لَهُ لَهُ الْمُلْكُ وَلَهُ الْحَمْدُ يُحْيِى وَيُمِيتُ وَهُوَ حَىٌّ لاَ يَمُوتُ بِيَدِهِ الْخَيْرُ وَهُوَ عَلَى كُلِّ شَىْءٍ قَدِيرٌ .

رَبَّنَا آتِنَا فِى الدُّنْيَا حَسَنَةً وَفِى الاٰخِرَةِ حَسَنَةً وَقِنَا عَذَابَ النَّارِ . رَبَّنَا اغْفِرْلِى وَلِوَالِدَىَّ وَلِلْمُؤْمِنِينَ يَوْمَ يَقُومُ الْحِسَابُ بِرَحْمَتِكَ يَا اَرْحَمَ الرَّاحِمِينَ.

"Eşhedü en lâ ilâhe illallâhü vahdehû lâ şerîke leh, ve eşhedü enne Muhammeden abduhû ve Resûluh. Lâ ilâhe illallâh, Muhammedu'r-Resûlullâh. Lâ ilâhe illallâhu vahdehû lâ şerîke leh, lehü'l-mülkü ve lehü'l-hamdü yuhyî ve yumît, ve hüve hayyün lâ yemût, biyedihi'l-hayr, ve hüve alâ külli şey'in Kadîr.

Rabbenâ âtinâ fi'd-dünyâ haseneten ve fi'l-âhireti haseneten vakìnâ azâben-nâr. Rabbenağfirlî ve livâlideyye ve li'l-mu'minîne yevme yekûmu'l-hìsâb. Birahmetike yâ erhame'r-râhimîn."

(Ben şehâdet ederim ki, Allah'dan başka ilâh yoktur. O'nun eşi ve ortağı da yoktur. Ben yine şehâdet ederim ki, Muhammed O'nun kulu ve elçisidir. Allah'tan başka ilâh yoktur, O'nun eşi ve ortağı da yoktur. Mülk O'nundur, hamd

O'na mahsustur. O yaşatır, O öldürür. O, diridir, ölmez. Hayır O'nun elindedir ve O, her şeye Kâdirdir.

Ey Rabbimiz! Bu dünyada ve âhirette bize iyilik ve güzellik ihsan eyle ve bizi Cehennem azabından koru. Ey Rabbimiz! Beni, anamı-babamı ve bütün mü'minleri kıyamet günü bağışla, ey merhametlilerin merhametlisi olan Allahım!)

25. Bir Ölüm Haberi Alınca Okunacak Duâ

اِنَّا لِلّٰهِ وَاِنَّا اِلَيْهِ رَاجِعُونَ وَاِنَّا اِلٰى رَبِّنَا لَمُنْقَلِبُونَ * اَللّٰهُمَّ اكْتُبْهُ فِى الْمُحْسِنِينَ وَاجْعَلْ كِتَابَهُ فِى عِلِّيِّينَ وَاخْلُفْهُ عَلٰى عَقِبِهِ فِى الْغَابِرِينَ * اَللّٰهُمَّ لاَ تُحَرِّمْنَا اَجْرَهُ وَلاَ تَفْتِنَّا بَعْدَهُ وَاغْفِرْ لَنَا وَلَهُ

"İnnâ lillâhi ve innâ ileyhi râci'ûn ve innâ ilâ rabbinâ lemünkalibûn. Allahümme'ktübhü fî'l-muhsinîne ve'c'al kitâbehû fî illiyyîn. Vahlüfhü alâ akabihî fi'l-ğâbirîn. Allahümme lâ-tuharrimnâ ecrehû velâ teftinnâ ba'dehû va'ğfir lenâ ve leh."

(Biz Allah'tan geldik yine O'na dönecek ve elbette Rabbimize kavuşacağız. Allahım! Onu Senin katında iyi olanlardan yaz; kitabını yüksekte bulunanlardan eyle. Geride kalanlarına kefil ol. Allahım! Bizi onun ecrinden mahrum etme. O'ndan sonra bizi fitneye düşürme, bizi ve onu affet.)

Sadaka Verince Okunacak Duâ:

رَبَّنَا تَقَبَّلْ مِنَّا اِنَّكَ اَنْتَ السَّمِيعُ الْعَلِيمُ ،

"Rabbenâ tekabbel minnâ inneke ente's-semîu'l-âlîm."

(Ey Rabbimiz! Bizden onu kabul et, çünkü Sen işiten ve bilensin.)

26. Rüzgâr Veya Fırtına Çıkınca Okunacak Duâ:

اَللّٰهُمَّ اِنِّى اَسْئَلُكَ خَيْرَ هٰذِهِ الرِّيحِ وَخَيْرَ مَا فِيهَا وَ خَيْرَ مَا اَرْسَلْتَ
بِهِ وَنَعُوذُ بِكَ مِنْ شَرِّ مَا فِيهَا وَمِنْ شَرِّ مَا اَرْسَلْتَ

"Allâhümme inni es'elüke hayra hâzâ'r-rîhi ve hayra mâ-fihâ ve hayra mâ-arselte bihî ve neûzü bike min-şerrihâ ve şerri mâ-fîha ve min şerri mâ arselte bihî."

(Allahım! Senden bu rüzgârın (fırtına) hayrını, ve içindekinin hayrını istiyorum. Allahım! Bu fırtına ile gönderdiğin şeyin hayrını Senden istiyor, şerrinden, içindekilerin ve gönderdiğinin şerrinden Sana sığınıyorum.)

27. Nazar Değmesine Karşı Okunacak Duâ:

Nazar değmesine karşı Fatiha sûresi ve Âyete'l-Kürsî'den sonra şu âyetler okunur:

وَاِنْ يَكَادُ الَّذِينَ كَفَرُوا لَيُزْلِقُونَكَ بِاَبْصَارِهِمْ لَمَّا سَمِعُوا الذِّكْرَ
وَيَقُولُونَ اِنَّهُ لَمَجْنُونٌ . وَمَا هُوَ اِلاَّ ذِكْرٌ لِلْعَالَمِينَ .

"Ve in yekâdü'l-lezîne keferû leyüzlikûneke bi ebsârihim lemmâ semi-u'z-zikra ve yekûlûne innehû lemecnûn. Vemâ hüve illâ zikrun li'l-âlemîn."

(Doğrusu kâfirler, sana olan düşmanlıklarından dolayı Zikr'i (Kur'ân')ı işittiklerinde az kalsın seni gözleriyle devireceklerdi. Hâlâ da muhakkak o bir mecnun, diyorlar. Halbu ki Kur'ân, âlemler için bir öğüttür.) (Kalem, 51-52).

Bu âyetleri okuduktan sonra:

اَعُوذُ بِكَلِمَاتِ اللّٰهِ التَّامَّةِ مِنْ كُلِّ شَيْطَانٍ وَهَامَّةٍ وَمِنْ كُلِّ عَيْنٍ
لاَمَّةٍ

"Eûzü bikelimâti'l-lâhi't-tâmmeti min külli şeytânin ve hâmmetin ve min külli aynin lâmmeh."

(Bütün şeytanlardan, zehirli hayvanlardan ve nazarı değen her kötü gözden yüce Allah'ın noksansız kelimelerine sığınıyorum).

28. Tilâvet Secdesi Duâsı:

Kur'ân-ı Kerim okurken secde âyeti geldiğinde ayakta tekbir alınarak hemen secdeye gidilir. Secdede:

سُبْحَانَ رَبِّنَا إِنْ كَانَ وَعْدُ رَبِّنَا لَمَفْعُولاً

"Sübhâne rabbinâ in kâne va'du rabbinâ le mef'ûlâ" (İsrâ, 108) âyeti okunur ve diğer namaz secdelerinde olduğu gibi, üç defa "Sübhâne rabbiye'l-a'lâ" da denir.

Tilâvet secdesinde de Hz. Peygamber (s.a.s)'in namaz secdelerinde okuduğu bazı duâları okumak mümkündür.

Tilavet secdesinden sonra ise,

سَمِعْنَا وَاَطَعْنَا غُفْرَانَكَ رَبَّنَا وَاِلَيْكَ الْمَصِيرُ

"Semi'na ve eta'na ğufraneke rabbena ve ileykel masîr."

(İşittik ve itaat ettik. Ey Rabbimiz mağfiretini isteriz. Dönüşümüz ancak Sanadır.)

29. Belânın Def'i İçin Okunacak Duâ:

Ayete'l-Kürsî okunabildiği kadar tekraren okunur (tabiî iki rekat namaz kıldıktan sonra). Daha sonra şu duâ okunur:

بِسْمِ اللّٰهِ الرَّحْمٰنِ الرَّحِيمِ . لَآ اِلٰهَ اِلاَّ اَنْتَ سُبْحَانَكَ اِنِّى كُنْتُ مِنَ الظَّالِمِينَ . يَا فَتَّاحُ . اِفْتَحْ لَنَا خَيْرَ الْبَابِ . اَللّٰهُمَّ نَجِّنَا مِنَ الْقَوْمِ الظَّالِمِينَ . اَنْتَ مَوْلَانَا فَانْصُرْنَا عَلَى الْقَوْمِ الْكَافِرِينَ . اِنَّا فَتَحْنَا لَكَ فَتْحًا مُبِينًا . وَيَنْصُرَكَ اللّٰهُ نَصْرًا عَزِيزًا . لاَ حَوْلَ وَلاَ

قُوَّةَ اِلاَّ بِاللّٰهِ الْعَلِيِّ الْعَظِيمِ . يَا رَحْمٰنُ . يَا رَحِيمُ . يَا لَطِيفُ . يَا اَرْحَمَ الرَّاحِمِينَ .

"Bismillâhirrahmânirrahîm. Lâilâhe illâ Ente sübhâneke innî küntü mine'z-zâlimîn. Yâ Fettâh, iftah lenâ hayra'l-bâb. Allâhümme neccinâ mine'l-kavmi'z-zâlimîn. Ente Mevlânâ fensurnâ ale'l-kavmi'l-kâfirîn. İnnâ fetahnâ leke fethan mübînâ. Ve yensurake'llâhu nasran azîzâ. Lâ havle ve lâ kuvvete illâ billâhi'l-aliyyi'l-azîm. Yâ Rahmân, yâ Rahîm, yâ Lâtîf! Yâ erhame'r-Râhimîn."

(Allahın adıyle. Allah'tan başka ilâh yoktur. Sen her şeyden büyüksün Allahım! Seni tesbih ederim, çünkü ben zalimlerden oldum. Ey Fettâh olan Allahım! Bana hayırlı kapılar aç. Ey Rabbim! Beni zalim insanlardan kurtar ve koru. Sen bizim Mevlâmızsın, kâfirlere karşı bize yardım et. Kur'ân'da fetih ve zafer vadediyorsun, bu âyetler hürmetine zafer ve nusret ver yâ Rabbî. Allah'tan başka güç ve kuvvet sahibi yoktur, O, büyük ve yücedir. Ey Rahman, Rahîm ve Lâtîf sıfatları olan ve merhametlilerin merhametlisi olan Allahım. Bana merhamet et, bana acı, ve ey Rabbim! Bana lûtfunu göster.)

30. Derse çalışırken Veya İmtihana Girerken Okunacak Duâ:

Ders çalışmaya abdestli olarak başlamak iyidir.

Hangi ders olursa olsun, besmele ile başlanmalıdır. Besmele'den sonra şu duâlar okunur:

رَبِّ زِدْنِي عِلْمًا وَ فَهْمًا وَ اَلْحِقْنِي بِالصَّالِحِينَ . رَبِّ اشْرَحْ لِي صَدْرِي وَيَسِّرْلِي اَمْرِي وَاحْلُلْ عُقْدَةً مِنْ لِسَانِي يَفْقَهُوا قَوْلِي يَا حَافِظُ . يَا رَقِيبُ . يَا نَاصِرُ . يَا اَللّٰهُ . رَبِّ يَسِّرْ وَلاَ تُعَسِّرْ رَبِّ تَمِّمْ بِالْخَيْرِ .

"Rabbi zidnî ilmen ve fehmen ve el-hiknî bi's-sâlihîn. Rabbişrahlî sadrî ve yessir lî emrî vahlü'l-ukdeten min lisânî yefkahû kavlî. Yâ Hâfız, Yâ Rakîb, Yâ Nâsır, Yâ Allâh. Rabbi yessir ve lâ tüassir, Rabbi temmim bi'l-hayr."

(Rabbim! İlmimi ve anlayışımı artır ve beni salih kullara dahil eyle. Rabbim! Göğsümü aç, işimi kolaylaştır ve dilimdeki bağı çöz ki sözümü anlasınlar. Ya Hafiz ya Rakib, Ya Nâsir, Ya Allah. Rabbim! Kolaylaştır, zorlaştırma; Rabbim! (işimi) hayırla tamama erdir.)

Ayrıca imtihana girerken üç, beş veya yedi defa Âyete'l-kürsî okunur.

31. Yolculuğa Çıkarken Okunacak Duâ:

Yolculuğa çıkarken okunacak bazı duâlar vardır. Bir kimsenin bu duâların hepsini bilmesi mümkün değildir. Bu sebeple burada bir kaç duâ veriyoruz. Dileyen dilediği duâyı okur.

Arabaya binip yerleşince veya direksiyona geçince, besmele çekip üç, beş veya yedi defa "Âyete'l-kürsi" okunur, hareket edilir.

Peygamber (s.a.s) yolculuğa çıkacağı zaman şöyle duâ ederdi:

اَللّٰهُمَّ اِلَيْكَ تَوَجَّهْتُ وَ بِكَ اعْتَصَمْتُ . اَللّٰهُمَّ اكْفِنِي مَا اَهَمَّنِى وَ مَا لاَ اَهْتَمُّ لَهُ . اَللّٰهُمَّ زَوِّدْنِى التَّقْوٰى وَاغْفِرْلِى ذَنْبِى وَ وَجِّهْنِى لِلْخَيْرِ اَيْنَ مَا تَوَجَّهْتُ .

"Allâhümme ileyke teveccehtü ve bike i'tasamtu, Allâhümme ekfinî mâ ehemmenî ve mâ lâ ehtemmü lehû. Allâhümme zevvidnî't-takvâ, vağfirlî zenbî ve veccihnî li'l-hayri eyne mâ teveccehtü."

(Allahım! Sana yöneldim, Sana sarıldım. Allahım! Beni

endişelendiren veya endişelendirmeyen hususlar da Sen bana yeterli ol. Takvâyı bana azık eyle Allahım! Günahımı affeyle ve her nereye gidersem gideyim beni daima hayra yönelt ya Rabbî) (el-Ezkâr, s. 195)

Besmele'den sonra

سُبْحَانَ الَّذِى سَخَّرَ لَنَا هَذَا وَمَا كُنَّا لَهُ مُقْرِنِينَ

"Sübhânellezî sehhara lenâ hâzâ ve mâ künnâ lehû mukrinîn"

(...Bu binitleri bizim hizmetimize veren Allah'ın şanı yücedir. O, bütün noksanlıklardan münezzehtir. Yoksa biz bunlara güç yetiremezdik) (el-Ezkâr, s. 195) âyeti okunur ve üç defa Elhamdü lillâh ve üç defa Allahu Ekber dedikten sonra:

سُبْحَانَكَ اِنِّى ظَلَمْتُ نَفْسِى فَاغْفِرْلِى . اِنَّهُ لاَ يَغْفِرُ الذُّنُوبَ اِلاَّ اَنْتَ

"Sübhâneke innî zalemtu nefsî fağfirli, innehû lâ yağfiru'z-zünûbe illâ Ente"

(Allah'ı tesbîh ederim, ben nefsime zulmettim. Allahım! Beni bağışla. Çünkü Senden başka bağışlayacak kimse yoktur) (el-Ezkâr, s. 195).

Bilmeyenler bu son kısmı okumadan sadece âyeti okuyabilirler.

32. Şoförlerin Arabaianna Asacaklan Bir Duâ:

بِسْمِ اللهِ الرَّحْمٰنِ الرَّحِيمِ اَللّٰهُ لاَ اِلٰهَ اِلاَّ هُوَ الْحَىُّ الْقَيُّومُ . لاَ تَأْخُذُهُ سِنَةٌ وَلاَ نَوْمٌ. لَهُ مَا فِى السَّموَاتِ وَمَا فِى الْاَرْضِ . مَنْ ذَا الَّذِى يَشْفَعُ عِنْدَهُ اِلاَّ بِاِذْنِهِ . يَعْلَمُ مَا بَيْنَ اَيْدِيهِمْ وَمَا خَلْفَهُمْ وَلاَ يُحِيطُونَ بِشَىْءٍ مِنْ عِلْمِهِ اِلاَّ بِمَا شَاۤءَ . وَسِعَ كُرْسِيُّهُ السَّموَاتِ وَالْاَرْضَ وَلاَ يَؤُدُهُ حِفْظُهُمَا . وَهُوَ الْعَلِىُّ الْعَظِيمُ. سُبْحَانَ الَّذِى

سَخَّرَ لَنَا هَذَا وَمَا كُنَّا لَهُ مُقْرِنِينَ وَاِنَّا اِلَى رَبِّنَا لَمُنْقَلِبُونَ. بِسْمِ اللّٰهِ مَجْرٰيهَا وَ مُرْسٰيهَا اِنَّ رَبِّى لَغَفُورٌ رَحِيمٌ

Bismillâhirrahmanirrahim. Allahü lâ ilâhe illâ hûve'l-Hayyül-Kayyûm. Lâ te'huzuhû sinetün ve lâ nevm. Lehû mâ fi's-semâvâti vemâ fi'l-ard. Men ze'llezî yeşfau indehû illâ bi-iznih. Ya'lemü mâ beyne eydîhim vemâ halfehüm. Ve lâ yuhîtûne bi şey'in min ilmihî illâ bimâ şâe. Vesi'a kürsiy-yühü's-Semâvâti ve'l-arda ve lâ yeûdühû hifzuhumâ ve hüve'l-Aliyyû'l-Azîm. Sübhânellezî sahhara lenâ hâzâ vemâ künnâ lehû mükrinîn. Ve innâ ilâ rabbinâ lemünkalibûn. Bismillâhi mecreha ve mursâhâ. İnne rabbî le Ğafûrun Rahîm. Türkçe şöyle de duâ edilebilir:

(Allahım! Senin adını anarak yola çıkıyorum. Bana verdiğin sağlıktan ve işten dolayı Sana şükrediyorum. Yolculuğumuzda beni ve arabama binen yolcuları kazalardan, belalardân ve her türlü tehlikelerden Sen koru, yardımını esirgeme bizden. Biz ne kadar günahkâr olsak da Sen bizi bağışla. Varacağımız yere sağ-salim ulaşmayı nasibeyle. Çocuklarımızı babasız-anasız bırakma. Dönüşümüzde âilemizi üzüntüsüz-kedersiz bulmayı bize lûtfet. Sen her şeye Kâdirsin Allahım."

33. Gerdek Gecesi Okunacak Duâ:

Gerdek gecesi bir delikanlının hayatında en önemli bir gecedir. Ailesinin temelini nasıl kurarsa o şekilde devam eder. Bu bakımdan müslüman bir genç, nikahını ve düğününü geleneklere uygun bir tarzda yapmalı ve gerdek gecesi iki rekat namaz kılıp mesud olmaları için Allaha duâ ettikten sonra:

Besmele çekip,

رَبَّنَا هَبْ لَنَا مِنْ اَزْوَاجِنَا وَذُرِّيَّاتِنَا قُرَّةَ أَعْيُنٍ وَاجْعَلْنَا لِلْمُتَّقِينَ اِمَامًا

"Rabbenâ heblenâ min ezvâcina ve zürriyyâtina kurrete a'yunin, ve'c-alnâ li'l-muttekîne imâmâ."

(Ey Rabbimiz! Bize zevcelerimizden ve nesillerimizden gözlerimizin süruru (sevinci) olacak iyi kimseler ihsan et ve bizi takva sahiplerine önder yap.) (Furkân suresi, âyet, 74)

Âyetini okuduktan sonra eşiyle beraber olmadan önce besmele çeker ve :

اَللّٰهُمَّ جَنِّبْنَا الشَّيْطَانَ وَجَنِّبِ الشَّيْطَانَ مَا رَزَقْتَنَا

"Allahumme cennibnâ'ş-şeytâne ve cennibi'ş-şeytâne mâ razaktenâ"

(Allahın adıyle. Allahım! Şeytanı bizden ve bize lûtfedeceğin çocuktan uzaklaştır) (Buhârî, Nikah, 66) duâsını okur.

34. Hâmile Kadın'ın Okuyacağı Duâ:

Hâmile kalan kadın gerekli tıbbî kontrolleri yaptırmakla beraber dînî görevlerini de yerine getirmeli ve fırsat buldukça sıksık "Âyete'l-kürsi"yi ve "Elem neşrah leke"yi okumalıdır. Arkasından şu duayı okuması uygun olur:

اَللّٰهُمَّ اَعْطِنَا صِحَّةً وَعَافِيَةً وَاَوْلاَداً صَالِحًا وَرِزْقًا وَاسِعًا وَ دُعَاءً مَقْبُولاً .

"Allâhümme a'tinâ sıhhaten ve âfiyeten, ve evlâden sâlihan ve rizkan vâsian ve duâen makbûlâ"

(Allahım! Bize sağlık ve âfiyet ver. Hayırlı evlatlar ihsan eyle, bol rızık verip duâmı kabul eyle Allahım.)

35. Doğum Esnasında Okunacak Duâ:

İster hastanede olsun, isterse evde olsun doğum esnasında kadının yanında veya bitişik odada yakınları, Âyete'l-Kürsî'yi okuduktan sonra A'râf sûresinin 54. âyetini okunur. Bu âyet şudur:

إِنَّ رَبَّكُمُ اللّٰهُ الَّذِى خَلَقَ السَّمٰوَاتِ وَالْاَرْضَ فِى سِتَّةِ اَيَّامٍ ثُمَّ اسْتَوٰى عَلَى الْعَرْشِ يُغْشِى اللَّيْلَ النَّهَارَ يَطْلُبُهُ حَثِيثًا وَالشَّمْسَ وَالْقَمَرَ وَالنُّجُومَ مُسَخَّرَاتٍ بِاَمْرِهِ اَلَا لَهُ الْخَلْقُ وَالْاَمْرُ تَبَارَكَ اللّٰهُ رَبُّ الْعَالَمِينَ.

"İnne Rabbekümullâhüllezî haleka's-semâvâti ve'l-arda fî sitteti eyyâmin sümme's-tevâ ale'l-arş, yuğşi'l-leyle'n-nehâre yatlubuhû hasîsen ve'ş-şemse ve'l-kamera ve'n-nücûme müsahharâtin bi emrih, elâ lehü'l-halku ve'l-emr, tebârekellâhu Rablu'l-âlemîn."

(Rabbınız O Allah'tır ki gökleri ve yeri altı günde yarattı. Sonra Arş'ı istila etti. Allah gündüzü gece ile örter ve süratle gece gündüzü, gündüz de geceyi kovalar. Allah, güneşi, ayı ve yıldızları emrine bağlı kıldı. Dikkat ediniz ki, hem yaratmak hem de emretmek O'na mahsustur. Âlemlerin Rabbı olan Allah ne kadar yücedir.)

Bu âyetten sonra İhlâs, Felak ve Nâs sûreleri ve Fatiha okunur. Hayırlı bir evlat vermesi için duâ edilir. Analı-babalı olması için Allah'a yalvarılır.

36. Çocuğa Ad Koyma:

Çocuk bir kaç günlük olunca artık ona bir ad koyma zamanı gelmiştir.

Abdestli olarak sağ kulağına ezan, sol kulağına da kamet getirilir. Güzel bir isim konur. Konan ismin uydurma bir ad olmamasına dikkat edilir. Daha sonra Kur'ân-ı Kerim'den bir aşir okunarak duâ edilir. Çocuğun dînine, millet ve memleketine yararlı bir insan olması için niyazda bulunulur. Anne, baba tebrik edilir.

37. Çocuk Okula Başlarken Okunacak Duâ

Her insanın hayatında unutamadığı günler vardır. Okula başladığımız gün de bunların en önemlilerinden biridir. İnsan ruhunun gelişip yücelmesinde böyle önemli günlerde yapılacak dua ve merasimlerin tesiri vardır.

Eskiden çocuk okula başlarken bir merasim yapılırdı. "Buna "Bed-i Besmele", veya "Amin Alayı" denirdi ki, medeniyet tarihimizin güzel bir eseridir. Bu merasim kısaca şöyle yapılır:

Çocuk okula başlıyacağı hafta uygun bir günde okul elbiselerini giyer. Arkadaşları, dost ve akrabalar davet edilir. Elbisesini giyerken hep birlikte tekbir getirilir. Mümkünse çocuklar gezdirilir, eğer varsa bir ziyaret yeri ziyaret edilir (Hacı Bayram veya Eyüp Sultan gibi)

Eve dönüldüğünde ilahiler ve bazı marşlar söylenir.Çocuğun öğretmeni veya bir hoca efendi ya da bir yakını tarafından çocuğa "Euzü besleme" çektirilir ve

رَبِّ يَسِّرْ وَلَا تُعَسِّرْ رَبِّ تَمِّمْ بِالْخَيْرِ

"Rabbi yessir velâ tûassir Rabbi temmim bi'l hayr"

(Rabbim! İşlerimi kolaylaştır. Zorlaştırma, Rabbim! Başladığım işi hayırlı olarak tamamla) duası okutulur. Sonra çocuğun eline kalem verilir ve Alfabenin ilk harfi öğretilir. Allah lafzı yazdırılır.

Hoca:

رَبِّ زِدْنِي عِلْماً وَفَهْماً وَأَلْحِقْنِي بِالصَّالِحِينَ

"Rabbi zidni ilmen ve fehmen ve elhıknî bissalihin."

(Rabbim! Benim ilmimi ve anlayışımı artır ve beni iyi insanlardan eyle) duasını okur ve tekrar ettirir.

Çocuk büyüklerin ellerini öper. Misafirler çocuğa hediyeler verirler.

Daha sonra bir aşr-i şerif okunur ve dua edilir.

اَلْحَمْدُ لله رَبِّ الْعَالَمِينَ وَالصَّلاَةُ وَالسَّلاَمُ عَلَى رَسُولِنَا مُحَمَّدٍ وَعَلَى آلِهِ وَصَحْبِهِ اَجْمَعِينَ. اَعُوذُ بِاللّٰهِ مِنَ الشَّيْطَانِ الرَّجِيمِ بِسْمِ اللّٰهِ الرَّحْمٰنِ الرَّحِيمِ رَبِّ اشْرَحْ لِي صَدْرِي وَيَسِّرْ لِي أَمْرِي وَاحْلُلْ عُقْدَةً مِنْ لِسَانِي يَفْقَهُوا قَوْلِي. رَبِّ زِدْنِي عِلْمًا وَفَهْمًا وَاَلْحِقْنِي بِالصَّالِحِينَ. رَبِّ اجْعَلْنِي مُقِيمَ الصَّلاَةِ وَمِنْ ذُرِّيَّتِي رَبَّنَا وَتَقَبَّلْ دُعَاءِ.

"Elhamdu lillâhi rabbi'l-âlemin. Ve's-sâlatu ve's-selâmu alâ Resûlinâ Muhammedin ve alâ âlihî ve sahbihi ecmain Euzu billâhi mine'ş-şeytâni'r-racîm. Bismillâhir-rahmânir-rahîm. Rabbi'ş-rahlî sadrî ve yessir lî emrî, vahlül ukdeten min lisanî yefkahu kavlî Rabbi zidni ilmen ve fehmen ve el hıknî bi's-salihîn, Rabbi'c-alnî mukîme's-salâti ve min zürriyyetî Rabbena ve tekabel duâ."

(Allahım, bu gün bu küçük yavrumuzu okula gönderiyoruz. Onu derslerinde başarılı kıl, sağlık ve mutluluk ver. Dinine, milletine, vatınına ve insanlığa faydalı bir kulun eyle.

Onu her türlü kötülüklerden koru. Yardımını ve merhametini eksik eyleme. Kazalardan belâlardan koru. Onu ailesine, ailesini ona bağışla.

Allahım, bize dünyada ve ahirette iyilikler ve güzelikler ihsan eyle... diye dua edilir ve misafirlere ikramda bulunulur.)

38. Tohum Ekerken Okunacak Duâ:

Tarlaya giderken besmele çekilerek gidilir. Tohumu ekme zamanı gelince tekrar eûzu besmele çekilir ve aşağıdaki âyet ve duâ okunur:

اَفَرَاَيْتُمْ مَا تَحْرُثُونَ * ءَاَنْتُمْ تَزْرَعُونَهُ اَمْ نَحْنُ الزَّارِعُونَ *
اَللّٰهُمَّ صَلِّ عَلٰى سَيِّدِنَا مُحَمَّدٍ وَعَلٰى اٰلِهِ وَصَحْبِهِ اَجْمَعِينَ وَارْزُقْنَا
ثَمَرَهُ وَاجْعَلْنَا لِاَنْعُمِكَ مِنَ الشَّاكِرِينَ وَلَا حَوْلَ وَلَا قُوَّةَ اِلَّا بِاللّٰهِ
الْعَلِيِّ الْعَظِيمِ *

Eûzü - besmele.

"Eferaeytüm mâ tahrusûn, e entüm tezraûnehû em nahnu'z-zâriûn. Allâhümme salli alâ seyyidinâ Muhammedin ve alâ âlihî ve sahbihî ecmaîn. Ve'r-zuknâ semerahû ve'c-alnâ li en'umike mine'ş-şâkirîn. Velâ havle ve lâ kuvvete illâ billâhi'l-aliyyi'l-azîm."

(Şimdi ektiklerinizi gördünüz mü? Onları ekip-bitiren siz misiniz? Yoksa Biz miyiz? (Vakıa Suresi, âyet, 63-64) Allahım! Muhammed'e ve onun ashabına salât olsun. Bizi ektiklerimizin meyvesiyle rızıklandır ve bizi nimetlerine şükreden kullarından eyle yâ Rabbi, Senden başka güç ve kuvvet sahibi kimse yoktur Allahım!)

39. İşçilerin İşbaşı Yaparken Okuyacakları Duâ:

اَعُوذُ بِاللّٰهِ مِنَ الشَّيْطَانِ الرَّجِيمِ بِسْمِ اللّٰهِ الرَّحْمٰنِ الرَّحِيمِ *
رَبَّنَا اٰتِنَا مِنْ لَدُنْكَ رَحْمَةً وَهَيِّئْ لَنَا مِنْ اَمْرِنَا رَشَدًا * رَبِّ اشْرَحْ لِى
صَدْرِى وَيَسِّرْ لِى اَمْرِى رَبِّ يَسِّرْ وَلَا تُعَسِّرْ رَبِّ تَمِّمْ بِالْخَيْرِ *

"Eûzu bi'llâhi mine'ş-şeytâni'r-racîm. Bismillâhi'r-Rahmâni'r-Rahîm. Rabbenâ âtinâ min ledünke rahmeten ve heyyi' lena min emrinâ raşedâ. Rabbi'ş-rah lî sadrî ve yessir lî emri, Rabbi yessir ve lâ tüassir, Rabbi temim bi'l-hayr."

(Ey Rabbimiz! Bize katından bir rahmet ver, işimizde kolaylık ihsan eyle. Rabbim, göğsümü aç, işimi kolaylaştır. Rabbim! kolaylık ver, zorluk verme, işimi hayırla neticelendir.)

40. Öfkelenince Okunacak Duâ:

Günlük hayatta çok kere kızar, öfkeleniriz. Bu kızgınlık işimizi rahat yapmamıza da engel olur. İşte böyle bir zamanda:

اَللّٰهُمَّ اغْفِرْ لى ذَنْبى وَاَذْهَبْ غَيْظَ قَلْبى وَاَجِرْنى مِنَ الشَّيْطَانِ الرَّجيمِ

"Allâhümmağfir lî zenbî vezheb ğayza kalbî ve ecirnî mine'ş-şeytâni'r-racîm."

(Allahım günahlarımı mağfiret buyur; kalbimin hiddetini gider; ve beni şeytanın şerrinden koru) duasını okumalıdır.

Eğer kızgınlık geçmiyecek olursa ve imkân da varsa, abdest alıp iki rekat namaz kılmalı ve "Elem Neşrah leke..." okunmalıdır. Bu duâ da tekrar edilmelidir.

41. Maâşlar veya Ücretler Verilirken Okunacak Duâ:

Bazı kuruluşlarda maaşlar dağıtılmadan önce duâ edilmektedir. Alınan maaşların bereketli olması, devletin ve milletin bekâsı için böyle bir duâ yerinde bir davranış olur.

اَلْحَمْدُ لله رَبِّ الْعَالمينَ وَالصَّلاَةُ وَالسَّلاَمُ عَلَى رَسُولنَا مُحَمَّدٍ وَاله اَجْمَعينَ . اَللّٰهُمَّ ارْزُقْنَا رِزْقًا حَلاَلاً طَيِّبًا . وَاسْتَجِبْ دُعَاءَنَا يَا رَبَّ الْعَالَمينَ . اَللّٰهُمَّ اِنَّا نَعُوذُ بِكَ مِنَ الْفَقْرِ وَالدَّيْنِ رَبَّنَا اتِنَا فِى

الدُّنْيَا حَسَنَةً وَ فِى الْاٰخِرَةِ حَسَنَةً وَقِنَا عَذَابَ النَّارِ *

"El-Hamdü lillâhi Rabbi'l-âlemîn. Ve's-salâtü ve's-selâmü alâ Resûlinâ Muhammedin ve âlihî ecmaîn. Allâhümme'r-zuknâ rizkan halâlen tayyibâ. Ves'tecib duâenâ yâ Rabbe'l-âlemîn. Allâhümme innâ neûzü bike mine'l-fakri ve'd-deyn. Rabbenâ âtinâ fi'd-dünya haseneten ve fil-âhirati haseneten vakînâ azâbe'n-nâr."

Türkçe olarak şöyle denebilir:

"Allahım! Sağlık içinde bir ay daha geçirdik. Şükürler olsun. Bizlere temiz ve helâl rızıklar ver. Maaşlarımızı güzel ve hayırlı yerlere harcamak nasibeyle. Paramızla bizi kötü yollara düşürme. İbrahim Peygamber'e verdiğin bereket gibi bize de ver ya Rabbi! Devletimizi ve milletimizi daima hayırlı işlere yönelt. Duâlarımızı kabul eyle Allahım!"

42. Bir Makam Sahibinin Huzuruna Çıkarken Okunacak Duâ:

Makam sahibi birinden bir istekte bulunmak ya da o çağırdığı zaman huzuruna çıkarken "Ayete'l-Kürsî beş veya yedi defa okunduktan sonra şu duâ okunur.

لاَ اِلٰهَ اِلاَّ اللّٰهُ الْحَلِيمُ الْحَكِيمُ . سُبْحَانَ رَبِّ السَّمٰوَاتِ السَّبْعِ وَرَبِّ الْعَرْشِ الْعَظِيمِ . لاَ اِلٰهَ اِلاَّ اَنْتَ . عَزَّ جَارُكَ وَجَلَّ ثَنَاؤُكَ .

"Lâ ilâhe illa'llâhü'l-halîmü'l-hakîm. Sübhâne Rabbi's-Semâvati's-seb'i ve rabbi'l-arşi'l-azîm. Lâilahe illâ ente azze câruke ve celle senâük."

(Halim ve Hakîm olan Allah'tan başka ilah yoktur. Yedi göğün ve büyük arş'ın sahibi Rabbimi tesbîh ederim. Senden başka ilah yoktur. Yalvarışlar ve övgüler Sanadır.) (el-Ezkâr, 114)

Diğer Bir Duâ:

لآ اِلَهَ اِلاَّ اللّهُ الْحَلِيمُ الْكَرِيمُ ، سُبْحَانَ اللّهِ رَبِّ السَّموَاتِ السَّبْعِ وَرَبِّ الْعَرْشِ الْعَظِيمِ ، وَالْحَمْدُ لِلّهِ رَبِّ الْعَالَمِينَ ، إِنِّى أَعُوذُ بِكَ مِنْ شَرِّ عِبَادِكَ .

"Lâ ilâhe illa'llâhü'l-Halîmü'l-Kerîm. Sübhâne'llâhi rabbi's-Semâvâti's-Seb'ı ve rabbi'l arşi'l-azîm. Ve'l hamdü lillâhi rabbi'l-âlemîn."

İnnî Eûzü bike min şerri ibâdik.

(Halim ve Kerîm olan Allah'tan başka ilâh yoktur. Yedi göğün ve yüce arşın sahibi olan Allah'ı tenzîh ederim. Hamd âlemlerin rabbi olan Allâh'adır.)

Şüphesiz, kullarının şerrinden Sana sığınırım.) (Kenzü'l-Ummal, c. 1, s. 299)

43. Hakimlerin Önemli Kararlardan Önce Okuyabilecekleri Bir Duâ:

Bir milletin hayatında adalet en önemli yeri işgal eder ve bunu da sağlıyacak olan hakimlerdir.

Adı bizde mahfuz bir hakim dostumuz önemli kararlar öncesinde dosyayı evine getirir, abdest alır, güzelce iki rekât namaz kılar ve namazda yüce Allah'a kendisini adaleten ayırmaması için niyazda bulunurdu.

Burada şöyle dua edilebilir.

اَلْحَمْدُ لِلّهِ رَبِّ الْعَالَمِينَ وَالصَّلاَةُ وَالسَّلاَمُ عَلَى رَسُولِنَا مُحَمَّدٍ وَعَلَى آلِهِ وَصَحْبِهِ اَجْمَعِينَ. اَعُوذُ بِاللّهِ مِنَ الشَّيْطَانِ الرَّجِيمِ بِسْمِ اللّهِ الرَّحْمنِ الرَّحِيمِ. إِنَّ اللّهَ يَأْمُرُكُمْ اَنْ تُؤَدُّوا الْاَمَانَاتِ اِلَى اَهْلِهَا وَإِذَا حَكَمْتُمْ بَيْنَ النَّاسِ اَنْ تَحْكُمُوا بِالْعَدْلِ. إِنَّ اللّهَ نِعِمَّا يَعِظُكُمْ

بِهِ إِنَّ اللَّهَ كَانَ سَمِيعاً بَصِيراً. رَبَّنَا عَلَيْكَ تَوَكَّلْنَا وَإِلَيْكَ أَنَبْنَا وَإِلَيْكَ الْمَصِيرِ. رَبَّنَا لاَ تَجْعَلْنَا مَعَ الْقَوْمِ الظَّالِمِينَ. وَعَلَى اللَّهِ تَوَكَّلْنَا رَبَّنَا افْتَحْ بَيْنَنَا وَبَيْنَ قَوْمِنَا بِالْحَقِّ وَأَنْتَ خَيْرُ الْفَاتِحِينَ. رَبِّ احْكُمْ بِالْحَقِّ وَرَبُّنَا الرَّحْمنُ الْمُسْتَعَانُ عَلَى مَاتَصِفُونَ. رَبَّنَا آتِنَا فِي الدُّنْيَا حَسَنَةً وَفِي الآخِرَةِ حَسَنَةً وَقِنَا عَذَابَ النَّارِ. بِرَحْمَتِكَ يَا أَرْحَمَ الرَّاحِمِينَ.

"Elhamdu lillâhî rabbi'l-âlemîn. Ve's-salâtu ve's-selâmu alâ resûlinâ Muhammedin ve âlâ âlihi ve sahbihî ecmaîn. Euzu billâhi mine'ş-şeytânir-racîm. Bismillahi'r-rahmâni'r-rahîm. İnnellâhe ye'murüküm en tüeddü'l-emânâti ilâ ehlihâ ve izâ hakemtum beyne'nnâsi en tahkümû bi'l-adll. İnnellahe nıımmâ yeızuküm bih. İnnellâhe kâne semîan basîra. Rabbenâ aleyke tevekkelnâ ve ileyke enebnâ ve ileyke'l-masir. Rabbenâ lâ tec'alnâ maa'l-kavmi'z-zâlimin. Ve ale'llâhi tevekkelnâ, Rabbenâftah beyne nâ ve beyne kavminâ bi'l-hakkı ve ente hayru'l-fâtihin. Rabbi'hküm bi'l-hakki ve rabbüne'r-rahmânü'l-müsteânu alâ mâ tasıfûn. Rabbenâ âtinâ fiddünya haseneten ve fi'l-âhireti haseneten vakinâ azâbennâr, Birahmetike yâ erhamerrâhimin."

(Allahım, mesûliyeti ağır bir görev yüklendim. Kim haklı, kim haksız tam olarak bilemem. Sen her şeyi bilirsin. Beni haktan ve adaletten ayırma. Rabbim, kalbime doğruyu hissedecek, gözüme hakikatı görecek güç ve kuvvet ver. Ben aciz bir kulum. Davâsını güzel anlatanı haklı görebilirim. Beni adaletten ve haktan ayırma. Beni cehennem azabından koru. Allahım, bana hakkı hak, batılı batıl olarak göster. Rabbim, beni adaletten ayırıp insanlara zulmetmekten koru. Allah'ım, Adl ve el-Muksit isminle kalbimde adalet nurunu yak. Adalet beni ve insanları huzura ve mutluluğa ulaştırsın Allahım...)

44. Mahkûmların Okuyacakları Duâ:

İnsanın başına umulmadık felaketler, hâdiseler

gelebilir ve insan kendisini birden bire bir hapishane köşesinde bulabilir.

İnsan bazan haksız olarak da hapse düşebilir. Bir suç işleyerek de girmiş olsa ve suçu ne olursa olsun, hapse giren kimse, oraya girdiği andan itibaren işlemiş olduğu günahlardan dolayı Allah'a tevbe etmeli, O'ndan af dilemelidir. O zamana kadar dînî bir hayatı olmamış olsa bile -hatta inançsız olsa bile- dînî görevlerinin bulunduğunu düşünmeli ve onları yerine getirmek için çaba harcamalıdır.

Suçsuz olarak hapse girenler, bunun ilâhî bir takdir olduğunu hatırdan çıkarmamalıdırlar.

Mahkûmlar yüce Allah'ın bir sebep halkedip onları kurtarması için duâ ve niyazda bulunmalıdırlar.

Yatsı namazından sonra, veya sabah namazından önce ve sonra aşağıdaki duâları okumaları uygundur, kabul olunması ümid edilir.

Yedi defa Âyete'l-Kürsî, Lev enzelna, arkasından esmâ u'l-husna okunur. Şöyle devam edilir:

رَبِّ اِنّى ظَلَمْتُ نَفْسى ظُلْمًا كَثيراً لااِلهَ اِلاَّ اَنْتَ سُبْحَانَكَ اِنّى
كُنْتُ مِنَ الظَّالمينَ رَبِّ اِنّى لِمَا اَنْزَلْتَ اِلَىَّ مِنْ خَيْرٍ فَقيرٌ . عَلَى
اللّٰهِ تَوَكَّلْنَا رَبَّنَا افْتَحْ بَيْنَنَا وَبَيْنَ قَوْمِنَا بِالْحَقِّ وَاَنْتَ خَيْرُ
الْفَاتِحينَ . اَنْتَ وَلِيُّنَا فَاغْفِرْلَنَا وَارْحَمْنَا وَ اَنْتَ خَيْرُ الْغَافِرينَ
وَاكْتُبْ لَنَا فى هَذِهِ الدُّنْيَا حَسَنَةً وَفِى الاخِرَةِ اِنَّا هُدْنَا اِلَيْكَ. رَبِّ
السِّجْنُ أَحَبُّ اِلَىَّ مِمَّا يَدْعُونَنى اِلَيْهِ وَ اِلاَّ تَصْرِفْ عَنّى كَيْدَهُنَّ
اَصْبُ اِلَيْهِنَّ وَ أَكُنْ مِنَ الْجَاهِلينَ . رَبِّ انْصُرْنى عَلَى الْقَوْمِ
الْمُفْسِدينَ رَبَّنَا عَلَيْكَ تَوَكَّلْنَا وَ اِلَيْكَ اَنَبْنَا وَ اِلَيْكَ الْمَصيرُ . رَبِّ
نَجِّنى وَاَهْلى مِمَّا يَعْمَلُونَ.

يَا اَللّٰهُ يَا فَتَّاحُ افْتَحْ لَنَا خَيْرَ الْبَاب بِحَقِّ اِنَّا فَتَحْنَا لَكَ فَتْحًا مُبِينًا . يَا عَدْلُ وَانْصُرْنَا عَلَى الْقَوْمِ الْمُفْسِدِينَ . يَا مُونِسَ الْمُسْتَوْحِشِينَ وَيَا أَنِيسَ الْمُنْفَرِدِينَ وَيَا ظَهِيرَ الْمُنْقَطِعِينَ وَيَا قُوَّةَ الْمُسْتَضْعَفِينَ. وَيَا نَاصِرَ الْمَظْلُومِينَ . رَبَّنَا تَقَبَّلْ مِنَّا اِنَّكَ اَنْتَ السَّمِيعُ الْعَلِيمُ لاَ حَوْلَ وَلاَ قُوَّةَ اِلاَّ بِاللّٰهِ الْعَلِيِّ الْعَظِيمِ بِرَحْمَتِكَ يَا اَرْحَمَ الرَّاحِمِينَ .

"Rabbi innî zalemtü nefsî zulmen kesîrâ, lâ ilâhe illâ ente sübhaneke innî küntü mine'z-zâlimin. Rabbi innî limâ enzelte ileyye min hayrin fakîr. Alallâhi tevekkelnâ rabbene'ftah beynenâ ve beyne kavminâ bi'l-hakk, ve ente hayru'l-fâtihîn. Ente veliyyunâ fağfir lenâ ve'r-hamnâ ve ente hayru'l-âğfirîn. Vektüb lenâ fî hâzihi'd-dünyâ haseneten ve fi'l-âhireti innâ hüdnâ ileyk, rabbi'ssicnü ehabbü ileyye mimmâ yed'ûnenî ileyhi ve illâ tasrif annî keydehünne ve asbu ileyhinne ve ekün mine'l-câhilîn. Rabbi'n-surnî ale'l-kavmi'l-müfsidîn, Rabbenâ aleyke tevekkelnâ ve ileyke enebnâ ve ileyke'l-masîr. Rabbi neccini ve ehlî mimmâ ya'melûn.

Yâ Allah, yâ Fettâh, iftah lenâ hayra'l-bab, bi hakkı innâ fetahnâ leke fethan mubîna. Yâ Adlu, vensurnâ ale'l-kavmi'l müfsidîn. Yâ mûnise'l müstevhışîn, ve yâ Enîse'l-münferidîn, ve yâ zahîra'l-munkatıîn, ve yâ kuvvete'l-mustad'afîn, ve ya Nâsıra'l-mazlûmîn. Rabbenâ tekabbel minnâ inneke ente's-semî'u'l-alîm, lâ havle ve lâ kuvvete illâ billâhi'l-aliyyi'l-azîm, birahmetike yâ erhame'r-râhimîn."

Bundan sonra dileyen dilediği şekilde; gönlünden gelen duâları okur.

45. Savaşa Giderken Okunacak Duâ:

اَلْحَمْدُ لِلّٰهِ رَبِّ الْعَالَمِينَ . وَالصَّلاَةُ وَالسَّلاَمُ عَلَى رَسُولِنَا

مُحَمَّدٍ وَ عَلَى الِهِ وَصَحْبِهِ اَجْمَعِينَ . اَعُوذُ بِاللّٰهِ مِنَ الشَّيْطَانِ الرَّجِيمِ . بِسْمِ اللّٰهِ الرَّحْمٰنِ الرَّحِيمِ . الم . غُلِبَتِ الرُّومُ . فِى اَدْنَى الْاَرْضِ وَهُمْ مِنْ بَعْدِ غَلَبِهِمْ سَيَغْلِبُونَ . فِى بِضْعِ سِنِينَ . لِلّٰهِ الْاَمْرُ مِنْ قَبْلُ وَمِنْ بَعْدُ وَيَوْمَئِذٍ يَفْرَحُ الْمُؤْمِنُونَ . بِنَصْرِ اللّٰهِ يَنْصُرُ مَنْ يَشَاءُ وَهُوَ الْعَزِيزُ الرَّحِيمُ . وَعْدَ اللّٰهِ لاَ يُخْلِفُ اللّٰهُ وَعْدَهُ وَلَكِنَّ اَكْثَرَ النَّاسِ لاَ يَعْلَمُونَ * اِنْفِرُوا خِفَافًا وَثِقَالاً وَجَاهِدُوا بِاَمْوَالِكُمْ وَاَنْفُسِكُمْ فِى سَبِيلِ اللّٰهِ ذَلِكُمْ خَيْرٌ لَكُمْ اِنْ كُنْتُمْ تَعْلَمُونَ * اَللّٰهُمَّ اَنْتَ عَضُدِى وَظَهِيرِى بِكَ اَحُولُ وَبِكَ اَصُولُ وَبِكَ اُقَاتِلُ * اَللّٰهُمَّ مُنْزِلَ الْبَرَكَاتِ وَمُجْرِىَ السَّحَابِ وَهَازِمَ الْاَحْزَابِ وَاهْزِمْهُمْ وَانْصُرْنَا عَلَيْهِمْ * سَيُهْزَمُ الْجَمْعُ وَيُوَلُّونَ الدُّبُرَ . بَلِ السَّاعَةُ مَوْعِدُهُمْ وَالسَّاعَةُ اَدْهَى وَاَمَرُّ * اَللّٰهُمَّ اَنْجِزْلِى مَا وَعَدْتَنِى * اَللّٰهُمَّ آتِ مَا وَعَدْتَنِى اِنَّا فَتَحْنَالَكَ فَتْحًا مُبِينًا * لِيَغْفِرَ لَكَ اللّٰهُ مَا تَقَدَّمَ مِنْ ذَنْبِكَ وَ مَا تَاَخَّرَ وَيُتِمَّ نِعْمَتَهُ عَلَيْكَ وَيَهْدِيَكَ صِرَاطًا مُسْتَقِيمًا * وَيَنْصُرَكَ اللّٰهُ نَصْرًا عَزِيزًا * نَصْرٌ مِنَ اللّٰهِ وَفَتْحٌ قَرِيبٌ وَبَشِّرِ الْمُؤْمِنِينَ *

El-hamdü lillâhi rabbi'l-âlemîn, ve's-salâtu ve's-selâmü alâ rasûlinâ Muhammedin ve alâ âlihî ve ashâbihî ecmaîn.

Eûzü billâhi mine'ş-şeytâni'r-racîm. Bismillâhi'r-Rahmâni'-Rahîm. Elif, Lâm, Mîm. Ğulibeti'r-rûm. Fî edne'l-ardi ve hüm min ba'di ğalebihim seyağlibûn. Fî bid'i sinîn, lillâhi'l-emru min kablu ve min ba'du yevmeizin yefrahu'l-mü'minûn. Binasrillâhi yensuru men yeşâü ve hüve'l-azîzu'r-Rahîm. Va'dellâh, lâ yuhlifu'llâhu va'deh, velâkinne eksere'n-nâsi lâ ya'lemûn. İnfirû hîfâfen ve sikâlen ve câhidû biemvâliküm ve enfüsiküm fî sebîli'llâh, zâliküm hayrun leküm in küntüm ta'lemûn.

Allahumme ente adudi ve zahîri, bike ahûlü, ve bike asûlü ve bike ukatilu. Allahumme munzile'l-berakâti ve mucriye's-sehâbi ve hâzime'l-ahzâbî ve'hzimhum vensurnâ aleyhim. Seyuhzemu'l-cem'u ve yuvellûne'd-dubur. Beli's-saâtu mev'iduhum ve's-sâatu edhâ ve emer. Allahumme enciz lî ma-veadtenî, Allahumme âti mâ veadtenî innâ fetehnâ leke fethan mubînen li-yağfira lekellâhu mâ tekaddeme minzenbike vemâ teahhara ve yutimme ni'metehû aleyke ve yehdiyeke sırâtan mustekîmâ. Ve yensurakellâhu nasran azîza. Nasrun minallâhi ve fethun karîbun ve beşşiri'l-mu'minîn.

(Hamdele ve salât ve selâmdan sonra. Eûzubesmele.)

(Elif, Lâm, Mîm. Rumlar mağlup oldu. Arap ülkesine en vakın yerde... Halbuki onlar bu yenilgilerinden sonra galip gelecekler. Bir kaç yıl içinde. Önünde-sonunda emir Allah'ındır. O gün mü'minler ferahlayacak. Allahın zafer vermesiyle. O, dilediğine zafer verir, O, Azîz'dir, Rahîm'dir. Allah bu zaferi va'detti. Allah va'dinden dönmez, fakat insanların çoğu bunu bilmezler (Rum sûresi, âyet, 1-6).

Ey mü'minler! Gerek hafif süvari olarak, gerek ağırlıklı piyade olarak seferber olun ve Allah yolunda savaşın. Eğer bilirseniz bu sizin için çok hayırlıdır.

Allahım! Sen beni güçlendiren ve bana arka verip yardım edensin. Düşmana Seninle hücum ederim, Senin yardımınla vuruşur, Senin yardımınla savaşırım.

Allahım! Ey berekâtı indiren, bulutları yürüten ve düşmanları bozguna uğratan Rabbim! Düşmanlarımızı dağıt, onlara karşı bize zafer ver. Topluluk bozulacak, gerisin geriye kaçacaklar. İşte bozulacakları an geldi. Bu an onlar için korkunçtur ve acıdır. Allahım! Bana verdiğin va'di yerine getir, bana "önceki ve sonraki günahını bağışlamak, Allahın sana olan nimetini tamamlamak, seni doğru yola iletmek ve sana üstün bir yardım yapmak için apaçık bir fetih verdik" dediğin sözünü yerine getir. Yardım Allah'tandır, fetih de yakındır. Müjdeler olsun mü'minlere).

46. Güzel Arzu ve Meşru İstekler İçin Duâ Ayetleri:

اَعُوذُ بِاللّٰهِ مِنَ الشَّيْطَانِ الرَّجِيمِ بِسْمِ اللّٰهِ الرَّحْمٰنِ الرَّحِيمِ

رَبَّنَا تَقَبَّلْ مِنَّا اِنَّكَ اَنْتَ السَّمِيعُ الْعَلِيمُ . رَبَّنَا وَاجْعَلْنَا
مُسْلِمَيْنِ لَكَ وَمِنْ ذُرِّيَّتِنَا اُمَّةً مُسْلِمَةً لَكَ وَاَرِنَا مَنَاسِكَنَا وَتُبْ
عَلَيْنَا اِنَّكَ اَنْتَ التَّوَّابُ الرَّحِيمُ * رَبَّنَا وَابْعَثْ فِيهِمْ رَسُولاً مِنْهُمْ
يَتْلُوا عَلَيْهِمْ اٰيَاتِكَ وَيُعَلِّمُهُمُ الْكِتَابَ وَالْحِكْمَةَ وَيُزَكِّيهِمْ اِنَّكَ اَنْتَ
الْعَزِيزُ الْحَكِيمُ * رَبَّنَا لاَ تُؤَاخِذْنَا اِنْ نَسِينَا اَوْ اَخْطَأْنَا * رَبَّنَا وَلاَ
تَحْمِلْ عَلَيْنَا اِصْراً كَمَا حَمَلْتَهُ عَلَى الَّذِينَ مِنْ قَبْلِنَا رَبَّنَا وَلاَ
تُحَمِّلْنَا مَا لاَ طَاقَةَ لَنَا بِهِ وَاعْفُ عَنَّا وَاغْفِرْ لَنَا وَارْحَمْنَا اَنْتَ
مَوْلٰينَا فَانْصُرْنَا عَلَى الْقَوْمِ الْكَافِرِينَ * رَبَّنَا آتِنَا فِى الدُّنْيَا حَسَنَةً
وَفِى الْاٰخِرَةِ حَسَنَةً وَقِنَا عَذَابَ النَّارِ * رَبَّنَا لاَ تُزِغْ قُلُوبَنَا بَعْدَ اِذْ
هَدَيْتَنَا وَهَبْ لَنَا مِنْ لَدُنْكَ رَحْمَةً اِنَّكَ اَنْتَ الْوَهَّابُ * رَبَّنَا اِنَّكَ جَامِعُ
النَّاسِ لِيَوْمٍ لاَ رَيْبَ فِيهِ اِنَّ اللّٰهَ لاَ يُخْلِفُ الْمِيعَادَ * اَلَّذِينَ
يَقُولُونَ رَبَّنَا اِنَّنَا آمَنَّا فَاغْفِرْ لَنَا ذُنُوبَنَا وَقِنَا عَذَابَ النَّارِ * رَبَّنَا آمَنَّا
بِمَا اَنْزَلْتَ وَاتَّبَعْنَا الرَّسُولَ فَاكْتُبْنَا مَعَ الشَّاهِدِينَ * رَبَّنَا اغْفِرْ لَنَا
ذُنُوبَنَا وَاِسْرَافَنَا فِى اَمْرِنَا وَثَبِّتْ اَقْدَامَنَا وَانْصُرْنَا عَلَى الْقَوْمِ
الْكَافِرِينَ * رَبَّنَا مَا خَلَقْتَ هٰذَا بَاطِلاً سُبْحَانَكَ فَقِنَا عَذَابَ النَّارِ *
رَبَّنَا اِنَّكَ مَنْ تُدْخِلِ النَّارَ فَقَدْ اَخْزَيْتَهُ وَمَا لِلظَّالِمِينَ مِنْ اَنْصَارٍ *
رَبَّنَا اِنَّنَا سَمِعْنَا مُنَادِياً يُنَادِى لِلْاِيمَانِ اَنْ آمِنُوا بِرَبِّكُمْ فَآمَنَّا رَبَّنَا
فَاغْفِرْ لَنَا ذُنُوبَنَا وَكَفِّرْ عَنَّا سَيِّئَاتِنَا وَتَوَفَّنَا مَعَ الْاَبْرَارِ * رَبَّنَا وَ آتِنَا
مَا وَعَدْتَنَا عَلَى رُسُلِكَ وَلاَ تُخْزِنَا يَوْمَ الْقِيٰمَةِ اِنَّكَ لاَ تُخْلِفُ

الْمِيعَادَ * اَللّٰهُمَّ رَبَّنَا اَنْزِلْ عَلَيْنَا مَائِدَةً مِنَ السَّمَاءِ تَكُونُ لَنَا عِيداً لِاَوَّلِنَا وَآخِرِنَا وَآيَةً مِنْكَ وَارْزُقْنَا وَاَنْتَ خَيْرُ الرَّازِقِينَ * قَالاَ رَبَّنَا ظَلَمْنَا اَنْفُسَنَا وَاِنْ لَمْ تَغْفِرْ لَنَا وَتَرْحَمْنَا لَنَكُونَنَّ مِنَ الْخَاسِرِينَ * رَبَّنَا اِنِّى اَسْكَنْتُ مِنْ ذُرِّيَّتِى بِوَادٍ غَيْرِ ذِى زَرْعٍ عِنْدَ بَيْتِكَ الْمُحَرَّمِ * رَبَّنَا لِيُقِيمُوا الصَّلٰوةَ فَاجْعَلْ اَفْئِدَةً مِنَ النَّاسِ تَهْوِى اِلَيْهِمْ وَارْزُقْهُمْ مِنَ الثَّمَرَاتِ لَعَلَّهُمْ يَشْكُرُونَ * رَبَّنَا اِنَّكَ تَعْلَمُ مَا نُخْفِى وَمَا نُعْلِنُ وَمَا يَخْفَى عَلَى اللّٰهِ مِنْ شَىْءٍ فِى الْاَرْضِ وَلاَ فِى السَّمَاءِ * اَلْحَمْدُ لِلّٰهِ الَّذِى وَهَبَ لِى عَلَى الْكِبَرِ اِسْمٰعِيلَ وَاِسْحٰقَ * اِنَّ رَبِّى لَسَمِيعُ الدُّعَاءِ * رَبِّ اجْعَلْنِى مُقِيمَ الصَّلٰوةِ وَمِنْ ذُرِّيَّتِى رَبَّنَا وَتَقَبَّلْ دُعَاءِ * رَبَّنَا اغْفِرْلِى وَلِوَالِدَىَّ وَلِلْمُؤْمِنِينَ يَوْمَ يَقُومُ الْحِسَابُ * رَبَّنَا آتِنَا مِنْ لَدُنْكَ رَحْمَةً وَهَيِّئْ لَنَا مِنْ اَمْرِنَا رَشَداً * رَبِّ احْكُمْ بِالْحَقِّ وَرَبُّنَا الرَّحْمٰنُ الْمُسْتَعَانُ عَلَى مَا تَصِفُونَ * رَبَّنَا اصْرِفْ عَنَّا عَذَابَ جَهَنَّمَ اِنَّ عَذَابَهَا كَانَ غَرَامًا * رَبَّنَا وَسِعْتَ كُلَّ شَىْءٍ رَحْمَةً وَعِلْمًا فَاغْفِرْ لِلَّذِينَ تَابُوا وَاتَّبَعُوا سَبِيلَكَ وَقِهِمْ عَذَابَ الْجَحِيمِ * رَبَّنَا وَاَدْخِلْهُمْ جَنَّاتِ عَدْنِ نِ الَّتِى وَعَدْتَهُمْ وَمَنْ صَلَحَ مِنْ آبَائِهِمْ وَ اَزْوَاجِهِمْ وَ ذُرِّيَّاتِهِمْ اِنَّكَ اَنْتَ الْعَزِيزُ الْحَكِيمُ * رَبَّنَا اغْفِرْلَنَا وَلِاِخْوَانِنَا الَّذِينَ سَبَقُونَا بِالْاِيمَانِ وَلاَ تَجْعَلْ فِى قُلُوبِنَا غِلاًّ لِلَّذِينَ آمَنُوا رَبَّنَا اِنَّكَ رَؤُفٌ رَحِيمٌ * رَبَّنَا عَلَيْكَ تَوَكَّلْنَا وَ اِلَيْكَ اَنَبْنَا وَاِلَيْكَ الْمَصِيرُ * رَبَّنَا لاَ تَجْعَلْنَا فِتْنَةً لِلَّذِينَ كَفَرُوا وَاغْفِرْلَنَا رَبَّنَا اِنَّكَ اَنْتَ الْعَزِيزُ الْحَكِيمُ * رَبَّنَا اَتْمِمْ لَنَا نُورَنَا وَاغْفِرْ لَنَا اِنَّكَ عَلَى كُلِّ شَىْءٍ قَدِيرٌ *

Rabbenâ tekabbel minnâ inneke ente's-semîu'l-alîm. Rabbenâ ve'calnâ müslimeyni leke ve min zürriyyetinâ ümmeten müslimeten leke, ve erinâ menâsikenâ ve tüb aleynâ inneke ente't-tevvâbü'r-rahîm. Rabbenâ ve'b'as fîhim rasûlen minhüm yetlû aleyhim âyâtike ve yü'allimühümü'l-kitâbe ve'l-hikmete ve yüzekkîhim, inneke ente'l-azîzu'l-hakîm. Rabbenâ lâ tu'âhiznâ in nesînâ ev ah'ta'nâ, rabbenâ ve lâ tahmil aleynâ ısran kemâ hameltehû ale'llezîne min kablinâ, rabbenâ ve lâ tuhammilnâ mâ lâ tâkate lenâ bih, va'fu'annâ, vağfir lenâ, ve'r-hamnâ, ente mevlânâ fe'n-surnâ ale'l-kavmi'l-kâfirîn.

Rabbenâ âtinâ fi'd-dünyâ haseneten ve fi'l-âhireti haseneten vakınâ azâbennâr.

Rabbenâ lâ tuziğ kulûbenâ ba'de iz-hedeytenâ ve heb lenâ min-ledunke rahmeten, inneke ente'l-vehhâb.

Rabbenâ inneke câmi'unnâsî liyevmin lâ raybe fîh, innallâhe lâ yuhlifü'l-mîâd.

Ellezîne yekûlûne rabbenâ innenâ âmennâ fa'ğfir lenâ zünûbenâ ve kınâ azâbe'n-nâr.

Rabbenâ âmennâ bimâ enzelte ve't-tebâ'nâ'r-rasûle fe'ktübnâ maa'ş-şâhidîn.

Rabbenâ'ğfir lenâ zünûbenâ ve isrâfenâ fî emrinâ ve sebbit akdâmenâ va'n-surnâ alâ'l-kavmi'l-kâfirîn.

Rabbenâ mâ halakte hâzâ bâtılâ, sübhaneke fe-kınâ azâben-nâr.

Rabbenâ inneke men-tüdhıli'n nâra fekad ahzeyteh, vemâ li'z-zâlimîne min ensâr.

Rabbenâ innenâ semi'nâ munâdiyen yunâdî li'l-imânî en-âminû bi-rabbiküm fe-âmennâ, rabbenâ fağfir lenâ zünûbenâ ve keffir annâ seyyi'âtinâ ve teveffenâ maâ'l-ebrâr.

Rabbenâ ve âtinâ ma-vaadtenâ alâ rusülike velâ tuhzinâ yevme'l-kıyâmeti inneke lâ-tuhlifü'l-mîâd.

Allahümme rabbenâ enzil aleynâ mâideten mine's-semâi tekûnü lenâ îden li-evvelinâ ve âhirinâ ve âyeten minke, ve'r-zuknâ ve ente hayru'r-razikîn.

Kaalâ rabbenâ zalemnâ enfüsenâ ve in-lem-tağfir lenâ ve terhamnâ lenekûnenne mine'l-hâsirin.

Rabbenâ innî eskentü min-züriyyeti bi-vâdin ğayri zîzar'in inde beytike'l-Muharrami rabbenâ liyukîmu's-salâte fec'al ef'ideten mine'n-nâsi tehvî ileyhim ve'r-zukhum mine's-semerâti le'allehum yeşkurûn.

Rabbenâ inneke ta'lemü mâ-nuhfî vemâ nu'lin, vemâ yahfâ alâllahi min-şey'in fi'l-ardı velâ fi's-semâî, elhamdü lillâhillezî vehebe lî ale'l-kiberı İsmâîle ve İshâka, inne rabbî le-semîu'd-duâ'

Rabbic'alnî mukîma's-salâti vemin zürriyetî, rabbenâ ve tekabbel duâ;

Rabbenâ'ğfîr lî ve livâlideyye ve li'l-mü'minîne yevme yekûmü'l-hisâb.

Rabbenâ âtinâ min-ledünke rahmeten ve heyyi' lenâ min-emrinâ raşedâ.

Rabbı'hküm bi'l-hakkı ve rabbüne'r-rahmânü'l-müsteânü alâ mâ tasıfûn. Rabbena'srif annâ azâbe cehennem, inne azâbehâ kâne ğarâmâ. Rabbenâ vesi'te külle şey'in rahmeten ve ilmâ. Fağfir lillezîne tâbû ve'ttebeû sebîleke vekıhim azâbe'l-cahîm. Rabbenâ ve edhilhum cennâti adnini'lletî vaadtehüm ve men salaha min âbâihim ve ezvâcihim ve zürriyâtihim, inneke ente'l-azîzu'l-hakîm.

Rabbena'ğfir lenâ ve li ihvânine'llezîne sebekûnâ bi'l-îmâni ve lâ tec'al fî kulûbinâ ğillen lillezîne âmenû, rabbenâ inneke raûfü'r-rahîm. Rabbenâ aleyke tevekkelnâ ve ileyke enebnâ ve ileyke'l-masîr. Rabbenâ lâ tec'alnâ fitneten lillezîne keferû, vağfir lenâ, rabbenâ inneke ente'l-azîzü'l-hakîm.

Rabbenâ etmim lenâ nûranâ vağfir lenâ inneke alâ külli şey'in kadîr.

(Ey Rabbimiz! Bizden bu hayırlı işi kabul eyle; çünkü Sen duâmızı işiten ve her şeyi bilensin.

Ey Rabbimiz! Bizi Sana teslim ve ihlas sahibi olmakla sabit kıl, soyumuzdan gelenleri Sana boyun eğen bir ümmet yap; bize ibadet yollarımızı ve hac vazifelerimizi göster, günahlarımızı affedip tevbelerimizi kabul buyur, çünkü Sen tevbeleri kabul eden ve mü'minlere rahmet edensin. Ey Rabbimiz! Soyumuzdan gelen ümmet içinden bir peygamber gönder ki, onlara Senin âyetlerini okusun,

Kitabı ve hükümleri öğretsin, onları günahlardan temizlesin. Muhakkak ki Sen Azîz ve Hakîm'sin.

Ey Rabbimiz! Eğer unutur veya bilmeyerek hata edersek bizi sorumlu tutup hesaba çekme. Ey Rabbimiz! Bizden öncekilere yüklediğin gibi, bize taşıyamayacağımız yük yükleme. Ey Rabbimiz! Bize güç yetiremiyeceğimiz şeyi yükleme. Günahlarımızı affet, bizi bağışla, bize merhamet et. Çünkü Sen bizim Mevlâ'mızsın, kâfirlere karşı bize yardım et, zafer ver.

Ey Rabbimiz! Bize bu dünyada da âhirette de iyilik ve güzellik ver, Cehennem azâbından bizi koru.

Ey Rabbimiz! Bize hidayet verdikten sonra kalplerimizi saptırma; katından bize bir merhamet ihsan et, çünkü Sen çok çok bağışlayansın.

Ey Rabbimiz! Muhakkak ki Sen, geleceğinde hiç şüphe olmayan bir günde insanları toplayacaksın. Şüphesiz Allah va'dinden dönmez.

O takva sahipleri yalvararak:

–Ey Rabbimiz! Biz iman ettik, bizim günahlarımızı bağışla, bizi Cehennem azâbından koru, derler.

Ey Rabbimiz! İndirdiğin İncil'e inandık ve Peygamber olarak gönderdiğin İsa'ya tabi olduk. Artık bizi şahidlerle beraber yaz.

Ey Rabbimiz! Günahlarımızdan ve işlerimizde yaptığımız taşkınlıklardan dolayı bizi bağışla, savaşta ayaklarımıza diret ve kâfirlere karşı bize zafer ver.

Ey Rabbimiz! Sen bunları boşuna yaratmadın. Sen bâtıl şey yaratmazsın. Artık bizi Cehennem azabından koru.

Ey Rabbimiz! Gerçekten Sen kimi ateşe sokarsan şüphesiz onu perişan edersin. Orada zalimlerin azabını kaldıracak hiçbir yardımcıları da yoktur.

Ey Rabbimiz! Doğrusu biz, bir davetçi duyduk: Rabbinize iman edin, diye insanları Allah'a iman etmeye çağırıyordu. Dinledik ve hemen iman ettik. Ey Rabbimiz! Günahlarımızı bağışla, kusurlarımızı ört ve ruhlarımızı iyi kimselerle beraber al.

Ey Rabbimiz! Peygamberlerinin lisanı üzere bize vadettiğin sevabı ver ve kıyamet gününde bizi rüsvay etme. Şüphe yok ki Sen va'dinden dönmezsin.

Ey Allahım! Ey Rabbimiz! Bize gökten bir sofra indir ki, bizim hem evvelimiz hem de âhirimiz için bir bayram ve kudretinden bir mucize olsun. Bizi rızıklandır, çünkü Sen rızık verenlerin en hayırlısısın.

Ey Rabbimiz! Kendimize zulmettik. Eğer bizi bağışlamaz ve bize merhamet etmezsen, muhakkak ziyan edenlerden oluruz.

Ey Rabbimiz! Ben evladımdan bir kısmını Senin mukaddes evinin (Kâ'be) yanında, ekin bitmez bir vadide yerleştirdim. Ey Rabbimiz! Namazı gereği gibi kılsınlar diye. Artık insanlardan bir kısmının kalplerini onlara meylettir. Şükretmeleri için de o belde halkını bazı meyvelerle rızıklandır.

Ey Rabbimiz! Gizlediğimiz ve açıkladığımız her şeyi muhakkak Sen bilirsin. Ne yerde ne gökte hiçbir şey Allah'a gizli kalmaz.

İhtiyarlık halinde bana İsmail'i ve İshak'ı veren Allah'a hamdolsun. Gerçekten Rabbim duâyı kabul edendir.

Rabbim! Beni gereği gibi namaz kılan eyle. Zürriyetimden de böyle kimseler yarat. Ey Rabbimiz! Duâmı kabul et.

Ey Rabbimiz! Hesap kurulacağı kıyamet günü, beni, anamı-babamı ve bütün mü'minleri bağışla.

Ey Rabbimiz! Bize tarafından bir rahmet ihsan et, işimizde bize başarı ver.

Ey Rabbim! Benimle (Mekke halkı) arasında adaletle hükmet. Rabbımız O Rahmandır ki, yardımına sığınılacak ancak O'dur.

Ey Rabbimiz! Bizden Cehennem azabını uzak tut.

Şüphe yok ki, onun azabı devamlı bir helâktir.

Ey Rabbimiz! Bize zevcelerimizden ve nesillerimizden gözlerimizin sevinci olacak iyi kimseler ver. Ve bizi takva sahiplerine önder yap.

Ey Rabbimiz! Senin rahmetin ve ilmin her şeyi kuşatmıştır. Öyleyse, tevbe edenleri ve Senin yolundan gidenleri bağışla, onları Cehennem azabından koru.

Ey Rabbimiz! Onları ve atalarından, zevcelerinden, nesillerinden salih olanları kendilerine va'dettiğin Adn Cennetlerine koy. Şüphesiz Sen Azîz ve Hakîm'sin.

Ey Rabbimiz! Bizi ve bizden önce iman etmiş olan kardeşlerimizi bağışla, iman etmiş olanlar için kalplerimizde bir kin bırakma. Ey Rabbimiz! Muhakkak ki Sen çok şefkatli ve çok merhametlisin.

Ey Rabbimiz! Ancak Sana tevekkül ettik, sana ibadete koyulduk. Dönüş de yalnız Sanadır.

Ey Rabbimiz! Bizi o kâfirlerin fitnesi eyleme, (bizi onlara ezdirme) bizi bağışla. Ey Rabbimiz! Muhakkak Sen Azîz ve Hakîm'sin.

Ey Rabbimiz! Bizim nurumuzu tamamla, bizi bağışla. Çünkü Sen her şeye Kâdirsin.)

47. Güzel Arzu ve İsteklerin Kabulü İçin Okunacak Secde Âyetleri:

Aşağıda zikredeceğimiz âyetler okunmadan önce güzelce abdest alınır, iki rekât namaz kıldıktan sonra okunmaya başlanır. Her âyeti okuduktan sonra secdeye gidilir. Secdede "Sübhâne Rabbiye'l-â'lâ" denileceği gibi, daha önce secdede Peygamberimiz (s.a.s)'in okuduğu duâlar da okunabilir. Âyetler bittikten sonra yüce Allah'dan istenecek şeyler samîmî bir kalble istenir.

اِنَّ الَّذينَ عِنْدَ رَبِّكَ لاَ يَسْتَكْبِرُونَ عَنْ عِبَادَتِهِ وَيُسَبِّحُونَهُ وَلَهُ

يَسْجُدُونَ * وَلِلّه يَسْجُدُ مَنْ فِى السَّمواتِ وَالْاَرْضِ طَوْعًا وكَرْهًا وَظِلاَلُهُمْ بِالْغُدُوِّ وَالْاَصَالِ * وَلِلّه يَسْجُدُ مَا فِى السَّمواتِ وَمَا فِى الْاَرْضِ مِنْ دَابَّةٍ وَالْمَلئِكَةُ وَهُمْ لاَ يَسْتَكْبِرُونَ * قُلْ امِنُوا بِه اَوْلاَ تُؤْمِنُوا اِنَّ الَّذِينَ أُوتُوا الْعِلْمَ مِنْ قَبْلِه اِذَا يُتْلى عَلَيْهِمْ يَخِرُّونَ لِلاَذْقَانِ سُجَّداً * أُولئِكَ الَّذِينَ اَنْعَمَ اللّهُ عَلَيْهِمْ مِنَ النَّبِيِّينَ مِنْ ذُرِّيَّةِ آدَمَ وَمِمَّنْ حَمَلْنَا مَعَ نُوحٍ وَمِنْ ذُرِّيَّةِ اِبْرَاهِيمَ وَاِسْرَائِيلَ وَمِمَّنْ هَدَيْنَا وَاجْتَبَيْنَا اِذَا تُتْلى عَلَيْهِمْ اَيَاتُ الرَّحْمنِ خَرُّوا سُجَّداً وَبُكِيًّا * اَلَمْ تَرَ اَنَّ اللّهَ يَسْجُدُ لَهُ مَنْ فِى السَّمَاوَاتِ وَمَنْ فِى الْاَرْضِ وَالشَّمْسُ وَالْقَمَرُ وَالنُّجُومُ وَالْجِبَالُ وَالشَّجَرُ وَالدَّوَابُّ وَكَثِيرٌ مِنَ النَّاسِ وَكَثِيرٌ حَقَّ عَلَيْهِ الْعَذَابُ وَمَنْ يُهِنِ اللّهُ فَمَا لَهُ مِنْ مُكْرِمٍ اِنَّ اللّهَ يَفْعَلُ مَا يَشَآءُ * هذَانِ خَصْمَانِ اخْتَصَمُوا فِى رَبِّهِمْ فَالَّذِينَ كَفَرُوا قُطِّعَتْ لَهُمْ ثِيَابٌ مِنْ نَارٍ يُصَبُّ مِنْ فَوْقِ رُؤُسِهِمُ الْحَمِيمُ * وَاِذَا قِيلَ لَهُمُ اسْجُدُوا لِلرَّحْمنِ قَالُوا وَمَا الرَّحْمنُ اَنَسْجُدُ لِمَا تَأْمُرُونَا وَزَادَهُمْ نُفُوراً * وَجَدْتُهَا وَقَوْمَهَا يَسْجُدُونَ لِلشَّمْسِ مِنْ دُونِ اللّهِ وَزَيَّنَ لَهُمُ الشَّيْطَانُ اَعْمَالَهُمْ فَصَدَّهُمْ عَنِ السَّبِيلِ فَهُمْ لاَ يَهْتَدُونَ * اِنَّمَا يُؤْمِنُ بِاَيَاتِنَا الَّذِينَ اِذَا ذُكِّرُوا بِهَا خَرُّوا سُجَّداً وَسَبَّحُوا بِحَمْدِ رَبِّهِمْ وَهُمْ لاَ يَسْتَكْبِرُونَ * قَالَ لَقَدْ ظَلَمَكَ بِسُؤَالِ نَعْجَتِكَ اِلى نِعَاجِهِ وَاِنَّ كَثِيراً مِنَ الْخُلَطَاءِ لَيَبْغِى بَعْضُهُمْ عَلى بَعْضٍ اِلاَّ الَّذِينَ اَمَنُوا وَعَمِلُوا الصَّالِحَاتِ وَقَلِيلٌ مَاهُمْ وَظَنَّ دَاوُدُ اَنَّمَا فَتَنَّاهُ فَاسْتَغْفَرَ رَبَّهُ وَخَرَّ رَاكِعًا وَاَنَابَ . وَمِنْ اَيَاتِهِ الَّيْلُ وَالنَّهَارُ وَالشَّمْسُ

وَالْقَمَرُ لاَ تَسْجُدُوا لِلشَّمْسِ وَلاَ لِلْقَمَرِ وَاسْجُدُوا لِلّٰهِ الَّذِى خَلَقَهُنَّ اِنْ كُنْتُمْ اِيَّاهُ تَعْبُدُونَ . وَاَنْتُمْ سَامِدُونَ . فَاسْجُدُوا لِلّٰهِ وَاعْبُدُوا * وَاِذَا قُرِئَ عَلَيْهِمُ الْقُرْاٰنُ لاَ يَسْجُدُونَ * كَلاَّ لاَ تُطِعْهُ وَاسْجُدْ وَاقْتَرِبْ *

İnnellezîne inde rabbike lâ yestekbirûne an ibâdetihî ve yüsebbihûnehû ve lehû yescüdûn. Ve lillâhî yescüdü men fis's-semâvâti ve'l-ardi tav'an ve kerhen ve zılâlühüm bi'l-ğudüvvi ve'l-âsâl. Ve lillâhi yescüdü mâ-fi's-semâvâti vemâ fi'l-ardi min-dâbbetin ve'l-melâiketü vehüm lâ yestekbirûn. Kul âminû bihî ev lâ tu'minû, innellezîne ûtü'l-ilme min kablihî izâ tütlâ aleyhim yahirrûne li'l-ezkâni süccedâ. Ülâikellezîne en'amallâhü aleyhim mine'n-nebiyyîne min-zürriyyeti Âdeme ve mimmen hamelnâ me'a Nûhin ve min-zürriyyeti İbrâhîme ve İsrâîle ve mimmen hedeynâ ve'ctebeynâ izâ tütlâ aleyhim âyâtü'r-rahmâni harrû sücceden ve bükiyyâ. Elem tera ennallâhe yescüdü lehû men-fis'semâvâti ve men fi'l-ardi ve'ş-şemsü ve'l-kameru ve'n-nücûmü ve'l-cibâlü ve'ş-şeceru ve'd-devâbbü ve kesîrun mine'n-nâsi ve kesîrun hakka aleyhi'l-azâbu ve men yühinillahü femâ lehû min-mükrim, innellâhe yef'alü mâ-yeşâ'u. Hâzâni hasmâni'htasamû fî rabbihim fellezîne keferû kuttı'at lehüm siyâbün min-nâr, yusabbü min-favki ruûsihimü'l-hamîm. Ve izâ kîle lehüm-üscüdû li'r-rahmâni kaalû vema'r-rahmânu enescüdü limâ te'mürûnâ ve zâdehüm nüfûrâ. Vecedtühâ ve kavmehâ yescüdûne li'ş-şemsi min-dûnillâhi ve zeyyene lehümü'ş-şeytânü a'mâlehüm fesaddehüm ani's-sebîli fehum lâ yehtedûn. İnnemâ yü'minü bi-âyâtina'l-lezîne izâ zükkirû bihâ harrû sücceden ve sebbihû bi-hamdi rabbihim vehüm lâyestekbirûn. Kaale lekad zalemeke bi-sü'âli na'cetike ilâ ni'âcih, ve inne kesîran mine'l-huletâ'i leyebğî ba'duhum alâ ba'dın illa'llezine âmenû ve amilu's-sâlihâti ve kalîlün mâ-hüm ve zanne dâvûdü ennemâ fetennâhü fe's-tağfere rabbehû ve harra râki'an ve enâb. Ve min âyâtihî'l-leylü ve'n-nehâru ve'ş-şemsü ve'l-kameru lâ tescüdû li-ş-şemsi velâ li'l-kameri ve's-cüdû lillâhillezî halekahünne in-küntüm iyyâhu ta'budûn. Ve entüm sâmidûne fe's-cudû lillâhî ve'büdû. Ve izâ kuri'e aleyhimu'l-Kur'ânu lâ-yescüdûn. Kellâ lâ-tüti'hü ve'scüd ve'kterib.

(Doğrusu Rabbinin katında olanlar, O'na kulluk etmekten büyüklenmezler, O'nu tenzih ederler ve yalnız O'na secde ederler. (A'râf, 206).

Yerde ve göklerdeki kimseler de, gölgeleri de sabah akşam Allah'ı zikrederler. (Ra'd, 15)

Göklerde ve yerde bulunan her canlı ve melekler, büyüklük taslamaksızın Allah'a secde ederler. (Nahl, 49)

De ki: Kur'ân'a ister inanın, ister inanmayın, ondan önceki bilginlere o okunduğu zaman, yüzleri üzerine secdeye varırlar. (İsrâ, 107)

İşte onlar Âdem'in ve Nuh'la beraber taşıdıklarımızın soyundan; İbrahim ve İsrâil'in soyundan ve seçip doğru yola eriştirdiğimiz, Allah'ın kendilerine nimet verdiği peygamberlerdendir. Rahmân'ın ayetleri onlara okunduğu zaman, ağlayarak secdeye kapanırlardı. (Meryem, 58)

Göklerde ve yerde olanların, güneş, ay, yıldızlar, dağlar, ağaçlar, hayvanlar ve insanların bir çoğunun Allah'a secde ettiklerini görmüyor musun? İşte Rableri hakkında tartışmaya giren iki taraf: O'nu inkâr edenlere, ateşten elbiseler kesilmiştir, başlarına da kaynar su dökülür... (Hacc, 18-19)

Onlara "Rahmân'a secdeye varın" dendiği zaman "Rahmân da nedir? Ey Muhammed! Emrettiğine mi secdeye varacağız?" derler. Bu, onların nefretini artırır. (Furkân, 60)

Allah'ı bırakıp güneşe secde eden bir kadını ve kavmini gördüm. Şeytan onlara işlerini güzel göstermiş ve onları yoldan çıkarmıştır. onlar hidayete ermezler. (Neml, 24)

Âyetlerimize ancak, kendilerine hatırlatıldığı zaman secdeye kapananlar, büyüklük taslamayarak rablerini överek yüceltenler inanır. (Secde, 15)

Dâvûd: "Andolsun ki, senin dişi koyununu kendi dişi koyunlarına katmak istemekle sana haksızlıkta bulunmuştur. Doğrusu ortakçıların çoğu birbirlerinin haklarına tecavüz ederler. İnanıp yararlı iş işleyenler bunun dışındadır ki, sayıları da ne kadar azdır" demişti. Dâvûd kendisini denediğimizi sanmıştı da, Rabbinden mağfiret dileyerek eğilip secdeye kapanmış, tevbe etmiş, Allah'a yönelmişti (Sâd, 24)

Gece ile gündüz, güneş ile ay Allah'ın varlığının belgelerindendir. Güneşe ve aya secde etmeyin; eğer Allah'a kulluk etmek istiyorsanız, bunları Yaratan'a secde edin. (Fussilet, 37)

Habersiz oyalanmaktasınız, artık secdeye varın, Allah'a kulluk edin. (Necm, 61-62)

Onlara Kur'ân okunduğu zaman neden secde etmiyorlar? (inşikâk, 21)

Ey doğru yolda olan! Sakın ona uyma; sen secde et, Rabbine yaklaş.) (Alak, 19)

48. Maddî ve Manevî Mertebeler Elde Etmek İçin Okunacak İki Âyet:

قُلِ اللّٰهُمَّ مَالِكَ الْمُلْكِ تُؤْتِى الْمُلْكَ مَنْ تَشَآءُ وَتَنْزِعُ الْمُلْكَ مِمَّنْ تَشَآءُ وَتُعِزُّ مَنْ تَشَآءُ وَتُذِلُّ مَنْ تَشَآءُ بِيَدِكَ الْخَيْرُ . اِنَّكَ عَلٰى كُلِّ شَىْءٍ قَدِيرٌ * تُولِجُ الَّيْلَ فِى النَّهَارِ وَتُولِجُ النَّهَارَ فِى الَّيْلِ وَتُخْرِجُ الْحَىَّ مِنَ الْمَيِّتِ وَتُخْرِجُ الْمَيِّتَ مِنَ الْحَىِّ . وَتَرْزُقُ مَنْ تَشَآءُ بِغَيْرِ حِسَابٍ *

"Kul'illâhümme mâlike'l-mülki, tü'ti'l-mülke men teşâü, ve tenziu'l-mülke mimmen teşâu, ve tüizzü men teşâü ve tüzillü men teşâü biyedike'l-hayr, inneke alâ külli şey'in kadîr. Tûlicü'lleyle fi'n-nehâri ve tûlicü'n-nehâre fi'lleyli ve tuhricu'l-hayye mine'l-meyyiti ve tuhricü'l-meyyite mine'l-hayy, ve terzuku men teşâü biğayri hìsâb,

(Resulüm şöyle de: Ey mülkün sahibi Allâhım! Sen dilediğine mülkü verirsin, dilediğinden de mülkü çeker alırsın. Dilediğini azîz edersin, dilediğini de zelîl. Hayır yalnız Senin elindedir. Şüphesiz ki Sen her şeye Kâdir'sin.

Geceyi gündüze, gündüzü de geceye sokarsın. Ölüden diri, diriden de ölü çıkarırsın; dilediğine sayısız rızıklar ihsan edersin). (Al-i İmrân suresi, âyet, 26-27).

49. Bir Ev veya Daire Satın Alınıp Yerleşince Okunacak Dua

Abdest alınır iki rekât namaz kılınır ve

الحمد لله رب العالمين والصلاة والسلام على رسولنا محمد وعلى آله وصحبه اجمعين. اعوذ بالله من الشيطان الرجيم بسم الله الرحمن الرحيم. لئن شكرتم لازيدنّكم ولئن كفرتم إن عذابي لشديد.

"Elhamdu lillâhi rabbi'l-âlemin. Ve's-salâtü ve's-selâmü alâ resûlin â Muhamedin ve âlâ âlihî ve sahbihi ecmaîn. Euzu billâhî mine's-şetani'r-racîm, Bismillâhi rahmânirahim. Le in şekertüm leezîden neküm velein kefertum inne azâbî leşedid.

Allahım,

(Bana ailemle birlikte oturabileceğim bur yuva lutfettin. Sana şükürler olsun. Beni ve ailemi bu evde mesud ve bahtiyar eyle. Bizi kazalardan, felâketlerden ve belâlardan koru. Allah'ım, biz âciz kullarız. Bu ev günahların değil, fakat hayırlı ve güzel işlerin konuşulduğu ve yapıldığı bir yer olsun. Haram lokma girmesin boğazımızdan. Rabbim, komşularıma eza etmekten beni koru. Hayırlı komşular ihsan eyle Allah'ım. Sana hamd, sevgili peygamberine salât ve selâm olsun Allah'ım...)

50. İsm-i Azam Duâsı

Enes b. Mâlik (r.a) anlatıyor:

Hz. Peygamber (s.a.s) oturuyor, bir adam da namaz kılıyordu. Adam namazdan sonra duâ etti ve şöyle dedi:

اَللّٰهُمَّ اِنّى أَسْأَلُكَ بِاَنَّ لَكَ الْحَمْدُ لَآ اِلٰهَ اِلاَّ أَنْتَ الْمَنَّانُ بَدِيعُ
السَّمٰوَاتِ وَالْاَرْضِ يَا ذَا الْجَلَالِ وَالْاِكْرَامِ يَا حَىُّ يَا قَيُّومُ *

"Allâhümme innî es'elüke bi enne leke'l-hamdü lâilâhe illâ Ente'l-Mennânu, bedîu's-semâvâti ve'l-ardi yâ ze'l-celâli ve'l-ikrâm, yâ Hayyü yâ Kayyûm.

(Allahım! Senden şunun hürmetine istiyorum ki, hamd Sana mahsustur, Senden başka hiçbir ilâh yoktur. Sen Mennân'sın; bol bol verensin, gökleri ve yeri örneği olmadan yaratan Sensin. Ey celâl ve ikram sahibi! Ey varlıklara hayat veren, onların hayatını devam ettiren Allahım! (duamı kabul eyle)"

Peygamber (s.a.s) bunu duyunca şöyle buyurdu:

"Allahu Teâlâ'ya ism-i a'zam'iyle dua etti. Allah, o ismin hürmetine derse duâyı kabul eder". (Ebu Davud, Salat, h. nu: 1495)

Sa'd b. Ebî Vakkas (r.a)'dan rivayet edildiğine göre, Peygamber (s.a.s) şöyle demiştir:

"Zün-nûn (Yunus) balığın karnında iken yaptığı dua:

لَآ اِلٰهَ اِلاَّ أَنْتَ سُبْحَانَكَ اِنّى كُنْتُ مِنَ الظَّالِمِينَ

"Lâ ilâhe illâ ente sübhâneke innî küntü mine'z-zâlimîn.'

(Senden başka tanrı yoktur, ben şüphe yok ki, zalimlerden idim)

Şurası kesin ki, bir müslüman her hangi bir konuda bununla duâ ederse, Allah kısa zamanda onun duâsını kabul eder". (Enbiya Suresi, âyet, 87; Tirmizi, Da'vat, h. nu: 3505)

Büreyde (r.a) anlatıyor:

Peygamber (s.a.s) efendimiz bir adamı şu şekilde duâ ederken duydu:

اَللّٰهُمَّ اِنّى اَسْئَلُكَ بِأَنّى اَشْهَدُ اَنَّكَ اَنْتَ اللّٰهُ لَآاِلٰهَ اِلاَّ اَنْتَ الْاَحَدُ الصَّمَدُ الَّذى لَمْ يَلِدْ وَلَمْ يُولَدْ وَلَمْ يَكُنْ لَهُ كُفُواً اَحَدٌ *

"Allâhümme inni es'elüke biennî eşhedü enneke ente'llahü lâ ilâhe illâ ente'l-ahadu's-samed, ellezî lem yelid ve lem yûled, velem yekün lehû küfüven ahad.

(Allahım! Senden istiyorum. Ben şehadet ederim ki, Sen kendinden başka ilâh bulunmayan Allah'sın. Sen teksin, hiç bir şeye muhtaç değilsin, doğmamış, doğurulmamış, hiç bir şey kendine denk olmayan Allah'sın).

Adam böylece duâ edip bitirince Hz. Peygamber (s.a.s) şöyle dedi: *"Allah'ın öyle bir ismini zikre-derek duâ ettin ki, Allah o isim hürmetine istenildiğinde verir, duâ edildiğinde kabul eder."* (Ebu Davud, Salat, h. nu: 1493)

Hz. Aişe (r.a) diyor ki:

"Bir gün Allah'ın Resulünü şu şekilde duâ ederken işittim:

اَللّٰهُمَّ اِنّى اَسْئَلُكَ بِاسْمِكَ الطَّاهِرِ الطَّيِّبِ الْمُبَارَكِ الْاَحَبِّ اِلَيْكَ الَّذى اِذَا دُعِيتَ بِهِ اَجَبْتَ وَاِذَا سُئِلْتَ بِهِ اَعْطَيْتَ وَاِذَا اسْتُرْحِمْتَ بِهِ رَحِمْتَ وَاِذَا اسْتُفْرِجْتَ بِهِ فَرَّجْتَ

"Allahümme innî es'elüke bi'smike't-tâhiri't-tayyibi'l-mübaraki'l-ahabbi ileyke'l-lezî izâ duîte bihî ecebte, ve izâ sü'ilte bihî a'tayte, ve izâ's-turhimte bihî rahimte, ve izâ's-tüfricte bihî farrecte"

(Allahım! Senin temiz, güzel, mübarek ve Sana göre en çok sevilen ve güzel olan ismin hürmetine Senden istiyorum, o isimle duâ edilince kabul edersin, O'nunla Senden bir şey istenince verirsin, O'nunla Senden merhamet istendiğinde merhamet edersin, O'nunla Senden sıkıntılardan kurtuluş istenince kurtarır, üzüntü ve kederleri giderirsin.) (İ. Mâce, Dua, H. no, 3859)

Esmâ binti Yezid' (r.a) den rivayet edildiğine göre, Hz. Peygamber (s.a.s) şöyle buyurmuştur:

"İsm-i A'zam şu iki âyettedir:

وَاِلٰهُكُمْ اِلٰهٌ وَاحِدٌ لَآ اِلٰهَ اِلاَّ هُوَ الرَّحْمٰنُ الرَّحِيمُ *

"Ve ilâhukum ilâhün vâhid, lâilâhe illâ hüve'r-Rahmânu'r-Rahîm"

(Sizin ilahınız bir tek tanrıdır; Rahmân ve Rahîm olup O'ndan başka ilâh yoktur.) (Ebu Davud, Salat, h. nu: 1496)

Diğeri de Al-i İmrân sûresinin baş tarafıdır:

الم * اَللّٰهُ لَآ اِلٰهَ اِلاَّ هُوَ الْحَىُّ الْقَيُّومُ *

"Elif, Lâm, Mîm. Allâhü lâ ilâhe illâ hüve'l-Hayyü'l-Kayyûm"

(Elif, Lâm, Mîm. Allah, kendisinden başka tanrı bulunmayan Hayy ve Kayyûm'dur) (Ebu Davud, Salat, h. nu: 1496)

Bunlardan anlaşılan şudur: Allah'ın ism-i a'zam'iyle, O'nun hürmetine duâ edildiği zaman, yüce Yaratıcı mutlaka kabul buyurmaktadır. Ancak ism-i a'zam'ın hangi isim olduğu kesin değildir. Onun için Allah'ın ism-i a'zam'iyle duâ etmek isteyen kimse O'nun esmâü'l-hüsnâ'sının bulunduğu isimlerle duâ etmelidir.

Bunlar, Âyete'l-Kürsî, Lev enzelnâ, Esmâü'l-hüsnâ gibi isimlerdir. İsteyen, bu duâları birleştirerek arka arkaya okuyabilir.

51. Salavât-ı Şerîfeler:

Hz. Peygamber (s.a.s)'e Salât ve Selâm Getirmenin Fazileti

Kısaca "salavât" getirmek şeklinde ifade edilen bu husus, Peygamberimize "Salât ve Selâm olsun", demekten ibarettir.

Kur'ân-ı Kerim'de, mü'minlere şu âyet ile Peygamberimize salât ve selâm getirmek emredilmektedir:

إِنَّ اللّٰهَ وَمَلٰئِكَتَهُ يُصَلُّونَ عَلَى النَّبِيِّ . يَآ اَيُّهَا الَّذِينَ اٰمَنُوا صَلُّوا عَلَيْهِ وَسَلِّمُوا تَسْلِيمًا *

"Muhakkak Allah ve melekleri, Peygamber üzerine salât ederler. Ey iman edenler! Siz de O'na salâvât getirin ve tam bir teslimiyetle selâm verin." (Ahzâb suresi, âyet, 56).

Âyet-i kerime o kadar açıktır ki, acaba neyi kastediyor? gibi suallere meydan verecek bir durum yoktur. Öyleyse Peygamberimize nasıl salâvât getirmek gerekir? Sahâbîler bu hususu Hz. Peygamber (s.a.s)'den sormuşlar, o da şöyle demelerini öğretmiştir:

اَللّٰهُمَّ صَلِّ عَلٰى مُحَمَّدٍ وَعَلٰى اٰلِ مُحَمَّدٍ كَمَا صَلَّيْتَ عَلٰى اِبْرَاهِيمَ وَعَلٰى اٰلِ اِبْرَاهِيمَ اِنَّكَ حَمِيدٌ مَجِيدٌ * وَبَارِكْ عَلٰى مُحَمَّدٍ وَعَلٰى اٰلِ مُحَمَّدٍ كَمَا بَارَكْتَ عَلٰى اِبْرَاهِيمَ وَعَلٰى اٰلِ اِبْرَاهِيمَ اِنَّكَ حَمِيدٌ مَجِيدٌ

"Allâhümme salli alâ Muhammedin ve alâ âli Muhammed. Kemâ salleyte alâ İbrâhîme ve alâ âli İbrâhîme inneke Hamîdun mecîd. Ve bârik alâ Muhammedin ve alâ âli Muhammed. Kemâ bârekte alâ İbrâhîme ve alâ âli İbrâhîme inneke Hamîdun Mecîd."

Görüldüğü gibi, bunlar namaz esnasında Ettehiyyâtü'den sonra okuduğumuz duâlardır. Orada gördük ki, Ettehiyyâtü duâsı da Hz. Peygamber (s.a.s)'e getirilen salât ve selâmlardır.

Öyleyse bir müslüman, bu âyetin emrini yerine getirmek; Peygamber efendimize salavât getirmek istediği zaman, namaz dışında da Ettehiyyâtu ve Allahümme salli-barik duâlarını okuyabilir.

Peygamberimize salavât getirmenin çok sevap olduğu söz konusu âyetten ve hadislerden anlaşılmaktadır. Zaten Allahu Teâlâ'nın Hz. Peygamber'e salavât getirmesi demek, yüce Yaratıcının bizler gibi, söylemesi demek değildir. O'nun salavât getirmesi Peygamberine rahmet ve bereketini indirmesi, O'nun gelmiş-geçmiş bütün günahlarını bağışlaması demektir. Melekler ise, O'nun için istiğfar etmektedirler.

Bir gün Hz. Peygamber (s.a.s) sevinçli ve güler bir yüzle ashabının yanına geldi. Cebrâil (a.s) bana gelerek:

"— Yâ Muhammed! Ümmetinden Sana bir salavât getirene on salâvât, bir selâm getirene de on selâm getirmeme razı olmaz mısın?" dedi. İşte bu yüzden sevinçliyim" dedi." İhyâ tercümesi, A. Serdaroğlu, c. 1, s. 891

Hz. Peygamber (s.a.s) başka bir hadiste şöyle buyurmaktadır:

"Bana bir salavât getiren için melekler on defa istiğfâr ederler. Öyleyse isteyen salavâtı azaltsın, isteyen çoğaltsın".

Bu husustaki bazı hadisler şöyledir:

"İnsanların bana en yakın olanı, bana en çok salâvât getirendir".

"İnsanın cimriliği için, yanında anıldığım halde, bana salâvât getirmemesi yeter".

"Bana cuma günleri çok salâvât getirin".

"Yer yüzünde dolaşan melekler vardır, onlar ümmetimin selamını bana tebliğ ederler". (İhya, a.y.)

Yukarıda zikrettiğimiz âyet-i kerimeden ve bu hadislerden anlaşılan odur ki, bir meclisle, bir konuşma anında O'nun ismi geçtiği zaman "Allâhümme salli alâ seyyidinâ ve nebiyyinâ Muhammed" diyerek onu selâmlamak gerekir. Ancak, vaaz da, dînî muhtevalı bir derste, meselâ Bedir muharebesinin anlatıldığı bir derste, Hz. Peygamber (s.a.s)'in adı o kadar çok geçecektir ki, her söylenişinde salâvât getirmek fazla zaman alabilir, veya dersi mecrasından çıkarabilir. Bu bakımdan her defasında değil, bir kaç kere salâvat getirmek yeterli olabilir. Dersi anlatan kimsenin Hz. Peygamber sallalahu aleyhi ve sellem diyerek geçmesi de yeterli olabilir. Ya da kısaca aleyhisselam denebilir.Vaaz esnasında, duâ yaparken Peygamberimiz (s.a.s)'in adı geçince, müslümanların sağ ellerini kalblerinin üzerine koyarak salâvât getirmeleri ne kadar güzel ve ne kadar anlamlıdır! Burada yeri gelmiş iken hatırlatalım ki, her müslüman Peygamber sevgisini çocuklarının kalbine yerleştirmek için gayret sarfetmelidir. Çünkü O'nu seven insan, her iki dünyada da sevilir.

a. Salât-ı Tefrîciyye

اَللّٰهُمَّ صَلِّ صَلاَةً كَامِلَةً وَسَلِّمْ سَلاَمًا تَآمًّا عَلٰى سَيِّدِنَا مُحَمَّدِنِ الَّذِى
تَنْحَلُّ بِهِ الْعُقَدُ وَتَنْفَرِجُ بِهِ الْكُرَبُ وَتُقْضٰى بِهِ الْحَوَآئِجُ وَتُنَالُ بِهِ
الرَّغَآئِبُ وَحُسْنُ الْخَوَاتِمِ وَيُسْتَسْقَى الْغَمَامُ بِوَجْهِهِ الْكَرِيمِ وَعَلٰى
اٰلِهِ وَصَحْبِهِ فِى كُلِّ لَمْحَةٍ وَنَفَسٍ بِعَدَدِ كُلِّ مَعْلُومٍ لَكَ *

"Allahümme salli salâten kâmileten ve sellim selâmen tâmmen alâ seyyidinâ Muhammedinillezî tenhallü bi'hil 'ukadü ve tenfericü bihi'l-kurebü ve tukdâ bihi'l-havâicü ve tünâlü bihirreğâibü ve husnülhavâtimi ve yüsteskal ğamâmu bivechihil keriymi ve alâ âlihî ve sahbihi fî-kulli lemhatin ve nefesin biadedi küll-i ma'lûmin lek."

(Allahım! Peygamber efendimiz Muhammed'e, O'nun yakınlarına ve ashabına, her an ve daima sayısını bizim bilmediğimiz, Senin bildiğin şeyler sayısınca en üstün ve kâmil bir şekilde salât ve selâm olsun. O, öyle bir Peygamberdir ki, düğümler O'nun hatırına çözülür, hüzün ve kederler O'nun aşkına giderilir, yağmurlar O'nun yüzü suyu hürmetine yağar . Selâm olsun O'na ve ashabına, yakınlarına.)

b. Salât-ı Münciye:

Bu salâvâtın imam tarafından duâ'da açıktan okunması ve bu şekilde cemaate öğretilmesi uygun olur.

اَللّٰهُمَّ صَلِّ عَلٰى سَيِّدِنَا مُحَمَّدٍ وَعَلٰى اٰلِ سَيِّدِنَا مُحَمَّدٍ صَلٰوةً تُنْجِينَا بِهَا مِنْ جَمِيعِ الْاَهْوَالِ وَالْاٰفَاتِ * وَتَقْضِى لَنَا بِهَا جَمِيعَ الْحَاجَاتِ وَتُطَهِّرُنَا بِهَا مِنْ جَمِيعِ السَّيِّئَاتِ * وَتَرْفَعُنَا بِهَا اَعْلَى الدَّرَجَاتِ وَتُبَلِّغُنَا بِهَا اَقْصَى الْغَايَاتِ مِنْ جَمِيعِ الْخَيْرَاتِ فِى الْحَيَاتِ وَبَعْدَ الْمَمَاتِ *

"Allahümme salli alâ seyyidinâ Muhammedin ve alâ âli seyyidinâ Muhammed, salâten tüncînâ bihâ mincemî'il ehvâli ve'l-âfât ve takdî lenâ bihâ cemî'al-hâcât ve tütah-hirunâ bihâ min -cemî'is-seyyi'ât ve terfe'unâ bihâ a'la'd-deracât ve tübelliğuna bihâ aksâ'l-ğayât min-cemî'l-hayrâti fî'l-hayâti ve ba'de'l-memât."

(Allahım! Peygamber efendimiz Muhammed Mustafâ'ya sonsuz salât ve selâm olsun. Bu salatlar, selâmlar ve duâlar bizi her türlü belâ ve musibetlerden kurtarsın, bütün ihtiyaçlarımızı gidererek bizi günahlardan ve kötülüklerden temizlesin. Bizi yüksek derece ve makamlara yükseltsin. Allahım! Bu salâtlar ve bu selâmlar sayesinde öldükten sonra hayırlara nail olalım.)

c. Bazı Salâvât-ı Şerîfeler:

اَللّـهُمَّ صَلِّ عَلى مُحَمَّدٍ وَعَلى ال مُحَمَّدٍ كَمَا صَلَّيْتَ عَلى اِبْرَاهِيمَ وَبَارِكْ عَلى مُحَمَّدٍ وَعَلى ال مُحَمَّدٍ كَمَا بَارَكْتَ عَلى اِبْرَاهِيمَ فِى الْعَالَمِيْنَ إِنَّكَ حَمِيدٌ مَجِيدٌ *

"Allâhümme salli alâ Muhammedin ve alâ âli Muhammedin kemâ salleyte alâ İbrâhîme ve bârik alâ Muhammedin ve alâ âli Muhammed, kemâ bârekte alâ İbrâhîme fi'l-âlemeyni inneke hamîdün mecîd."

(İbrahime rahmet ettiğin gibi Muhammed'e ve âilesine de rahmet et. İbrahime hayır ve bereket verdiğin gibi Muhammed'e ve O'nun âilesine de (her iki dünyada da) hayır ve bereket ver. Sen övülmeye ve yüceltilmeye layık olansın) (Müslim, Salât, 65; Darimi, Salat, 86 (1/310).

d. Bir Başka Salâvât Şekli de Şöyledir:

اَللّهُمَّ صَلِّ عَلى سَيِّدِنَا مُحَمَّدِ نِ النَّبِىِّ الْاُمِّىِّ وَعَلى الِه وَصَحْبِه وَسَلِّمْ

"Allâhümme salli alâ seyyidinâ Muhammedini'n-nebiyyi'l-ümmiyyi ve alâ âlihî ve sahbihî ve sellim."

e. Başka bir Salâvât: (Salât-ı Fethiyye)

اَللّهُمَّ صَلِّ وَسَلِّمْ وَبَارِكْ عَلى سَيِّدِنَا مُحَمَّدِ نِ الْفَاتِحِ لِمَا اُغْلِقَ وَالْخَاتِمِ لِمَا سَبَقَ نَاصِرَ الْحَقِّ بِالْحَقِّ وَالْهَادِى اِلى صِرَاطِكَ الْمُسْتَقِيمِ وَعَلى الِه حَقَّ قَدْرِه وَمِقْدَارِهِ الْعَظِيمِ *

"Allâhümme salli ve sellim ve bârik alâ seyyidinâ Muhammedini'l-fâtihi limâ uğlika ve'l-hâtimi limâ sebeka, Nâsırı'l-hakkı bilhakkı vel-hâdî ilâ sırâtike'l-mustakîm ve alâ âlihî hakka kadrihî ve mikdârihi'l-azîm.

Not: Hz. Peygamber (s.a.s)'e salavat getirmenin fazileti hakkında "İhya"nın ilgili bölümüne bkz.

(Allahım! Peygamberimiz Muhammed Mustafâ'ya salât ve selâm olsun. O'dur bize Senin gizli hazinelerini açan, O'dur Peygamberler zincirinin sonu, O'dur Hakk'ın en büyük yardımcısı! O'dur insanlara doğru yolu gösteren, O'na ve yakınlarına sonsuz salât ve selamlar).

52. Seyyidu'l-istiğfâr

Rivayet olunduğuna göre, istiğfârların en efdali şudur:

اَللّـــهُمَّ اَنْتَ رَبّى وَ اَنَا عَبْدُكَ . خَلَقْتَنى وَاَنَا عَلى عَهْدِكَ وَ وَعْدِكَ مَا اسْتَطَعْتُ اَعُوذُ بِكَ مِنْ شَرِّ مَا صَنَعْتُ اَبُوءُ لَكَ بِنِعْمَتِكَ عَلَىَّ وَاَبُوءُ عَلَى نَفْسِى بِذَنْبِى فَقَدْ ظَلَمْتُ نَفْسِى وَاعْتَرَفْتُ بِذَنْبِى فَاغْفِرْ لى ذُنُوبِى مَا قَدَّمْتُ مِنْهَا وَمَا اَخَّرْتُ . فَاِنَّهُ لاَ يَغْفِرُ الذُّنُوبَ اِلاَّ اَنْتَ .

"Allâhümme ente Rabbî ve ene abdüke, halaktenî ve ene alâ ahdike ve va'dike mâ's-teta'tü, eûzü bike min şerri mâ sana'tü ebûü leke bini'metike aleyye ve ebûü alâ nefsî bi zenbî, fekad zalemtü nefsî va'teraftü bizenbî, fağfir lî zünûbî, ma kaddemtü minhâ ve mâ ahhartü, fe innehû lâ yağfiru'z-zünûbe illâ ente."

(Allahım! Sen benim Rabbımsın, ben ise Senin kulunum. Beni Sen yarattın. Ben gücümün yettiği kadar Sana verdiğim söz üzerindeyim. Yaptığım kötülüklerden Sana sığınırım. Biliyorum, verdiğin nimetlere karşı kusur ettim, nefsime zulmettim. Günahlarımı itiraf ediyor, geçmiş ve gelecek günahlarımın affını Senden istiyorum. Beni bağışla Allâhım! Her ne şekilde olursa olsun günahları Senden başka kimse bağışlayamaz.) (Tirmizi, Da'vât, 3393)

ÜÇÜNCÜ BÖLÜM

DİN GÖREVLİLERİ İÇİN DUÂLAR

DİN GÖREVLİLERİ'NİN BİLMESİ GEREKEN BAZI DUÂLAR

Müslümanlıkta ruhbanlık yoktur. Öyle ise, "Din görevlilerine mahsus olmak üzere duâlar mı vardır ki, onların bilmesi gerekmektedir?" gibi bir sual akla gelebilir. Elbette din görevlilerine âit duâlar yoktur. İslâm dîninde bilen kim olursa olsun bazı dînî vazifeleri yapabilir. Bununla birlikte bazı duâları bu başlık altında vermeyi uygun bulduk. Bundan amacımız şudur: Her ne kadar dînimizde ruhbanlık yok ise de, bu gün bir gerçektir ki, bazı görevleri din görevlisi adı verilen muayyen insanlar yerine getirmektedir; vazifeleri budur. Namazları kıldıran onlardır, cenazeleri yıkayan, hutbeleri okuyan ve cemiyette bir takım dînî merasimleri idare edenler onlardır. Toplumumuzda bu tür görevleri yapabilecek insanlar son derecede azalmış bulunmaktadır. Bu bakımdan dînî hizmetleri artık tamamen din görevlileri yüklenmiş bulunmaktadır. İşte herkesi ilgilendirmeyen bazı duâları böyle bir başlık altında toplamayı pratik bakımdan faydalı mülâhaza ettik. Okuyucu, kendisini fazla ilgilendirmeyen bu bölümü okuma ihtiyacını hissetmiyecektir. Fakat merak edip bunları da öğrenmek isteyen okuyucu elbette çıkacaktır. Ve bu vatandaşlarımız yeri geldiğinde bazı dînî görevleri elbette yapabileceklerdir.

1. Cuma Hutbesi ve Duâları:

Cuma namazında iki hutbe okunur. Birinci hutbe asıl olan, farz olan hutbedir. İkinci hutbe ise, sünnettir. Hutbeyi okuyacak kimse (hatib), cuma'nın ilk sünnetini minbere yakın bir yerde; minberin önünde kılar.

Müezzin *"İnnellâhe ve melâiketehû..."* âyetini veya diğer bazı duâları okurken sakin bir şekilde ve vakar içinde minbere çıkar. Yüzünü cemaate doğru dönerek oturur. Müezzin ezan okurken isterse, okuyacağı hutbeyi gözden geçirebilir.

Hatibin minbere çıkarken okuyacağı duâlar konusunda Peygamberimiz (s.a.s)'den gelen bir rivayet yoktur. Ancak hatibin minbere gelişi güzel çıkması hoş görülmemiş ve münasip bazı duâların okunması uygun görülmüştür. Hz. Peygamber (s.a.s)'in minberi zaten bu günküler gibi değildi.

Bu duâları okumak gelenek haline gelmiştir, bazıları şunlardır:

1. Basamakta:

اَللّٰهُمَّ افْتَحْ عَلَيْنَا اَبْوَابَ رَحْمَتِكَ وَيَسِّرْ عَلَيْنَا خَزَآئِنَ فَضْلِكَ وَكَرَمِكَ
يَآ اَكْرَمَ الْاَكْرَمِينَ وَيَآ اَرْحَمَ الرَّاحِمِينَ *

3. Basamakta:

رَبِّ اشْرَحْ لِى صَدْرِى وَيَسِّرْلِى اَمْرِى وَاحْلُلْ عُقْدَةً مِنْ لِسَانِى يَفْقَهُوا
قَوْلِى * رَبِّ قَدْ آتَيْتَنِى مِنَ الْمُلْكِ وَعَلَّمْتَنِى مِنْ تَاْوِيلِ الْاَحَادِيثِ *
رَبِّ زِدْنِى عِلْمًا وَفَهْمًا وَاَلْحِقْنِى بِالصَّالِحِينَ *

5. veya 7. Basamakta:

اَللّٰهُمَّ هٰذَا الشَّانُ لَيْسَ بِشَانِى وَهٰذَا الْمَكَانُ لَيْسَ بِمَكَانِى * اَللّٰهُمَّ يَسِّرْ لِى اَمْرِى وَتَقَبَّلْهُ مِنِّى * وَسَلاَمٌ عَلٰى جَمِيعِ الْاَنْبِيَاءِ وَالْمُرْسَلِينَ وَالْحَمْدُ لِلّٰهِ رَبِّ الْعَالَمِينَ *

Biraz önce de belirttiğimiz gibi, bu duâları okumak hutbenin şartlarından değildir. Hatib hiç bir duâ okumadan sadece besmele çekerek minbere çıkacağı gibi, kendi istediği bazı duâları da okuyabilir. Ancak bilhassa "Rabbi'ş-rahlî sadrî" duâsını okuması iyi olur. Buraya en uygun duâ budur. Fatiha sûresi de okunabilir.

Müezzin ezanı okuyunca aşağıdaki kısım okunur.

اَلْحَمْدُ لِلّٰهِ ، اَلْحَمْدُ لِلّٰهِ الَّذِى هَدٰينَا لِهٰذَا وَمَا كُنَّا لِنَهْتَدِىَ لَوْلاَ اَنْ هَدَانَا اللّٰهُ * نَشْهَدُ اَنْ لاَ اِلٰهَ اِلاَّ اللّٰهُ وَحْدَهُ لاَ شَرِيكَ لَهُ وَنَشْهَدُ اَنَّ سَيِّدَنَا مُحَمَّدًا عَبْدُهُ وَرَسُولُهُ * اَللّٰهُمَّ صَلِّ وَسَلِّمْ عَلٰى سَيِّدِنَا مُحَمَّدٍ وَعَلٰى اٰلِهِ وَاَصْحَابِهِ اَجْمَعِينَ * اَمَّا بَعْدُ فَيَا عِبَادَ اللّٰهِ!.. اِتَّقُوا اللّٰهَ وَاَطِيعُوهُ * اِنَّ اللّٰهَ مَعَ الَّذِينَ اتَّقَوْا وَالَّذِينَ هُمْ مُحْسِنُونَ * قَالَ اللّٰهُ تَعَالٰى فِى كِتَابِهِ الْكَرِيمِ *

اَعُوذُ بِاللّٰهِ مِنَ الشَّيْطَانِ الرَّجِيمِ بِسْمِ اللّٰهِ الرَّحْمٰنِ الرَّحِيمِ *

....

وَقَالَ النَّبِىُّ صَلَّى اللّٰهُ عَلَيْهِ وَسَلَّمَ : ....

Türkçe kısmı öz olarak okunmaya çalışılır. Çok sıcak ve çok soğuk günlerde hutbeyi uzatmak hoşnudsuzluk doğurur. Türkçe kısmı bitince:

اَسْتَغْفِرُ اللّٰهَ لِى وَلَكُمْ denilebilir.

Daha sonra,

اَلاَ اِنَّ اَحْسَنَ الْكَلاَمِ وَاَبْلَغَ النِّظَامِ كَلاَمُ اللّٰهِ الْمَلِكِ الْعَزِيزِ الْعَلاَّمِ * كَمَا قَالَ اللّٰهُ تَبَارَكَ وَتَعَالٰى فِى الْكَلاَمِ * وَاِذَا قُرِاَ الْقُرْاٰنُ فَاسْتَمِعُوا لَهُ وَاَنْصِتُوا لَعَلَّكُمْ تُرْحَمُونَ *

şeklindeki hüsn-i hâtime cümlelerini okur. Bundan sonra,

اِنَّ الدِّينَ عِنْدَ اللّٰهِ الاِسْلاَمُ âyetini okur ve oturur.

Oturuş: Bu oturuş sırasında hatip isterse şu duayı okuyabilir:

بَارَكَ اللّٰهُ لَنَا وَلَكُمْ وَلِسَائِرِ الْمُؤْمِنِينَ وَالْمُؤْمِنَاتِ وَالْمُسْلِمِينَ وَالْمُسْلِمَاتِ اَلاَحْيَاۤءِ مِنْهُمْ وَالْاَمْوَاتِ اِنَّهُ قَرِيبٌ مُجِيبُ الدَّعَوَاتِ *

Hatip kısa bir oturuştan sonra kalkar ve ikinci hutbeyi birinci hutbeye göre biraz daha hafif bir ses tonuyla okur:

اَلْحَمْدُ لِلّٰهِ حَمْدَ الْكَامِلِينَ وَالصَّلاَةُ وَالسَّلاَمُ عَلٰى رَسُولِنَا مُحَمَّدِ نِ الاَمِينِ وَعَلٰى اٰلِهِ وَاَصْحَابِهِ اَجْمَعِينَ * تَعْظِيمًا لِنَبِيِّهِ وَتَكْرِيمًا لِصَفِيِّهِ فَقَالَ عَزَّ وَجَلَّ مِنْ قَائِلٍ مُخْبِرًا وَ آمِرًا * اِنَّ اللّٰهَ وَمَلاَئِكَتَهُ يُصَلُّونَ عَلَى النَّبِيِّ يَاۤ اَيُّهَا الَّذِينَ اٰمَنُوا صَلُّوا عَلَيْهِ وَسَلِّمُوا تَسْلِيمًا * اَللّٰهُمَّ صَلِّ عَلٰى مُحَمَّدٍ وَعَلٰى اٰلِ مُحَمَّدٍ كَمَا صَلَّيْتَ عَلٰى اِبْرَاهِيمَ وَعَلٰى اٰلِ اِبْرَاهِيمَ اِنَّكَ حَمِيدٌ مَجِيدٌ * اَللّٰهُمَّ بَارِكْ عَلٰى مُحَمَّدٍ وَعَلٰى اٰلِ مُحَمَّدٍ كَمَا بَارَكْتَ عَلٰى اِبْرَاهِيمَ وَعَلٰى اٰلِ اِبْرَاهِيمَ اِنَّكَ حَمِيدٌ مَجِيدٌ * اَللّٰهُمَّ وَارْضَ عَنِ الاَرْبَعَةِ الْخُلَفَاۤءِ * سَيِّدِنَا اَبِى بَكْرٍ وَعُمَرَ وَعُثْمَانَ وَعَلِيٍّ ذَوِى الصِّدْقِ وَالْوَفَاۤءِ وَبَقِيَّةِ الْعَشَرَةِ الْمُبَشَّرَةِ وَاٰلِ

بَيْتِ الْمُصْطَفٰى وَعَنِ الْاَنْصَارِ وَالْمُهَاجِرِينَ وَالتَّابِعِينَ اِلٰى يَوْمِ الْجَزَاءِ * اَللّٰهُمَّ اغْفِرْ لِلْمُؤْمِنِينَ وَالْمُؤْمِنَاتِ وَالْمُسْلِمِينَ وَالْمُسْلِمَاتِ اَلْاَحْيَاءِ مِنْهُمْ وَالْاَمْوَاتِ بِرَحْمَتِكَ يَا اَرْحَمَ الرَّاحِمِينَ * وَسَلَامٌ عَلَى الْمُرْسَلِينَ وَالْحَمْدُ لِلّٰهِ رَبِّ الْعَلَمِينَ *

İkinci hutbenin bu son kısmındaki duâyı okurken, bir basamak aşağıya inmek ve kıbleye dönmek sünnet değildir. Hatip bu duâ cümlelerini olduğu hâl üzere okumalıdır.

Duâ bittikten sonra, gizlice eûzü-besmele çektikten sonra açıktan Nahl Suresinin 90. âyetini okur:

اِنَّ اللّٰهَ يَأْمُرُ بِالْعَدْلِ وَالْاِحْسَانِ وَاِيتَاءِ ذِى الْقُرْبٰى وَيَنْهٰى عَنِ الْفَحْشَاءِ وَالْمُنْكَرِ وَالْبَغْىِ يَعِظُكُمْ لَعَلَّكُمْ تَذَكَّرُونَ *

Bayram hutbelerinde bu âyetin yerine İsrâ Sûresinin son âyetini okur:

وَقُلِ الْحَمْدُ لِلّٰهِ الَّذِى لَمْ يَتَّخِذْ وَلَدًا وَلَمْ يَكُنْ لَهُ شَرِيكٌ فِى الْمُلْكِ وَلَمْ يَكُنْ لَهُ وَلِىٌّ مِنَ الذُّلِّ وَكَبِّرْهُ تَكْبِيرًا *

2. Bayram Hutbeleri:

Bayram namazı hutbesinin cuma hutbesinden farkı tekbir getirilmesidir.

İmam minbere çıkınca, doğrudan hamdele ile başlamaz; tekbir getirerek başlar. Hutbenin mukaddime kısmında üç defa tekbir getirir. Hutbenin başında bir, ortasında da iki tekbir getirerek bu işi yapabilir.

Bayram hutbelerinde "İnnellâhe ye'muru..." âyetinin yerine İsrâ sûresinin son âyeti okunur.

Böylece imam minberden inip duâ etmek üzere mihraba giderken cemaat de tekbir getirmeye başlamış olur. Tekbirleri müezzinin önderliğinde getirmek iyidir. Bayramlarda tekbir getirmek çok önemlidir. Bu bakımdan cemaatin tekbire iştirak etmesi sağlanmalıdır. Bilhassa çocukların ve gençlerin tekbir getirmesi elzemdir. Çünkü, onların tertemiz hafızalarında dînî şuûr böylece gelişecek ve neşvü nemâ bulacaktır.

Kurban bayramı Hutbesi'nin Arapça Kısmı Şöyle Olabilir:

اَللّٰهُ اَكْبَرُ اَللّٰهُ اَكْبَرُ لآاِلٰهَ اِلاَّ اللّٰهُ وَاللّٰهُ اَكْبَرُ اَللّٰهُ اَكْبَرُ وَلِلّٰهِ الْحَمْدُ اَلْحَمْدُ لِلّٰهِ نَحْمَدُهُ وَنَسْتَعِينُهُ وَنَسْتَغْفِرُهُ وَنَعُوذُ بِاللّٰهِ مِنْ شُرُورِ اَنْفُسِنَا وَمِنْ سَيِّئَاتِ اَعْمَالِنَا * اَللّٰهُ اَكْبَرُ اَللّٰهُ اَكْبَرُ لآاِلٰهَ اِلاَّ اللّٰهُ وَاللّٰهُ اَكْبَرُ اَللّٰهُ اَكْبَرُ وَلِلّٰهِ الْحَمْدُ * مَنْ يَهْدِ اللّٰهُ فَلاَ مُضِلَّ لَهُ وَمَنْ يُضْلِلْ فَلاَ هَادِىَ لَهُ * اَللّٰهُ اَكْبَرُ اَللّٰهُ اَكْبَرُ لآاِلٰهَ اِلاَّ اللّٰهُ وَاللّٰهُ اَكْبَرُ اَللّٰهُ اَكْبَرُ وَلِلّٰهِ الْحَمْدُ * نَشْهَدُ اَنْ لآاِلٰهَ اِلاَّ اللّٰهُ وَحْدَهُ لاَ شَرِيكَ لَهُ وَنَشْهَدُ اَنَّ سَيِّدَنَا مُحَمَّدًا عَبْدُهُ وَرَسُولُهُ * اَللّٰهُمَّ صَلِّ وَسَلِّمْ عَلٰى سَيِّدِنَا مُحَمَّدٍ وَعَلٰى اٰلِهِ وَاَصْحَابِهِ اَجْمَعِينَ * اَمَّا بَعْدُ فَيَا عِبَادَ اللّٰهِ اِتَّقُوا اللّٰهَ وَاَطِيعُوهُ * اِنَّ اللّٰهَ مَعَ الَّذِينَ اتَّقَوْا وَالَّذِينَ هُمْ مُحْسِنُونَ* ..!

قَالَ اللّٰهُ تَعَالٰى فِى كِتَابِهِ الْكَرِيمِ *

اَعُوذُ بِاللّٰهِ مِنَ الشَّيْطَانِ الرَّجِيمِ * بِسْمِ اللّٰهِ الرَّحْمٰنِ الرَّحِيمِ

(Kevser Sûresi ve bir hadis metni).

3. Telkîn Duâsı:

Cenaze işlerinde imamın görevi sadece cenaze namazını kıldırmak ve telkîn vermekten ibaret değildir.

İmam, ölen kişiyi, eğer hasta idiyse, hastalandığı andan itibaren ziyaret etmeli, âilesine geçmiş olsun diyerek bir ihtiyaçları olup olmadığını sormalıdır.

Cenaze namazında, namazı kılmaya ve duâ etmeye niyet edilir. Namazın nasıl kılınacağını daha önce anlatmış idik. Burada yalnız telkîne yer vereceğiz.

Telkîn, aslında tekrarlanması için söz söylemek demektir. Bu da ölmek üzere olan kimseye "kelime-i tevhid"i onu zorlamadan söyletmektir.

Cenaze kabre konunca imam veya takvâ sahibi bir insan tarafından annesinin ve kendisinin adıyle üç defa seslendikten sonra, meselâ: Yâ Ali ibni Fâtıma, dedikten sonra şu duâyı okur:

اُذْكُرْ مَا كُنْتَ عَلَيْهِ مِنْ شَهَادَةِ اَنْ لَاۤ اِلٰهَ اِلَّا اللّٰهُ وَاَنَّ مُحَمَّدًا
رَسُولُ اللّٰهِ وَاَنَّ الْجَنَّةَ حَقٌّ وَالنَّارَ حَقٌّ وَاَنَّ الْبَعْثَ حَقٌّ وَاَنَّ السَّاعَةَ
اٰتِيَةٌ لَا رَيْبَ فِيهَا وَاَنَّ اللّٰهَ يَبْعَثُ مَنْ فِى الْقُبُورِ * وَاَنَّكَ رَضِيتَ بِاللّٰهِ
رَبًّا وَبِالْاِسْلَامِ دِينًا وَبِمُحَمَّدٍ صَلَّى اللّٰهُ عَلَيْهِ وَسَلَّمَ نَبِيًّا وَبِالْقُرْاٰنِ
اِمَامًا . وَبِالْكَعْبَةِ قِبْلَةً وَبِالْمُؤْمِنِينَ اِخْوَانًا * رَبِّىَ اللّٰهُ لَاۤ اِلٰهَ اِلَّا هُوَ
عَلَيْهِ تَوَكَّلْتُ وَهُوَ رَبُّ الْعَرْشِ الْعَظِيمِ (üç kere) يَا عَبْدَ اللّٰهِ !
قُلْ لَاۤ اِلٰهَ اِلَّا اللّٰهُ (üç kere) قُلْ رَبِّىَ اللّٰهُ وَدِينِىَ الْاِسْلَامُ
وَنَبِيِّى مُحَمَّدٌ عَلَيْهِ الصَّلَاةُ وَالسَّلَامُ * رَبِّ لَا تَذَرْهُ فَرْدًا وَاَنْتَ خَيْرُ
الْوَارِثِينَ *

Akşam cenaze evine yemek götürülür, Kur'ân okunur. İmam daha sonra duruma göre, birkaç defa cenaze evine giderek hatırlarını sorar. Yapabileceği bir şey varsa yardımcı olmalıdır.

4. Vaaz Duâları:

Önceleri vaaz'a başlarken vâizler uzunca bir duâ ile başlarlardı. Bu gün artık mümkün olduğu kadar kısa bir duâ ile başlamak gerekiyor.

اَلْحَمْدُ لِلّٰهِ رَبِّ الْعَالَمِينَ * وَالصَّلَاةُ وَالسَّلَامُ عَلٰى رَسُولِنَا
مُحَمَّدٍ وَعَلٰى اٰلِهِ وَاَصْحَابِهِ اَجْمَعِينَ * قَالَ اللّٰهُ تَعَالٰى فِى كِتَابِهِ
الْكَرِيمِ * اَعُوذُ بِاللّٰهِ مِنَ الشَّيْطَانِ الرَّجِيمِ * بِسْمِ اللّٰهِ الرَّحْمٰنِ
الرَّحِيمِ * .... صَدَقَ اللّٰهُ الْعَظِيمُ *
وَقَالَ النَّبِىُّ صَلَّى اللّٰهُ عَلَيْهِ وَسَلَّمَ * ....
صَدَقَ رَسُولُ اللّٰهِ * رَبِّ اشْرَحْ لِى صَدْرِى وَيَسِّرْ لِى اَمْرِى وَاحْلُلْ
عُقْدَةً مِنْ لِسَانِى يَفْقَهُوا قَوْلِى * سُبْحَانَكَ لَا عِلْمَ لَنَا اِلَّا مَا عَلَّمْتَنَا
اِنَّكَ اَنْتَ الْعَلِيمُ الْحَكِيمُ * سُبْحَانَكَ لَا فَهْمَ لَنَا اِلَّا مَا فَهَّمْتَنَا اِنَّكَ
اَنْتَ الْجَوَادُ الْكَرِيمُ *

Vaaz'a daha kısa bir duâ ile başlamak gerekirse:

صَلُّوا عَلٰى رَسُولِنَا مُحَمَّدٍ. صَلُّو عَلٰى طَبِيبِ قُلُوبِنَا مُحَمَّدٍ . صَلُّوا
عَلٰى شَفِيعِ ذُنُوبِنَا مُحَمَّدٍ رَبِّ اشْرَحْ لِى صَدْرِى .....

"Sallû alâ rasûlinâ Muhammed, Sallû alâ tabîbi kulûbinâ Muhammed, sallû alâ şefî'i zünûbinâ Muhammed. Rabbiş-rah lî sadri.... âyeti okunur. Besmele çekilerek hemen konuya girilebilir.

5. Nişan ve Nikâh Duâları:

Hz. Peygamber (s.a.s)'den gelen bir nişan duâsı beklemek elbette mümkün değildir. Ancak, şurası hatırdan çıkarılmamalı ki, milletimiz müslüman bir millettir ve müslümanlık O'nun ruhuna işlemiştir. Başladığı her işe duâ ile başlamak, yaptığı her işe dinî bir hüviyet vermek ister. Bu, yanlış da değildir. Çünkü islâm, hayatı bütün yönleriyle kuşatan bir dindir.

Bu bakımdan olaylara uygun olarak bazı duâlar tertip edilmiş. Bir nişan veya söz kesmeden en sonra şu duâyı okumak iyidir:

اَلْحَمْدُ لِلّٰهِ رَبِّ الْعَالَمِينَ * وَالصَّلَاةُ وَالسَّلَامُ عَلٰى رَسُولِنَا
مُحَمَّدٍ وَعَلٰى اٰلِهِ وَصَحْبِهِ اَجْمَعِينَ * اَللّٰهُمَّ اجْعَلْ هٰذِهِ الْجَمْعِيَّةَ
مُتَيَمَّنًا وَمُبَارَكًا وَمُخْتَارًا وَاجْعَلْ بَيْنَ الطَّرَفَيْنِ اُلْفَةً وَمَحَبَّةً وَقَرَارًا *
وَلَا تَجْعَلْ بَيْنَهُمَا نَفْرَةً وَفِرَارًا * اَللّٰهُمَّ افْتَحْ لَنَا بِالْخَيْرِ وَاخْتِمْ لَنَا
بِالْخَيْرِ وَاجْعَلْ عَاقِبَةَ اُمُورِنَا بِالْخَيْرِ اِنَّكَ عَلٰى كُلِّ شَيْءٍ قَدِيرٌ *
اَللّٰهُمَّ رَبَّنَا هَبْ لَنَا مِنْ اَزْوَاجِنَا وَذُرِّيَّاتِنَا قُرَّةَ اَعْيُنٍ وَاجْعَلْنَا لِلْمُتَّقِينَ
اِمَامًا * بِرَحْمَتِكَ يَآ اَرْحَمَ الرَّاحِمِينَ * اَللّٰهُمَّ رَبَّنَآ اٰتِنَا فِى الدُّنْيَا
حَسَنَةً وَ فِى الْاٰخِرَةِ حَسَنَةً وَقِنَا عَذَابَ النَّارِ * بِرَحْمَتِكَ يَا اَرْحَمَ
الرَّاحِمِينَ وَسَلَامٌ عَلَى الْمُرْسَلِينَ وَالْحَمْدُ لِلّٰهِ رَبِّ الْعَالَمِينَ اَلْفَاتِحَةَ*

Toplumumuzda nikâh konusunda bir takım yanlış anlayışlar vardır. Bizim kanaatimize göre nikâh, kadının medenî, insânî ve islâmî haklarını korumalıdır. Bu bakımdan dinî nikâhtan önce resmî nikah mutlaka yerine getirilmelidir.

Dînî nikâh şöyle kıyılır: nikâhı kıyacak kimse (çok kere bu şahıs imamdır) kızın, erkeğin ve babalarının isimlerini yazar. Şahidlerin adlarını da yazar. Aralarında anlaştıkları mihirleri de kaydeder. Kızın adı Ayşe, delikanlının adı da Ahmed olsun. Babalarının isimleri de Mustafa ve Orhan olsun. Kız ile erkek din görevlisinin karşısında otururlar. Görevli onlara şahidlerle birlikte tevbe-istiğfâr yaptırır. Evlilik ve karı-koca münasebetlerine dair bir iki söz söylemek uygun ise söyler. Daha sonra önce kıza:

— Allah'ın emri, Peygamber efendimizin sünneti ve İmamımız İmam-ı A'zam hazretlerinin ictihadı üzere Ayşe hanım siz, Orhan oğlu Ahmed'i anlaştığınız ...... lira mihr-i müeccel ve mihr-i muaccel ile kocalığa kabul ettiniz mi? diye sorar. Kız evet dedikten sonra, bu defa erkeğe döner ve:

— Siz, Ahmed bey, Mustafa kızı Ayşeyi, Allah'ın emri, Peygamber efendimizin sünneti ve İmamımız İmam-ı A'zam'ın ictihadı üzere zevceliğe ...... lira mihr-i müeccel ve mihr-i muaccel ile aldınız mı? diye sorar. — Evet, cevabını aldıktan sonra şahitlere:

— "Siz de bu icab ve kabule şahit misiniz?" diye sorar, Onların da onayını aldıktan sonra aşağıdaki duâyı okur. İstenirse kızın ve damadın yerine vekilleri nikah işini yapabilirler. Fakat asıl olan kadının ve erkeğin bizzat kendilerinin bulunmalarıdır.

اَللّٰهُمَّ اجْعَلْ هَذَا الْعَقْدَ مَيْمُونًا مُبَارَكًا ، وَاجْعَلْ بَيْنَهُمَا اُلْفَةً
وَمَحَبَّةً وَقَرَاراً ، وَلاَ تَجْعَلْ بَيْنَهُمَا نَفْرَةً وَفِتْنَةً وَفِرَاراً * اَللّٰهُمَّ اَلِّفْ
بَيْنَهُمَا كَمَا اَلَّفْتَ بَيْنَ اٰدَمَ وَحَوَّاءَ * وَكَمَا اَلَّفْتَ بَيْنَ مُحَمَّدٍ وَخَدِيجَةَ
الْكُبْرٰى وَكَمَا اَلَّفْتَ بَيْنَ عَلِيٍّ وَفَاطِمَةَ الزَّهْرَاءِ * اَللّٰهُمَّ اَعْطِ لَهُمَا
اَوْلاَداً صَالِحًا وَرِزْقًا وَاسِعًا وَعُمْراً طَوِيلاً * اَللّٰهُمَّ يَسِّرْ اَمْرَهُمَا

وَكَثِّرْ عُمْرَهُمَا وَارْزُقْهُمَا يَا خَيْرَ الرَّازِقِينَ * وَكَرِّمْ خَلْقَهُمَا وَحَسِّنْ
خُلُقَهُمَا وَاخْلُفْ لَهُمَا خَلَفًا يَا اَحْسَنَ الْخَالِقِينَ * اَللّٰهُمَّ كَثِّرْ اُمَّةَ
مُحَمَّدٍ بِحُرْمَةِ نَبِيِّكَ مُحَمَّدٍ صَلَّى اللّٰهُ عَلَيْهِ وَسَلَّمَ * رَبَّنَا هَبْ لَنَا
مِنْ اَزْوَاجِنَا وَذُرِّيَّاتِنَا قُرَّةَ اَعْيُنٍ وَاجْعَلْنَا لِلْمُتَّقِينَ اِمَامًا * رَبَّنَا اٰتِنَا
فِي الدُّنْيَا حَسَنَةً وَفِي الْاٰخِرَةِ حَسَنَةً وَقِنَا عَذَابَ النَّارِ *

"Allâhümme'ec'al hazâ'l-akde meymûnen mübâreken ve'c'al beynehümâ ülfeten ve mahabbeten ve karârâ, velâ te'cal beynehümâ nefratan ve fitneten ve firârâ, Allâhümme ellif beynehümâ kemâ ellefte beyne Âdem'e ve Havvâ ve kemâ ellefte beyne Muhammedin ve Hadîcete'l-kubrâ ve kemâ ellefte beyne Aliyyin ve Fâtımata'z-Zahrâ. Allâhümme a'ti lehümâ evlâden sâlihan ve rizkan vâsi'an ve omren tavîlâ.

Allâhümme yessir emrehümâ ve kessir ömrehümâ verzukhümâ rizkan yâ hayra'r-râzikîn. Ve kerrim halkahümâ ve hassin hulukahumâ vehlüf lehümâ halefen hayran yâ ahsene'l-halikîn.

Allâhümme kessir ümmete Muhammedin bi-hurmeti nebiyyike Muhammedin sallâllahu aleyhi ve sellem.

Rabbenâ heb lenâ min ezvâcinâ ve zürriyyâtinâ kurrete a'yünin veca'lnâ li'l-muttakîne imâmâ.

Rabbenâ âtinâ fi'd-dünyâ haseneten ve fi'l-âhireti haseneten ve kınâ azâben-nâr.

(Allahım, Senin emrine, Peygamberinin sünnetine uyarak iki gencimizin nikâhlarını kıydık, Sen onlara ömürleri boyunca sağlık ve saâdetler ihsan eyle. Rızıklarına bereket, işlerinde kolaylıklar ver. Dînimiz, milletimiz ve vatanımız için hayırlı evlâtlar ihsan eyle. Kendilerini İslâmın nurlu yolundan ayırma, günahlarını bağışla, kalbleri Senin ve Peygamberinin sevgisiyle dolsun.

Allahım! Kur'ân'ın hürmetine, sevgili Peygamberinin

hürmetine duâlarımızı kabul eyle, ey merhametlilerin en merhametlisi olan Allahım.

Sübhane Rabbike Rabbi'l-izzeti ammâ yasıfûn ve selâmun ale'l-murselîn, vel-hamdu lillâhi rabbil âlemîn."

6. Yağmur Duâsı

Arapçada buna istiskâ denir, yüce Allah'tan yağmur vermesini istemek demektir.

Kuraklık olduğu, insanların ve hayvanların aç ve susuz kaldığı dönemler, olmuştur, olmaktadır ve de olacaktır. İşte böyle dar ve sıkıntılı zamanlarda insanların yüce Yaratıcılarına yalvarmalarından daha tabiî ne olabilir? Zaten Allah u Teâlâ da Neml sûresinin 62. âyetinde:

أَمَّنْ يُجِيبُ الْمُضْطَرَّ اِذَا دَعَاهُ ...

"Emmen yücîbü'l-Mudtarra izâ deâhü..."

(Darda kalan kimse duâ ve niyazda bulunduğunda, onun duâsını Allah'tan başka kim kabul edebilir?) buyurmaktadır.

İşte bu sebepledir ki, kuraklık zamanlarında yağmur duâsına çıkmak sünnettir.

Yağmur duâsına çıkmadan önce bazı hazırlıkların yapılması gerekir. Fakirlere sadakalar verilmelidir. Üç gün oruç tutmalı, dargınlar barışmalı, tevbe ve istiğfar etmelidir. Haklar yerine getirilmeli, birbirinin hakkını yemiş olanlar helallaşmalıdır. Yağmur duâsına çıkarken başlar öne eğik, boyunlar bükük ve hüzünlü bir vaziyette gidilmelidir. Çocuklar, kadınlar, ihtiyarlar, hasta ve zayıflar, hatta hayvanlar bile getirilir. Allah'a yarattığı mahlukâtın perişan hali arzedilmeye çalışılır.

İlk gün yağmur yağmazsa, ikinci ve üçüncü

günler de aynı şekilde çıkılır. Çünkü Allah, duâda ısrar edenleri sever.

İmam-ı Azam'a göre, yağmur duası esnasında namaz kılınmaz, hutbe de okunmaz, sadece duâ ve istiğfarda bulunulur. İnsanlar yalnız başına namaz kılabilirler. İmameyne göre, cemaatla ve yüksek sesle okuyarak iki rekat namaz kılmak menduptur. Diğer mezheplerde müekked sünnettir. Yağmur namazında kamet getirilmez, bayram namazında olduğu gibi tekbirler alınır. İmam birinci rekatta "Kâf", ikinci rekatta ise, "İnnâ erselnâ Nuhan" veya "İkterabeti's-saati" sûrelerini okur. Ya da birinci rekatta "Sebbihısme Rabbike", ikinci rekatta "El-Ğâşiye" sûrelerini okur. İmam namazdan sonra iki hutbe okur, minbere çıkılmaz. Hutbede nasihat edilmez; duâ ve istiğfar edilir. Sonra İmam sırtını cemaate doğru döner ve kıbleye doğru yönelir, duâ eder. Eller yüze doğru çevrilir.

Enes b. Mâlik (r.a) anlatıyor:

"Bir adam cuma günü Hz. Peygamber (s.a.s) hutbe okurken mescide girdi ve doğruca minbere yönelerek:

— Ya Rasûlallah! Koyunlar, davarlar mahvoldu. Yollar kesildi. Allah'a duâ et de bize yağmur yağdırsın, dedi. Allah'ın Elçisi ellerini kaldırarak: Allâhım! Bize yağmur ver, Allâhım bize yağmur ver, diye duâ etti." (Buharî, İstiskâ, II. 16).

İster hutbede, ister duâ esnasında şu duâ okunur:

اَللّٰهُمَّ اَسْقِنَا غَيْثًا مُغِيثًا هَنِيئًا مَرِيئًا غَدَقًا مُجَلِّلاً سَيْحًا عَامًّا طَبَقًا * اَللّٰهُمَّ اَسْقِنَا الْغَيْثَ وَلاَ تَجْعَلْنَا مِنَ الْقَانِطِينَ * اَللّٰهُمَّ اِنَّ بِالْبِلاَدِ وَالْعِبَادِ وَالْخَلْقِ مِنَ اللَّاْوَآءِ وَالضَّنْكِ مَالاَ نَشْكُو اِلاَّ اِلَيْكَ

* اَللّٰهُمَّ اَنْبِتْ لَنَا الزَّرْعَ وَاَدِرَّ لَنَا الضَّرْعَ وَاَسْقِنَا مِنَ الْبَرَكَاتِ السَّمَآءِ وَاَنْبِتْ لَنَا مِنْ بَرَكَاتِ الْاَرْضِ * اَللّٰهُمَّ اِنَّا نَسْتَغْفِرُكَ اِنَّكَ كُنْتَ غَفَّارًا * فَاَرْسِلِ السَّمَاءَ عَلَيْنَا مِدْرَارًا *

"Allâhümme eskinâ ğaysen müğîsen henîen merîen ğadakan mücellelen seyhan âmmen tabeka. Allâhümme eskınâ'l-ğayse velâ tec'alnâ mine'l-kânitîn. Allahumme inne bi'l-bilâdi ve'l-ibâdi ve'l-halki mine'l-la'va'i ve'd-danki mâ lâneşkû illâ ileyke! Allâhümme enbit lenâ'z-zer'a ve edirr lena'd-dar'a ve eskınâ min-berekâti's-semâ'i ve esbit lenâ min berekâti'l-ard. Allâhümme innâ nesteğfiruke inneke künte ğaffâran fe ersili's-semâ'e aleynâ midrâra."

(Allahım! Bize can veren, içimize sinen, ferahlık veren, bereketli, bol ve hayırlı, sırılsıklam eden, her tarafa akıp giden, her yeri ıslatan, her tarafa şâmil bir yağmur ihsan eyle. İlâhi! Bize yağmur ihsan et ve bizi ümidini yitirmiş kimselerden eyleme. Allahım! Kullarda ve memleketlerde, diğer yaratıklarda öyle bir güçlük, öyle bir darlık var ki, Senden başkasına arzedemeyiz. Tanrım! Ekinlerimizi bitir, hayvanlarımızın memelerini sütle doldur, bizi göğün bere-ketiyle sula. Bize yeryüzünün bereketlerini ihsan eyle. Ey cömert ve kerem sahibi Rabbımız! Biz yalnız Senden mağfiret dileriz, şüphe yok ki Sen çok bağışlayıcısın. Bize gökten bol bol yağmurlar yağdır, ey bağışlayıcı ve merhameti bol Rabbımız!)

Bu konuda tafsilat almak isteyenler, **Tecrid-i Sarîh Tercümesi**'nin üçüncü cild, 249-261. sayfalarını okuyabilirler.

7. Sakal Duâsı:

Memleketimizde yaygın olan duâlardan biri de "sakal duâsı"dır. Genellikle bayram günlerinden birinde, bilhassa kurban bayramında bayram vaazından sonra yapılmaktadır. Şöyledir:

اَلْحَمْدُ لِلّٰهِ رَبِّ الْعَالَمِينَ وَالصَّلَاةُ وَالسَّلَامُ عَلٰى رَسُولِنَا مُحَمَّدٍ وَعَلٰى اٰلِهِ وَصَحْبِهِ اَجْمَعِينَ * اَعُوذُ بِاللّٰهِ مِنَ الشَّيْطَانِ الرَّجِيمِ بِسْمِ اللّٰهِ الرَّحْمٰنِ الرَّحِيمِ * وَمَا تَوْفِيقِى وَاعْتِصَامِى اِلَّا بِاللّٰهِ * عَلَيْهِ تَوَكَّلْتُ وَاِلَيْهِ اُنِيبُ *

El-hamdü lillâhi rabbi'l-âlemîn. Ve'ssalâtü ve's-selâmü alâ rasûlinâ Muhammedin ve alâ âlihî ve sahbihî ecmaîn.

Eûzübillâhimine'ş-şeytâni'rracîm, Bismillâhirrahmâni'r-rahîm. Ve mâ tevfîkî ve'tisâmî illâ billâh, aleyhi tevekkeltü ve ileyhi ünîb.

(Allâhım! Bu mübarek günde sana el açıp yalvaran kullarını aziz eyle. Günahlarını affedip inayetini ihsan eyle. Sevgili Peygamberinin izinden gitmek arzusuyle sakal bırakan bu kulunu O'nun yolundan ayırma. Sana ve sevgili Peygamberine itaat etmeyi bizlere nasib eyle. Allahım! Bu kardeşimizin ve bizlerin işlerini âsân eyle, helal kazançlar ile Ka'be'yi ziyaret etmek, Peygamberine selam vermek lûtfeyle.)

رَبَّنَآ اٰتِنَا فِى الدُّنْيَا حَسَنَةً وَفِى الْاٰخِرَةِ حَسَنَةً وَقِنَا عَذَابَ النَّارِ . رَبَّنَا اغْفِرْلِى وَلِوَالِدَىَّ وَلِلْمُؤْمِنِينَ يَوْمَ يَقُومُ الْحِسَابُ. سُبْحَانَ رَبِّكَ رَبِّ الْعِزَّةِ عَمَّا يَصِفُونَ وَسَلَامٌ عَلَى الْمُرْسَلِينَ وَالْحَمْدُ لِلّٰهِ رَبِّ الْعَالَمِينَ .

Rabbenâ âtinâ fid-dünya haseneten ve fi'l-âhirati haseneten vakınâ azâbennâr. Rabbenağfirlî ve livâlideyye ve lil'mü'minîne yevme yekûmü'l-hìsâb, Sübhâne Rabbike Rabbi'l-ìzzeti ammâ yesıfûn. Ve selâmün ale'l-murselîn. Ve'l-hamdü lillâhi Rabbi'l-âlemîn. El-Fâtiha.

8. Hatim Veya Mevlid Duası:

دُعَآءُ خَتْمِ الْقُرْآنِ

اَللّٰهُمَّ رَبَّنَا يَا رَبَّنَا تَقَبَّلْ مِنَّا اِنَّكَ اَنْتَ السَّمِيعُ الْعَلِيمُ * وَتُبْ عَلَيْنَا يَا مَوْلٰينَا اِنَّكَ اَنْتَ التَّوَّابُ الرَّحِيمُ * وَاهْدِنِى وَاهْدِنَا وَ وَفِّقْنَآ اِلَى الْحَقِّ وَاِلٰى طَرِيقٍ مُسْتَقِيمٍ * بِبَرَكَةِ خَتْمِ الْقُرْآنِ الْعَظِيمِ * وَبِحُرْمَةِ حَبِيبِكَ وَرَسُولِكَ الْكَرِيمِ * وَاعْفُ عَنَّا يَا كَرِيمُ * وَاعْفُ عَنَّا يَا رَحِيمُ * وَاغْفِرْلَنَا ذُنُوبَنَا بِفَضْلِكَ وَكَرَمِكَ يَا اَكْرَمَ الْاَكْرَمِينَ * وَيَآ اَرْحَمَ الرَّاحِمِينَ * اَللّٰهُمَّ زَيِّنَّا بِزِينَةِ خَتْمِ الْقُرْآنِ * وَاَكْرِمْنَا بِكَرَامَةِ خَتْمِ الْقُرْآنِ * وَشَرِّفْنَا بِشَرَافَةِ خَتْمِ الْقُرْآنِ * وَاَلْبِسْنَا بِخِلْعَةِ خَتْمِ الْقُرْآنِ * وَاَدْخِلْنَا الْجَنَّةَ بِشَفَاعَةِ الْقُرْآنِ * وَعَافِنَا مِنْ كُلِّ بَلَاءِ الدُّنْيَا وَعَذَابِ الْاٰخِرَةِ بِحُرْمَةِ خَتْمِ الْقُرْآنِ * وَارْحَمْ جَمِيعَ اُمَّةِ مُحَمَّدٍ بِحُرْمَةِ خَتْمِ الْقُرْآنِ * اَللّٰهُمَّ اجْعَلِ الْقُرْآنَ لَنَا فِى الدُّنْيَا قَرِينًا * وَفِى الْقَبْرِ مُونِسًا * وَفِى الْقِيَامَةِ شَفِيعًا * وَعَلَى الصِّرَاطِ نُورًا * وَاِلَى الْجَنَّةِ رَفِيقًا * وَمِنَ النَّارِ سِتْرًا وَحِجَابًا * وَاِلَى الْخَيْرَاتِ كُلِّهَا دَلِيلًا وَاِمَامًا * بِفَضْلِكَ وَجُودِكَ وَكَرَمِكَ يَا اَكْرَمَ الْاَكْرَمِينَ * اَللّٰهُمَّ ارْزُقْنَا بِكُلِّ حَرْفٍ مِنَ الْقُرْآنِ حَلَاوَةً * وَبِكُلِّ كَلِمَةٍ كَرَامَةً * وَبِكُلِّ آيَةٍ سَعَادَةً * وَبِكُلِّ سُورَةٍ سَلَامَةً * وَبِكُلِّ جُزْءٍ جَزَآءً * وَصَلَّى اللّٰهُ عَلٰى سَيِّدِنَا مُحَمَّدٍ وَاٰلِهِ اَجْمَعِينَ الطَّيِّبِينَ الطَّاهِرِينَ * اَللّٰهُمَّ انْصُرْ مَنْ نَصَرَ الدِّينَ * وَاكْتُبِ السَّلَامَةَ وَالْعَافِيَةَ عَلَيْنَا وَعَلَى الْحُجَّاجِ وَالْغُزَاةِ وَالْمُسَافِرِينَ وَالْمُقِيمِينَ * فِى بَرِّكَ وَبَحْرِكَ مِنْ اُمَّةِ مُحَمَّدٍ عَلَيْهِمْ اَجْمَعِينَ * اَللّٰهُمَّ بَلِّغْ ثَوَابَ مَا قَرَأْنَاهُ وَنُورَ مَا تَلَوْنَاهُ اِلٰى

رُوحِ نَبِيِّنَا مُحَمَّدٍ صَلَّى اللّٰهُ تَعَالٰى عَلَيْهِ وَسَلَّمَ * وَلِاَرْوَاحِ اَوْلَادِهِ وَاَزْوَاجِهِ وَاَصْحَابِهِ رِضْوَانُ اللّٰهِ تَعَالٰى عَلَيْهِمْ اَجْمَعِينَ * وَلِاَرْوَاحِ اٰبَائِنَا وَاُمَّهَاتِنَا وَاَبْنَائِنَا وَبَنَاتِنَا وَاِخْوَانِنَا وَاَخَوَاتِنَا وَاَصْدِقَائِنَا وَاُسْتَاذِنَا وَاَقْرِبَائِنَا وَمَشَايِخِنَا وَلِمَنْ لَهُ حَقٌّ عَلَيْنَا وَلِاَرْوَاحِ جَمِيعِ الْمُؤْمِنِينَ وَالْمُؤْمِنَاتِ * وَالْمُسْلِمِينَ وَالْمُسْلِمَاتِ * اَلْاَحْيَاءِ مِنْهُمْ وَالْاَمْوَاتِ بِرَحْمَتِكَ يَآ اَرْحَمَ الرَّاحِمِينَ * جَزَى اللّٰهُ عَنَّا مُحَمَّداً صَلَّى اللّٰهُ عَلَيْهِ وَسَلَّمَ مَا هُوَ اَهْلُهُ * سُبْحَانَ رَبِّكَ رَبِّ الْعِزَّةِ عَمَّا يَصِفُونَ * وَسَلَامٌ عَلَى الْمُرْسَلِينَ * وَالْحَمْدُ لِلّٰهِ رَبِّ الْعَالَمِينَ .

Allâhümme Rabbenâ yâ Rebbenâ tekabbel minnâ inneke Ente's-semîu'l-alîm. Ve tüb aleynâ yâ mevlânâ inneke Ente't-tevvâbü'r-Rahîm. Vehdinî vehdinâ ve veffiknâ ile'l-hakkı ve ilâ tarîkin müstakîm. Bi bereketi hatmi'l-kur'âni'l-azîm. Ve bi hurmeti habîbike ve rasûlike'l-kerîm. Va'fü annâ yâ kerîm, va'fu annâ yâ rahîm. Vağfir lenâ zünûbenâ bi fadlike ve keramike yâ ekrame'l-ekramîn. Ve yâ erhame'r-râhimîn. Allâhümme zeyyinnâ bi zîneti hatmi'l-kur'ân. Ve ekrimnâ bi kerâmeti hatmi'l-kur'ân. Ve şerrifnâ bi şerâfeti hatmi'l-kur'ân. Ve elbisnâ bi hil'ati hatmi'l-kur'ân. Ve edhilne'l-cennete bi şefâati'l-kur'ân. Ve âfinâ min külli belâi'd-dünyâ ve azâbi'l-âhireti bihurmeti hatmi'l-kur'ân. Ve'rham cemîa ümmeti Muhammedin bi hurmeti hatmi'l-kur'ân. Allâhümme'c'ali'l-kur'âne lenâ fi'd-dünyâ karînâ, ve fi'l-kabrî mûnisâ, ve fi'l-kıyâmeti şefîâ, ve ale's-sırâti nûrâ, ve ile'l-cenneti rafîkâ, ve mine'nnâri sitran ve hicâbâ, ve ile'l-hayrâti küllihâ delîlen ve imâmâ, bi fadlike vecûdike ve keramike yâ ekreme'l-ekremîn. Allahümme'rzuknâ bi külli harfin mine'l-kur'âni halâveten, ve bi külli kelimetin kerâmeten, ve bi külli âyetin saâdeten, ve bi külli sûretin selâmeten, ve bi külli cüz'in cezââ. Ve salla'l-lâhu alâ seyyidinâ Muhammedin ve âlihî ecmaîne't-tayyibîne't-tâhirîn. Allahümme'nsur men nasara'ddîn. Vektübi's-selâmete ve'l âfiyete aleynâ ve ale'l-huccâci ve'l-ğuzâti ve'l-müsâfirîne ve'l-mukîmîn. Fî berrike ve bahrike min ümmeti Muhammedin aleyhim ecmaîn. Allâhümme belliğ sevâbe mâ kara'nâhu ve nûra mâ televnâhu ila rûhi nebiyyinâ Muhammedin salla'llâhu teâlâ aleyhi ve sellem, ve li ervâhi evlâdihî ve ezvâcihî ve ashâbihî rıdvânu'llâhi teâlâ aleyhim ecmaîn, ve li ervâhi âbâinâ ve ümmehâtinâ ve ebnâina ve benâtinâ ve ihvâninâ ve ahavâtinâ ve asdikâinâ ve üstâzinâ ve akribâinâ ve meşâyihinâ ve li men lehû hakkun aleynâ ve li ervâhi cemîi'l-mü'minîne ve'l-mü'minât, ve'l-müslimîne ve'l-müslimât, el-ahyâi minhüm ve emvâti birahmetike yâ erhame'r-râhimîn. Ceza'llâhü annâ Muhammeden salle'l-lâhü aleyhi ve selleme mâ hüve ehlühû, sübhâne rabbike rabbil izzeti ammâ yasıfûn, ve selâmün ala'l-mürselîn, ve'l-hamdü lillâhi rabbi'l-âlemîn.

Türkçe olarak şöyle de dua edilebilir:

"Allahım! Kitabın Kur'ân'da buyuruyorsun ki, Bana duâ edin, duânızı kabul edeyim! İşte Sana duâ etmek için toplandık, ellerimizi Senin sonsuz olan kudretine, kuvvetine açtık. Duâlarımızı kabul eyle yâ Rabbî.

Ya Rabbî! Bizler günahkâr kullarız, Sen ise rahmeti , bereketi, affı bol olansın. Okuduğumuz Kur'ân'ları, salavâtları kabul eyle. Kur'ân mü'minler için şifâdır, buyuruyorsun. Bizim ruhlarımız hasta, bedenlerimiz hasta, Sen Kur'ân'ı bizler için şifâ kıl. Biz her zaman O'nun yolundan gitmesek de, Seni bazan unutsak da Sen bizleri unutma Allahım!

Yâ Rabbî! Bizler âciz kullarız, nefislerimize zulmediyoruz, tevbe ettiğimiz halde yine günah deryasına dalıyoruz. Bize öyle bir Allah aşkı ver ki; Senden başkasını görmeyelim. Bize öyle bir ibadet zevki ver ki, Sana ibadet etmekten bıkmayalım. Bize öyle insan sevgisi, Kur'ân sevgisi ver ki, malımızı - mülkümüzü Ebû Bekr'ler gibi, Osman'lar gibi, Ömer'ler gibi harcayalım. Ali'ler gibi Senin dînin uğruna canımızdan geçelim! Bütün bunları Sen vermezsen bizler sevdiklerini, yerdir bize Kur'ân'ın okunsun bütün dünyada. Habibin anılsın beş kıtada. Aydınlatan Kur'ân nuruyla kalblerimizi.

Yâ rabbî, Alemlerin Rabbı Sensin, mülk Senin, hamd Senin. Dilediğini aziz, dilediğini zelil edersin. Dilediğine mülk verir, dilediğinden alırsın, geceden gündüzü, gündüzden geceyi çıkarırsın, Sen her şeye Kâdir'sin. Bizi azîz eyle, zelîl eyleme. Yangınlardan, zelzelelerden, su baskınlarından ve bilmediğimiz nice felâketlerden Sen koru Allahım! Hastalara şifa ver, borçlu olanlara borçlarını ödemek nasîbeyle.

Allahım! Biz istiyoruz ki, Senin adını haykıran ezanlar susmasın. Kur'ân'lar gürül gürül okunsun. Aşıklar Senin aşkınla tutuşsunlar, yurdumuzu, vatanımızı ve bütün İslâm ülkelerini düşman hücumlarından, kâfirlerin elinde oyuncak olmaktan, onlara el açıp yalvarmaktan kurtar! Devletimizi, milletimizi müslüman olarak ebediyyen payidar eyle. Asırlar boyu Senin dînini yaymak için savaşan ordularımızı yolundan ayırma Allahım!

Ya Rabbi! Okuduğumuz hatm-i şerif (mevlid-i şerif) den hasıl olan sevabı yüce Peygamberimiz Muhammed Mustafa (s.a.s) efendimizin ruhuna hediye eyledik, ulaştır ya Rabbî. Bütün peygamberlerin, evliyanın, ulemânın ruhlarını haberdar eyle yâ Rabbî, Kur'ân'ın hürmetine, Peygamberinin aşkına, Tevrat, İncil hürmetine, sevdiğin kullar hürmetine duâlarımızı kabul eyle. Rabbena âtina fid-dünya haseneten ve fi'l-âhirati haseneten vakına âzâbe'n-nâr, Rabbenağfirlî ve livâlideyye ve li'l-mü'minîne yevme yekûmü'l-hìsâb. Âmin. Bi hurmeti seyyidi'l-murselîn, ve'l-hamdu lillâhi rabbi'l-âlemîn. El Fâtiha."

Duâyı yapan kimse Türkçe kısmında istediği şeyleri ilave eder, çıkarır, gönlünden geldiği gibi Allah'a niyaz eder. Makbul olan da budur.

9. Asker Uğurlama Duâsı:

اَلْحَمْدُ لِلّٰهِ رَبِّ الْعَلَمِينَ * وَالصَّلَاةُ وَالسَّلَامُ عَلٰى رَسُولِنَا
مُحَمَّدٍ وَعَلٰى اٰلِهِ وَصَحْبِهِ اَجْمَعِينَ * اَعُوذُ بِاللّٰهِ مِنَ الشَّيْطَانِ الرَّجِيمِ
بِسْمِ اللّٰهِ الرَّحْمٰنِ الرَّحِيمِ * اِنْفِرُوا خِفَافًا وَثِقَالًا وَجَاهِدُوا بِاَمْوَالِكُمْ
وَاَنْفُسِكُمْ ذٰلِكُمْ خَيْرٌ لَكُمْ اِنْ كُنْتُمْ تَعْلَمُونَ * وَلَا تَقُولُوا لِمَنْ يُقْتَلُ
فِى سَبِيلِ اللّٰهِ اَمْوَاتٌ بَلْ اَحْيَاءٌ عِنْدَ رَبِّهِمْ يُرْزَقُونَ * وَاَعِدُّوا لَهُمْ
مَا اسْتَطَعْتُمْ مِنْ قُوَّةٍ وَمِنْ رِبَاطِ الْخَيْلِ ... *

"El-hamdü lillâhi rabbi'l-âlemîn. Ve's-salâtü ve's-selâmü alâ rasûlinâ Muhammedin ve alâ âlihî ve sahbihî ecmaîn. Eûzübillâhimine'ş-şeytâni'r-racîm, Bismillâhi'r-rahmâni'r-rahîm.

İnfirû hìfâfen ve sikâlen ve câhidû bi emvâliküm ve enfusiküm zâliküm hayrun lekûm in küntüm ta'lemûn. Ve lâ tekûlû li men yuktelü fî sebîlillâhi emvât, bel ahyâün índe rabbihim yurzekûn. Ve eìddû lehüm mesteta'tüm min kuvvetin ve min ribâtìl-hayl..."

"Ey âlemlerin Rabbı olan Allâhım! Mukaddes kitabımız Kur'ân'da bizlere düşmanla savaşmamızı emrediyorsun. İşte bu emri yerine getirmek üzere yetiştirdiğimiz evlatlarımızı, dînimizin, vatanımızın ve müslümanların saadet ve selameti, ırzımızın ve namusumuzun korunması için asker ocağına gönderiyoruz, mubarek bir ocağa gönderiyoruz. Sen onlara sağlık ve âfiyet ver, yüreklerine cesaret, bileklerine kuvvet ihsan eyle. Yâ Rabbî! Bir askere lâzım olan sabrı, sebat ve metâneti, cesaret ve şecâati kalblerine yerleştir, onları belâlardan, kazalardan, musibetlerden koru yâ Rabbî. Kahraman ordumuzu daima hak ve hakikattan ayırma, haksızlık ve zulüm etmekten koru. Yavrularımızı sağ-salim analarına-babalarına sevdiklerine kavuşmak nasîbeyle. Eş ve çocuklarına sabır ver, yardımını esirgeme. Şayet ecel şerbetini içip şehâdet mertebesine ulaşacak olanlar olursa, şefâatlerinden bizleri de mahrum etme yâ Rabbî.

Vatanımıza, namusumuza göz diken, düşmanlarımız karşısında daima muzaffer eyle. Bedir'de gönderdiğin gibi, görünmeyen askerlerinle bize yardım eyle, nusreti lûtfet.

Allahım! Senin dînin barış ve huzur dînidir. Bütün insanlara hidayet ve huzur ihsan eyle. Gençlerimize bu yolda gayret ver, komutanlarına karşı itaatli birer kahraman eyle. Küçük-büyük günahlarını affeyle Allahım!

Vatan ve milletimizin selâmeti, dînimizin bekâsı, milletimizin birlik ve beraberliği için, Allah rızası için El-Fatiha.

10. Hacıları Uğurlama Duâsı:

اَلْحَمْدُ لِلّٰهِ رَبِّ الْعَالَمِينَ * وَالصَّلاَةُ وَالسَّلاَمُ عَلٰى رَسُولِنَا مُحَمَّدٍ وَعَلٰى اٰلِهِ وَصَحْبِهِ اَجْمَعِينَ * اَعُوذُ بِاللّٰهِ مِنَ الشَّيْطَانِ الرَّجِيمِ بِسْمِ اللّٰهِ الرَّحْمٰنِ الرَّحِيمِ * اِنَّ اَوَّلَ بَيْتٍ وُضِعَ لِلنَّاسِ لَلَّذِى بِبَكَّةَ مُبَارَكًا وَهُدًى لِلْعَالَمِينَ * وَلِلّٰهِ عَلَى النَّاسِ حِجُّ الْبَيْتِ مَنِ اسْتَطَاعَ اِلَيْهِ سَبِيلاً *

"El-hamdü lillâhi rabbi'l-âlemîn. ve's-salâtü ve's-selâmü alâ rasûlinâ Muhammedin ve alâ âlihî ve sahbihî ecmaîn.

Eûzü billâhi mine'ş-şeytâni'r-racîm, bismillâhi'r-rahmâni'r-rahim. İnne evvele beytin vudia linnâsi lellezî bi bekkete mübâreken ve hüden li'l-âlemîn. Ve lillâhi ale'n-nâsi hìccu'l-beyti meni's-tetâa ileyhi sebîlâ."

"Allahım! Verdiğin sağlığa, verdiğin nimetlere binlerce defa şükürler olsun. Bizi yarattın, kalbimize islâm nurunu yerleştirdin, hamdolsun Sana. Ka'be'yi mübarek kıldın. Yanık gönüllü İbrahim Peygamber'i oraya yerleştirdin. Ve evini ziyaret etmeyi farz eyledin bizlere, işte o mübarek topraklara kavuşmak, Evini tavaf etmek, zemzem'inden içmek aşkıyle yollara düşüyoruz. Bir aşk, bir hasret var içimizde. Bu aşk Allah aşkı, bu aşk Muhammed aşkı ve bu aşk Kâ'be'yi görme aşkı. Canımızı alma görmeden Evini, Sağlık ver yüz sürmek için Hacer-i Esved'e. Güç ve takat ver melekler gibi dönelim Kâ'be'nin çevresinde, Safâ ile Merve arasında koşalım, İbrahim Halîlullâh'ı anarak coşalım. Muhammed'in yoluna fedâ olalım. Silinsin Allahım günahlarımız! Yeni doğmuş gibi dönelim yurdumuza, tertemiz ve günahsız... Öldürelim içimizdeki şeytanı Mina'da. Candan ve yürekten haykıralım, Lebbeyk Allahümme lebbeyk diye. Emrindeyim Allahım, buyur.

Yâ Rabbî! Senin aşkınla yollara düştük. Sağ -sâlim gidip gelmeyi, âilemize ve dostlarımıza kavuşmayı nasîbeyle. Onları da sağlık ve âfiyet içinde bulmayı lûtfet. Her mü'min kuluna Kâ'be'yi tavaf edip yüz sürmeyi nasîbeyle Allahım!

Allahım! Senden bu dünyada ve âhirette iyilik istiyoruz, günahlarımızı bağışla. Sevgili habîbinin şefâatinden mahrum etme bizi.

11. Çarşı-Pazar Duâsı:

Memleketimizin bazı yerlerinde, pazar kurulduğu gün, esnaf ve pazarcılar sabahleyin duâ ile pazarı açmakta, işlerine, alış-verişlerine duâ ile başlamaktadırlar. Bunun yaygınlaşması temennîsiyle buraya Din görevlilerimizin veya pazarcı esnafının yapabileceği bir duâ dercediyoruz.

اَلْحَمْدُ لِلّٰهِ رَبِّ الْعَالَمِينَ وَالصَّلَاةُ وَالسَّلَامُ عَلٰى رَسُولِنَا مُحَمَّدٍ
وَعَلٰى اٰلِهِ وَصَحْبِهِ اَجْمَعِينَ * اَعُوذُ بِاللّٰهِ مِنَ الشَّيْطَانِ الرَّجِيمِ *
بِسْمِ اللّٰهِ الرَّحْمٰنِ الرَّحِيمِ * اَللّٰهُمَّ مَالِكَ الْمُلْكِ تُؤْتِى الْمُلْكَ مَنْ
تَشَاۤءُ وَتَنْزِعُ الْمُلْكَ مِمَّنْ تَشَاۤءُ . وَتُعِزُّ مَنْ تَشَاۤءُ وَتُذِلُّ مَنْ تَشَاۤءُ *
بِيَدِكَ الْخَيْرُ اِنَّكَ عَلٰى كُلِّ شَىْءٍ قَدِيرٌ * تُولِجُ الَّيْلَ فِى النَّهَارِ

وَتُولِجُ النَّهَارَ فِى الَّيْلِ وَتُخْرِجُ الْحَىَّ مِنَ الْمَيِّتِ وَتُخْرِجُ الْمَيِّتَ مِنَ
الْحَىِّ وَتَرْزُقُ مَنْ تَشَآءُ بِغَيْرِ حِسَابٍ * اَللّٰهُمَّ اِنِّى اَسْأَلُكَ خَيْرَ هٰذِهِ
السُّوقِ وَخَيْرَ مَا فِيهَا وَاَعُوذُ بِكَ مِنْ شَرِّهَا وَشَرِّ مَا فِيهَا * اَللّٰهُمَّ
اِنِّي اَعُوذُ بِكَ اَنْ أُصِيبَ فِيهَا يَمِينًا فَاجِرَةً اَوْ صَفْقَةً خَاسِرَةً *

"El-hamdü lillâhi rabbi'l-âlemîn. Ve's-salâtü ve's-selâmü alâ rasûlinâ Muhammedin ve alâ âlihî ve sahbîhî ecmaìn.

Eûzü billâhi mine'ş-şeytâni'r-racîm, Bismillâhi'r-rahmâni'r-rahîm. Allâhümme mâlike'l-mülki tu'ti'l-mülke men teşâü ve tenzi'u'l-mülke mimmen teşâü, ve tuizzü men teşâü ve tuzillu men teşâü, biyedike'l-hayr, inneke alâ külli şey'in kadîr. Tûlicü'l-leyle finnehâri ve tûlicü'n-nehâre filleyli, ve tuhricü'l-hayye mine'l-meyyiti ve tuhricü'l-meyyite mine'l-hayyi, ve terzuku men teşâü bi ğayri hîsâb.

Allahümme innî es'elüke hayra hâzihi's-sûki ve hayra mâ fîhâ, ve eûzü bike min şerrihâ ve şerri mâ fîhâ. Allâhümme innî eûzü bike en usîbe fîhâ yemînen fâciraten ev safkaten hâsiraten."

(Ey yeri ve gökleri yaratan Allahım! Ailemizin rızkını kazanmak için bizlere sağlık ve âfiyet içinde bir pazar daha verdin. Verdiğin sağlığa, verdiğin nimetlere binlerce defa şükürler olsun.

Bizler sevgili Peygamber'inin "Doğru tâcir, kıyamet günü peygamberler, sıddîklar ve şehidlerle beraberdir" diye müjdelediği kimselerden olmak istiyoruz, bize yardım et, yâ Rabbî! Bu söze inanan ve yaşayanlardan olmamız için bize gayret ve kuvvet ihsan eyle.

Allahım! Yine sevgili Peygamberin "Bizi aldatan bizden değildir" buyuruyor. Kardeşlerimizi aldatmayı bize nasîbetme Allahım! Biz, helâl ve güzel rızık peşindeyiz, haram karıştırma kazancımıza yâ Rabbî! Bize nefsimize uyma fırsatı verme. Ticarethanemizde, pazarımızda dürüstlük hakim olsun. Az kazanırsak Sen onu bereketli kıl. İsraftan, sefâletten, ahlâksızlıktan, âcizlik ve tembellikten Sana sığınıyoruz. İşlerimizi kolaylaştır, rızkımızı bollaştır, haramdan uzaklaştır yâ Rabbî!

İlâhi, cimrilikten, varlık içinde yokluktan, aldatmaktan ve aldanmaktan, başkasının hakkını yemekten Sen bizleri koru. Bizleri fakirliğin getirdiği şerlerden koruduğun gibi, zenginliğin getirdiği fitne ve şerlerden de koru. Bizleri kanâat sahibi, gözü tok, gönlü zengin, daima hayırlı işlere koşan kullarından eyle yâ Rabbî!

İlâhi, memleketimizi ve bütün islâm memleketlerini her türlü âfet ve felâketlerden koru. Ezan sesini eksik etme ülkemizden. Onun hasretiyle yaşayan kullarına da bu nîmeti lütfeyle. Hastalarımıza şifâ, borçlulara borçlarını ödemek nasîbeyle. Sana açılan elleri geri çevirme. Helâl kazanç isteyen kullarının duâlarını kabul eyle. Bizleri iki cihanda azîz eyle. Çocuklarımızı haram lokma yemeyen hayırlı birer evlat eyle.

Rabbena âtina fid-dünya...)

Not: Duruma göre, bu duayı yapan kimse uygun bir şekilde kısaltabilir.

12. Dâmâd Giydirirken Okunacak Duâ:

Memleketimizin hemen her tarafından düğünlerde damat giydirildikten sonra duâ edilmektedir. Burada şöyle duâ edilebilir:

اَلْحَمْدُ لِلّٰهِ رَبِّ الْعَالَمِينَ وَالصَّلَاةُ وَالسَّلَامُ عَلٰى رَسُولِنَا مُحَمَّدٍ
وَعَلٰى اٰلِهِ وَصَحْبِهِ اَجْمَعِينَ * اَعُوذُ بِاللّٰهِ مِنَ الشَّيْطَانِ الرَّجِيمِ بِسْمِ
اللّٰهِ الرَّحْمٰنِ الرَّحِيمِ * رَبَّنَا هَبْ لَنَا مِنْ اَزْوَاجِنَا وَذُرِّيَّاتِنَا قُرَّةَ اَعْيُنٍ
وَاجْعَلْنَا لِلْمُتَّقِينَ اِمَامًا * يَا بَنِي اٰدَمَ قَدْ اَنْزَلْنَا عَلَيْكُمْ لِبَاسًا يُوَارِي

سَوْاٰتِكُمْ وَرِيشًا وَلِبَاسُ التَّقْوٰى ذٰلِكَ خَيْرٌ . ذٰلِكَ مِنْ اٰيَاتِ اللّٰهِ لَعَلَّهُمْ يَذَّكَّرُونَ * اَللّٰهُمَّ كَسَوْتَهُ هٰذَا الثَّوْبَ * فَلَكَ الْحَمْدُ اَسْأَلُكَ مِنْ خَيْرِهِ وَخَيْرِ مَا صُنِعَ لَهُ وَنَعُوذُ بِكَ مِنْ شَرِّهِ وَشَرِّ مَا صُنِعَ لَهُ *

"El-hamdü lillâhi rabbi'l-âlemîn, ve's-salâtü ve's-selâmü alâ rasûlinâ Muhammedin ve alâ âlihî ve sahbihî ecmaîn.

Eûzü billâhi mine'ş-şeytâni'r-racîm, Bismillâhi'r-rahmâni'r-rahîm. Rabbenâ heb lena min ezvâcinâ ve zürriyyâtinâ kurrete a'yünin ve'c-alnâ lil-muttakîne imâmâ. Yâ benî âdeme kad enzelnâ aleykûm libâsen yuvârî sev'âtiküm ve rîşen ve libâsü't-takvâ zâlike hayr, zâlike min âyâtillâhi leallehüm yezzekkerûn. Allâhümme kesevtehû hâze's-sevbe, feleke'l-hamdü es'elüke min hayrihî ve hayra mâ sunia lehû ve neûzü bike min şerrihî ve şerri mâ sunia leh."

(Allahım! Bu kardeşimizi Peygamber'inin sünnetine uygun olarak, giydirdik, kuşattık. Elbisesinin güzelliği gibi, ona ruh güzelliği de lütfet. Onu yakınlarına hoş göster, bizlere sağlık, âfiyet, faydalı ilim ve hayırlı evlâtlar ve bol rızıklar ihsan eyle.

Rabbenâ âtina fi'd-dünya haseneten ve fi'l-âhireti haseneten vakınâ azâbennar, birahmetike yâ erhame'r-rahîmîn. El Fâtiha.)

13. Dâmâdı Gerdeğe Koyarken Okunacak Duâ:

اَلْحَمْدُ لِلّٰهِ رَبِّ الْعَالَمِينَ وَالصَّلَاةُ وَالسَّلَامُ عَلٰى رَسُولِنَا مُحَمَّدٍ وَعَلٰى اٰلِهِ وَصَحْبِهِ اَجْمَعِينَ * اَعُوذُ بِاللّٰهِ مِنَ الشَّيْطَانِ الرَّجِيمِ . بِسْمِ اللّٰهِ الرَّحْمٰنِ الرَّحِيمِ * اِنَّا فَتَحْنَا لَكَ فَتْحًا مُبِينًا * لِيَغْفِرَ لَكَ اللّٰهُ مَا تَقَدَّمَ مِنْ ذَنْبِكَ وَمَا تَأَخَّرَ وَ يُتِمَّ نِعْمَتَهُ عَلَيْكَ وَ يَهْدِيَكَ صِرَاطًا مُسْتَقِيمًا * وَيَنْصُرَكَ اللّٰهُ نَصْرًا عَزِيزًا *

"El-hamdü lillâhi rabbi'l-âlemîn, ve's-salâtü ve's-selâmü alâ rasûlinâ Muhammedin ve alâ âlihî ve sahbihî ecmaîn.

Eûzü billâhi mine'ş-şeytâni'r-racîm, Bismillâhi'r-rahmâni'r-rahîm. İnnâ fetahnâ leke fethan mübînâ, liyağfira leke'llâhü mâ tekaddeme min zenbike ve mâ teahhara ve yütimme ni'metehû aleyke ve yehdiyeke sırâtan müstakîmâ, ve yensurakallâhü nasran azîzâ."

Bundan sonra nikâh duâsındaki اَللّٰهُمَّ اجْعَلْ بَيْنَهُمَا den itibaren okunabilir.

Türkçe olarak şöyle de söylenebilir:

(Allahım! Senin emrini yerine getirdik, iki gencimizi evlendirdik. Sen onların üzerinden rahmet ve bereketini eksik etme. Onlara , sağlık, mutluluk, dînimize, milletimize ve vatanımıza hizmetler edecek hayırlı evlatlar ihsan eyle. Kazalardan, belâlardan, hastalık ve âfetlerden koru, ey merhametlilerin merhametlisi olan Allahım!)

14. Tecdîd-i İman Duâsı:

Memleketimizde cuma akşamı (yani perşembeyi cuma'ya bağlayan gece) tevbe ve istiğfar edilir, buna iman ve nikah tazeleme denir.

Daha önce de ifade ettiğimiz gibi, müslüman her akşam yatmadan önce nefsini muhasebeye çekmeli, o gün günah işleyip işlemediğini, bir kardeşini aldatıp aldatmadığını, birinin hakkını yiyip yemediğini, düşünmeli, eğer varsa ertesi gün bunun telâfisi yoluna gitmelidir. Çünkü bile bile yenecek haram bir lokma insanın kalbinin kirlenmesine sebep olabilir.

Bundan başka cemaat halinde tevbe-istiğfar edip imanlar da tazelenir, bu da bir nevi haftalık muhasebedir, denilebilir. Ayrıca perşembe gecesi, mübarek bir gecedir. Müslüman hanımının yanına da günahlarından arınmış olarak varır.

İşte bunun içindir ki, perşembe akşamları tevbe -istiğfâr edip iman tazelenir.

Perşembe akşamı yatsı namazından sonra, "Âmene'r-rasûlu" okunur. Arkasından:

اَسْتَغْفِرُ اللّٰهَ ، اَسْتَغْفِرُ اللّٰهَ ، اَسْتَغْفِرُ اللّٰهَ الْكَرِيمَ الَّذِى لا اِلٰهَ اِلاَّ هُوَ الْحَىَّ الْقَيُّومَ وَاَتُوبُ اِلَيْهِ تَوْبَةَ عَبْدٍ ظَالِمٍ لِنَفْسِهِ لاَيَمْلِكُ لِنَفْسِهِ مَوْتًا وَلاَ حَيَاةً وَلاَ نُشُوراً * وَاَسْئَلُهُ التَّوْبَةَ وَالْمَغْفِرَةَ لَنَا اِنَّهُ هُوَ التَّوَّابُ الرَّحِيمُ *

Estağfiru'llah, estağfiru'llah, estağfiru'llâhe'l-kerîme'llezî lâ ilâhe illâ hüve'l-hayyü'l-kayyûme ve etûbü ileyh, tevbete abdin zâlimin li nefsihî lâ yemlikü li nefsihî mevten ve lâ hayâten ve lâ nüşûrâ. Ve es'elühü't-tevbete ve'l-mağfirate lenâ innehû hüve't-tevvâbü'r-rahîm.

(Allahım! Bu yaşa gelinceye kadar, benim elimden, dilimden, diğer âzalarımdan bilerek veya bilmeyerek bir hata, isyan, şirk, iftira vesaire gibi küçük-büyük günahlar sadır olduysa, ben onların cümlesinden tevbe ettim, bir daha işlememeğe karar verdim. Günahlarımı bağışla, çünkü Sen günahları bağışlayansın.

Peygamberlerin ilki, Âdem, sonuncusu ise, Muhammed aleyhis-selâmdır. Her ikisi arasında gelip-geçmiş bütün peygamberlere inandım, iman ettim, hepsi haktır, gerçektir. Dilim ile ikrar, kalbim ile tasdik ettim.)

اَللّٰهُمَّ اَنْتَ رَبِّى لاَ اِلٰهَ اِلاَّ اَنْتَ خَلَقْتَنِى وَاَنَا عَبْدُكَ وَاَنَا عَلٰى عَهْدِكَ وَوَعْدِكَ مَا اسْتَطَعْتُ اَعُوذُ بِكَ مِنْ شَرِّ مَا صَنَعْتُ اَبُوءُ لَكَ بِنِعْمَتِكَ عَلَىَّ وَاَبُوءُ بِذَنْبِى فَاغْفِرْلِى فَاِنَّهُ لاَ يَغْفِرُ الذُّنُوبَ اِلاَّ اَنْتَ.

اَللّٰهُمَّ اِنِّى اُرِيدُ اَنْ اُجَدِّدَ اِيمَانِى بِقَوْلِى لاَاِلٰهَ اِلاَّ اللّٰهُ مُحَمَّدٌ رَسُولُ اللّٰهِ

... اَللّٰهُمَّ اِنّى اُرِيدُ اَنْ اُجَدِّدَ اِيمَانِى بِقَوْلِى لَاۤاِلٰهَ اِلاَّ اللّٰهُ مُحَمَّدٌ رَسُولُ اللّٰه * اَللّٰهُمَّ اِنّى اُرِيدُ اَنْ اُجَدِّدَ اِيمَانِى وَنِكَاحِى بِقَوْلِى لَاۤاِلٰهَ اِلاَّ اللّٰهُ الْمَلِكُ الْحَقُّ الْمُبِينُ مُحَمَّدٌ رَسُولُ اللّٰه الصَّادِقُ الْوَعْدِ الْاَمِينُ * اٰمَنْتُ بِاللّٰهِ وَمَلٰئِكَتِه وَكُتُبِه وَرُسُلِه وَالْيَوْمِ الْاٰخِرِ وَبِالْقَدَرِ خَيْرِه وَشَرِّه مِنَ اللّٰه تَعَالٰى وَالْبَعْثُ بَعْدَ الْمَوْتِ حَقٌّ اَشْهَدُ اَنْ لَاۤاِلٰهَ اِلاَّ اللّٰهُ وَاَشْهَدُ اَنَّ مُحَمَّدًا عَبْدُهُ وَرَسُولُهُ. وَصَلَّ اللّٰهُ عَلٰى سَيِّدِنَا مُحَمَّدٍ وَعَلٰى سَائِرِ الْاَنْبِيَاۤءِ وَالْمُرْسَلِينَ وَالْحَمْدُ لِلّٰه رَبِّ الْعَالَمِينَ *

Allâhümme ente rabbî lâ ilâhe illâ ente halaktenî ve ene abdüke ve ene alâ ahdike ve va'dike ma's-tata'tü, eûzü bike min şerri mâ sana'tu, ebûü leke bi ni'metike aleyye ve ebûü bizenbî fağfirlî fe innehû lâ yağfiru'z-zünûbe illâ ente.

Allâhümme innî ürîdü en ücedide îmânî bi kavlî lâ ilâhe illa'llâh muhammedün resûlullâh. Allâhümme innî ürîdü en üceddide îmânî bi kavlî lâ ilâhe illallâh muhammedün resûlullâh. Allahümme innî ürîdü en üceddide îmânî ve nikâhî bi kavli lâ ilâhe illallâhu'l-melikü'l-hakku'l-mubîn, muhammedün resûlullâhi's-sâdiku'l-va'dil-emîn. Âmentü billâhi ve melâiketihî ve kütübihî ve rusulihî ve'l-yevmi'l-âhiri ve bi'l-kaderi hayrihî ve şerrihî minellâhi teâlâ ve'l-ba'sü ba'delmevt, hakkun eşhedü en lâilâhe illallâh ve eşhedü enne muhammeden abduhû ve rasûlüh. ve sallallâhu alâ seyyidinâ muhammedin ve alâ sâiri'l-enbiyâi ve'l-mürselîn, ve'l-hamdü lillâhi rabbi'l-âlemîn.

(Allahım! Rabbim Sen'sin, Sen'den başka ilâh yoktur. Beni yarattın, ben Sen'in kulunum. Gücüm yettiği kadar Sana verdiğim vaad ve söz üzerinde duruyorum. Yaptıklarıma karşı başıma gelecek kötülüklerden Sana sığınırım. Bana verdiğin nimetlerini itiraf ediyorum. Günahlarımı da itiraf ediyorum, beni affet Allahım! Çünkü Sen'den başka günahları affedecek kimse yoktur. Allahım!

Ben "Allah'tan başka ilah yoktur; Muhammed O'nun elçisidir" şeklindeki sözümle imanımı tazeleyip kuvvetlendirmek istiyorum. Allahım! Ben "Allah'tan başka ilah yoktur" şeklindeki sözümle imanımı tazeleyip kuvvetlendirmek istiyorum. Allahım! Ben "Melik, Hakk ve apaçık gerçek olan Allah'tan başka ilah yoktur; vaadinde doğru ve güvenilir olan Muhammed O'nun elçisidir" şeklindeki sözümle imanımı ve nikâhımı tazeleyip kuvvetlendirmek istiyorum. Allah'a, meleklerine, kitaplarına, peygamberlerine, âhiret gününe, kadere, hayır ve şerrin Allah'tan geldiğine inandım. Ölümden sonraki diriliş haktır. Allah'tan başka ilâh olmadığına, Muhammed'in O'nun kulu ve elçisi olduğuna şehadet ederim. Allah'ın salâtı, rahmeti efendimiz Muhammed'in, diğer nebî ve resûllerin üzerine olsun. Hamd âlemlerin Rabbı olan Allah'a mahsustur.)

DÖRDÜNCÜ BÖLÜM

ÂYET VE HADÎSLERDEN SEÇİLMİŞ DUÂLAR

Kur'ân-ı Kerîm'den ve Hadîs-i Şeriflerden seçilmiş Bazı Örnek Duâlar:

1. Âdem (a.s) Cennet'ten Çıkarıldığında Havva İle Birlikte Şöyle Duâ Ettiler:

رَبَّنَا ظَلَمْنَا أَنْفُسَنَا وَإِنْ لَمْ تَغْفِرْلَنَا وَتَرْحَمْنَا لَنَكُونَنَّ مِنَ الْخَاسِرِينَ .

"Rabbenâ zalemnâ enfusenâ ve in lem tağfir lenâ ve terhamnâ le nekûnenne mine'l-hâsirîn."

(Ey Rabbimiz! Biz kendimize zulmettik, eğer bizi bağışlamaz ve bize acımazsan, biz hüsrana uğrayanlardan oluruz.) Â'râf sûresi, âyet, 23.

2. Nuh (a.s)'un Duâsı:

Nuh (a.s)'un oğlu O'nunla birlikte gemiye binmemiş ve Nuh Allah'a: Ya Rabbî! Elbette oğlum benim ailemdendir, Senin va'din haktır onu yerine getirirsin, Sen hâkimlerin hâkimisin (ailemi kurtaracağına dair söz vermiştin, şimdi oğlum ne olacak?) diye duâ etmişti. Bunun üzerine yüce Allah: *"Ey Nuh! O, senin âilenden değildir; çünkü o, salih olmayan bir amel sahibidir. O halde bilmediğin bir şeyi benden isteme, seni cahillerden olmaktan menederim"* buyurdu. Bunun üzerine Nuh (a.s):

رَبِّ إِنِّي أَعُوذُ بِكَ أَنْ أَسْئَلَكَ مَا لَيْسَ لِي بِهِ عِلْمٌ وَإِلاَّ تَغْفِرْلِي
وَتَرْحَمْنِي أَكُنْ مِنَ الْخَاسِرِينَ *

"Rabbi innî eûzü bike en es'eleke mâ leyse lî bihî ilm, ve illâ tağfirlî ve terhamnî ekün mine'l-hâsirîn."

(Ey Rabbim! Bilmediğim şeyi, Senden istemekten Sana sığınırım. Eğer beni bağışlamaz ve bana merhamet etmezsen, ben hüsrana düşenlerden olurum) dedi. Hud suresi, âyet, 47.

3. Lût (a.s)'un duâsı:

Lût peygamber kavmini dîne davet ediyordu. Kavmi ise, O'nu dinlemek istemiyordu. Nihayet O'na bu söylediklerinden vazgeçmezsen memleketinden çıkarılacaksın, diye ihtar ettiler. Bunun üzerine Lût (a.s):

رَبِّ نَجِّنِي وَأَهْلِي مِمَّا يَعْمَلُونَ

"Rabbi necinî ve ehlî mimmâ ya'melûn"

(Rabbim! Beni ve ailemi onların yaptıkları kötülüklerden kurtar) diye duâ etti. Şuarâ suresi, âyet, 169.

Lût (a.s)'un yine kavmi ile ilgili bir duâsı da şudur:

رَبِّ انْصُرْنِي عَلَى الْقَوْمِ الْمُفْسِدِينَ *

"Rabbi'n-surnî ale'l-kavmi'l-müfsidîn"

(Rabbim! Fesat çıkaran bu kavme karşı bana yardım et.) Ankebût suresi, âyet, 30.

4. İbrahim (a.s)'in Duâsı:

رَبَّنَا إِنَّكَ تَعْلَمُ مَا نُخْفِي وَمَا نُعْلِنُ وَمَا يَخْفَى عَلَى اللّٰهِ مِنْ شَيْءٍ فِي الْأَرْضِ وَلَا فِي السَّمَاءِ * اَلْحَمْدُ لِلّٰهِ الَّذِي وَهَبَ لِي عَلَى الْكِبَرِ إِسْمٰعِيلَ وَإِسْحٰقَ إِنَّ رَبِّي لَسَمِيعُ الدُّعَاءِ * رَبِّ اجْعَلْنِي

مُقِيمَ الصَّلٰوةِ وَمِنْ ذُرِّيَّتِي رَبَّنَا وَتَقَبَّلْ دُعَآءِ * رَبَّنَا اغْفِرْلِي وَلِوَالِدَيَّ وَلِلْمُؤْمِنِينَ يَوْمَ يَقُومُ الْحِسَابُ *

"Rabbenâ inneke ta'lemü mâ nuhfî ve mâ nu'lin, ve mâ yahfâ alallâhi min şey'in fi'l-ardî ve lâ fi's-semâi, Elhamdü lillâhi'llezî vehebe lî ale'l-kiberi ismâîle ve ishâk, inne rabbî le semî'u'd-duâ. Rabbi'c-alnî mukîme's-salâti ve min zürriyyetî, rabbenâ ve tekabbel duâi, Rabbenağfir lî ve livâlideyye ve lil-mü'minîne yevme yakûmü'l-hîsâb."

(Ey Rabbimiz! Gizlediğimiz ve açıkladığımız her şeyi Sen muhakkak bilirsin. Ne yerde ne gökte, hiçbir şey Allah'a gizli kalmaz. İhtiyarlık halimde bana İsmail'i ve İshak'ı veren Allah'a hamdolsun. Gerçekten Rabbim duâyı kabul edendir.

Rabbim! Beni gereği gibi namaz kılan eyle; zürriyetimden de böyle insanlar çıkar. Ey Rabbimiz! Duâmızı kabul eyle.

Ey Rabbimiz! Hesap kurulacağı kıyamet gününde, beni, anamı-babamı ve bütün mü'minleri bağışla). İbrahim suresi, âyet, 38 - 41.

5. Yusuf (a.s)'un Duâsı:

Bilindiği gibi, Yusuf, Züleyhâ'nın arzusuna uymamış ve neticede hapse atılmıştı. O sırada şöyle duâ etti:

رَبِّ السِّجْنُ أَحَبُّ إِلَيَّ مِمَّا يَدْعُونَنِي إِلَيْهِ وَإِلَّا تَصْرِفْ عَنِّي كَيْدَهُنَّ أَصْبُ إِلَيْهِنَّ وَأَكُنْ مِنَ الْجَاهِلِينَ *

"Rabbi's-sicnu ehabbü ileyye mimmâ yed'ûnenî ileyhi, ve illâ tasrif annî keydehünne asbu ileyhinne ve ekûn mine'l-câhilîn."

(Ey Rabbim! Bunların beni yapmağa çağırdıkları işi

yapmaktan zindan bana daha iyidir; eğer bu kadınların hilesinden beni kurtarmazsan ben onlara meyleder ve cahillerden olurum) Yusuf suresi, âyet 33.

Yusuf hapishanede bir süre kaldı. Hakkın kendisine öğrettiği rüya yorumu sayesinde oradan kurtuldu ve:

رَبِّ قَدْ آتَيْتَنِي مِنَ الْمُلْكِ وَعَلَّمْتَنِي مِنْ تَأْوِيلِ الأَحَادِيثِ فَاطِرَ السَّموَاتِ وَالأَرْضِ أَنْتَ وَلِيِّ فِي الدُّنْيَا وَالآخِرَةِ تَوَفَّنِي مُسْلِمًا وَأَلْحِقْنِي بِالصَّالِحِينَ *

"Rabbi kad âteytenî mine'l-mülki ve allemtenî min te'vî li'l-ehâdîs. Fâtıra's-semâvâti ve'l-ardı ente veliyyî fi'd-dünyâ ve'l-âhirah, teveffenî muslimen ve elhık nî bi's-sâlihîn."

(Ey Rabbim! Sen bana mülkten bir nasib verdin ve bana rüyaların tabirini öğrettin. Ey gökleri ve yeri Yaratan! Sen dünyada ve âhirette benim yardımcımsın, beni müslüman olarak öldür ve beni salihlere ilhak eyle.) Yusuf suresi, âyet, 101.

6. Şuayb (a.s)'ın Duâsı:

Şuayb (a.s) kavmini dîne davet ettiği zaman bazı ileri gelenlerin bu hoşuna gitmedi ve onların dînine dönmediği takdirde ülkeden çıkaracaklarını söylediler. Bunun üzerine Şuayb onların dînine girmesinin mümkün olmadığını belirttikten sonra, meğer ki, Allah dilemiş olsun dedi ve şöyle duâ etti:

عَلَى اللهِ تَوَكَّلْنَا رَبَّنَا افْتَحْ بَيْنَنَا وَبَيْنَ قَوْمِنَا بِالْحَقِّ وَ أَنْتَ خَيْرُ الْفَاتِحِينَ *

"Alallâhi tevekkelnâ, rabbene'ftah beynenâ ve beyne kavminâ bi'l-hakkı ve ente hayru'l-fâtihîn."

(Biz Allah'a tevekkül ettik. Ey Rabbimiz! Bizimle kavmimizin arasında Sen adaletle hükmet, çünkü Sen hükmedip hakkı batıldan ayıranların en hayırlısın) Â'râf suresi, âyet, 89.

7. Mûsa (a.s)' nın Duâsı:

Mûsâ'nın kavminden bazıları buzağıya tapınca Allah onlara kuvvetli bir sarsıntı verdi. O zaman Mûsâ şöyle dedi ve duâ etti:

... قَالَ رَبِّ لَوْ شِئْتَ أَهْلَكْتَهُمْ مِنْ قَبْلُ وَإِيَّايَ .... تُضِلُّ بِهَا مَنْ تَشَآءُ وَتَهْدِي مَنْ تَشَآءُ أَنْتَ وَلِيُّنَا فَاغْفِرْلَنَا وَارْحَمْنَا وَأَنْتَ خَيْرُ الْغَافِرِينَ * وَاكْتُبْ لَنَا فِي هٰذِهِ الدُّنْيَا حَسَنَةً وَفِي الْاٰخِرَةِ إِنَّا هُدْنَا إِلَيْكَ ..

"... Kâle rabbi lev şi'te ehlektehüm min kablü ve iyyay... Tudillü bihâ men teşâü ve tehdî men teşâ, ente veliyyünâ fağfir lenâ ve'rhamnâ ve ente hayru'l-ğafirîn. Ve'ktüb lenâ fi hâzihi'ddünya haseneten ve fi'l-âhireti innâ hudna ileyk..."

(Ey Rabbim! Dileseydin bunları ve beni daha önce helâk ederdin. ...Sen dilediğini saptırır, dilediğini hidayete erdirirsin. Sen bizim velî'mizsin; artık bizi bağışla, bize merhamet et. Sen bağışlayanların en hayırlısısın. Bize, bu dünyada da âhirette de iyilik ver, biz Sana döndük). Â'râf suresi, âyet, 155-156.

Mûsâ (a.s)'nın diğer bir duâsı:

Mûsa (a.s) dînini tebliğ etmek üzere Fir'avn'a gidecektir; fakat dilindeki rekâketten dolayı üzülmektedir. Şöyle duâ eder:

رَبِّ اشْرَحْ لِي صَدْرِي وَيَسِّرْلِي أَمْرِي وَاحْلُلْ عُقْدَةً مِنْ لِسَانِي يَفْقَهُوا قَوْلِي *

"Rabbi'ş-rah lî sadrî, ve yessir lî emrî, vahlü'l-ukdeten min lisânî yefkahû kavlî"

(Rabbim! Göğsümü aç, genişlet. İşimi kolaylaştır. Dilimdeki düğümü çöz ki, sözümü anlasınlar). Tâ-hâ suresi, âyet, 25-28.

Mûsâ (a.s) Mısır'a gittiğinde döğüşen iki adam gördü ve kavgaya o da karıştı. Adama bir yumruk attı ve adam yere düşüp öldü. Yaptığına pişman olan Mûsa şöyle duâ etti:

رَبِّ اِنِّى ظَلَمْتُ نَفْسِى فَاغْفِرْلِى

"Rabbi innî zalemtü nefsî fağfir lî"

(Rabbim! Ben kendime zulmettim, beni bağışla).

Hz. Mûsa acıkmıştı. Kuyunun başında hayvanlarını sulayanlara yardım ettikten sonra dinlenirken şöyle yalvardı:

رَبِّ اِنِّى لِمَا أَنْزَلْتَ اِلَىَّ مِنْ خَيْرٍ فَقِيرٌ

"Rabbi innî limâ enzelte ileyye min hayrin fakìr"

(Rabbim! Ben Senin bana indireceğin hayra muhtacım)

Hz. Mûsa kaçarken şöyle duâ etti:

رَبِّ نَجِّنِى مِنَ الْقَوْمِ الظَّالِمِينَ

"Rabbi neccinî mine'l-kavmi'z-zâlimîn"

(Rabbim! Beni bu zalimlerden kurtar) Kasas suresi, âyet, 16, 21, 24.

8. Yunus (a.s)'un Duâsı:

Yunus (a.s) dînini kabul etmeyen kavmine kızmış, bırakıp gitmişti, sonra da onu balık yutmuştu. O, balığın karnında şöyle duâ etti:

لاَ اِلَهَ اِلاَّ أَنْتَ سُبْحَانَكَ إِنِّى كُنْتُ مِنَ الظَّالِمِينَ

"Lâ ilâhe illâ ente, sübhâneke innî küntü mine'z-zâlimîn"

(Senden başka ilâh yoktur, Seni tesbih ederim. Şüphe yok ki ben kendime zulmettim, zalimlerden oldum.) Enbiya Suresi, âyet, 87.

9. Zekeriya (a.s)'nın Duâsı:

Zekeriyâ (a.s)'nın çocuğu olmuyordu. Bir çocuğu olmasını çok istiyordu. Nihayet şöyle duâ etti ve yüce Allah O'na Yahya'yı verdi:

رَبِّ لاَ تَذَرْنِي فَرْداً وَ أَنْتَ خَيْرُ الْوَارِثِينَ

"Rabbi lâ tezernî ferden ve ente hayru'l-vârisîn"

(Ey Rabbim! Beni yalnız başıma bırakma, (bana bir evlat ver). Çünkü Sen vârislerin en hayırlısısın) Enbiyâ suresi, âyet, 89.

Bu konuda Zekeriya'nın bir duası da şöyledir:

رَبِّ هَبْ لِي مِنْ لَدُنْكَ ذُرِّيَّةً طَيِّبَةً إِنَّكَ سَمِيعُ الدُّعَاءِ

"Rabbi heb lî min ledünke zürriyyeten tayyibeten inneke semî'ud-duâ".

(Ey Rabbim! Bana Senin katından lûtuf ve kereminle tertemiz bir çocuk ihsan et, şüphesiz ki sen duâyı işiten ve kabul edensin). (Al-i İmrân suresi, âyet. 38)

10. İsâ (a.s)'nın Duâsı:

Bilindiği üzere Hıristiyanlarda üçlü bir Allah anlayışı vardır. Kıyamet günü yüce Allah Hz. İsa'ya bu yanlış inancı onlara sen mi öğrettin diye soracak, o da, onlara böyle bir şey emretmediğini, ama o öldükten sonra onlara ne olduğunu kendisinin bilmediğini, Allah'ın bildiğini belirttikten sonra şöyle diyecektir:

إِنْ تُعَذِّبْهُمْ فَاِنَّهُمْ عِبَادُكَ وَاِنْ تَغْفِرْ لَهُمْ فَاِنَّكَ أَنْتَ الْعَزِيزُ الْحَكِيمُ

"İn tüazzibhüm fe innehüm ìbâdüke, ve in tağfir lehüm fe inneke ente'l-azîzü'l-hakîm."

(Eğer onlara azab edersen et. Bu Senin hakkındır, çünkü onlar Senin kullarındır. Eğer onları bağışlayacak olursan, -Sana lâyık olan da budur- şüphesiz ki Sen, Azîz'sin, Hakîm'sin.) Maide sûresi, âyet, 118.

11. Tâlut'un Askerlerinin Duâsı:

Tâlut'un askerleri Câlut'un askerleri ile savaşa girmeden önce şöyle duâ ettiler:

رَبَّنَا اَفْرِغْ عَلَيْنَا صَبْراً وَثَبِّتْ اَقْدَامَنَا وَانْصُرْنَا عَلَى الْقَوْمِ الْكَافِرِينَ

"Rabbenâ efrìğ aleynâ sabren ve sebbit akdâmenâ ve'n-surnâ ale'l-kavmi'l-kâfirîn"

(Ey Rabbimiz! Üzerimize sabır yağdır, ayaklarımıza kuvvet ve sebat ver (düşmandan kaçmaktan koru), kâfirlere karşı bize zafer ihsan eyle). Bakara suresi, âyet, 250.

12. Kur'ân-ı Kerim'de Peygamberimiz'e Öğretilen Bazı Duâlar:

رَبِّ اَدْخِلْنِي مُدْخَلَ صِدْقٍ وَأَخْرِجْنِي مُخْرَجَ صِدْقٍ وَاجْعَلْ لِي مِنْ لَدُنْكَ سُلْطَانًا نَصِيراً *

"Rabbi ed-hìlnî müdhale sıdkìn, ve ahricnî muhrace sıdkìn, ve'c-al lî min ledünke sultânen nasîrâ"

(Rabbim! Beni güzel bir şekilde kabre koy, sıdk ile, razı olacağın bir şekilde yine kabirden çıkar. Bana yanından, kendi katından kuvvetli bir yardımcı ver). İsrâ suresi, âyet, 80.

Allah, müşriklere bu kötü amellerinden dolayı şiddetli bir ceza verecektir. Peygamberine de konu ile ilgili olarak nasıl duâ etmesi gerektiğini öğretmiştir:

رَبِّ إِمَّا تُرِيَنِّي مَا يُوعَدُونَ . رَبِّ فَلاَ تَجْعَلْنِي فِي الْقَوْمِ الظَّالِمِينَ *

"Rabbi immâ türiyennî mâ yûadûn. Rabbi felâ tec'alnî fi'l-kavmi'z-zâlimîn"

(Rabbim! Onlara vadettiğin azabı tatmalarını bana göstereceksen, beni o zalim kavim arasında bulundurma.)

رَبِّ أَعُوذُ بِكَ مِنْ هَمَزَاتِ الشَّيَاطِينِ وَأَعُوذُ بِكَ رَبِّ أَنْ يَحْضُرُونِ *

"Rabbi eûzu bike min hemezâti'ş-şeyâtîn, ve eûzu bike rabbi en yahdurûn."

(Rabbim! Şeytanların vesvesesinden ve onların huzurunda bulunmalarından Sana sığınırım.)

رَبِّ اغْفِرْ وَارْحَمْ وَأَنْتَ خَيْرُ الرَّاحِمِينَ *

"Rabbiğfir ve'r-ham ve ente hayru'r-râhìmîn"

(Rabbim! Ümmetimi bağışla, merhamet et, çünkü Sen merhamet edenlerin en hayırlısısın). Mu'minûn suresi, âyet, 93, 94, 97, 98, 118.

Kur'ân'ı "oku" emriyle gönderen yüce Allah, ilim konusunda nasıl duâ etmesi gerektiğini Peygamber'ine ve biz müslümanlara öğretmektedir:

رَبِّ زِدْنِي عِلْمًا *

"Rabbi zidnî ilmâ"

(Rabbim! ilmimi artır.) Tâ-hâ suresi, âyet, 114.

Kur'ân-ı Kerim yalnız Hz. Peygamber (s.a.s)'e değil, biz müslümanlara da nasıl duâ etmemiz gerektiğini öğretmektedir.

Zikredeceğimiz şu âyetler onlardan bazılarıdır.

اَلَّذِينَ يَقُولُونَ رَبَّنَآ اِنَّنَا اٰمَنَّا فَاغْفِرْلَنَا ذُنُوبَنَا وَقِنَا عَذَابَ النَّارِ *

"Ellezîne yekûlûne Rabbenâ innenâ âmennâ fağfir lenâ zünûbenâ vakìnâ azâbe'n-nâr."

(Takva sahipleri derler ki: Ey Rabbimiz! Biz, iman ettik, bizim günahlarımızı bağışla, ve bizi cehennem azabından koru.) Al-i İmrân suresi, âyet 16.

Âyetin devamında Allah'a bu şekilde duâ edenlerin takva sahipleri olduğuna, musîbetlere sabredip sadâkat gösterdiklerine, Allah yolunda mallarını harcadıklarına ve seherlerde istiğfar edip duâ ve niyaz ettiklerine işaret olunmaktadır.

Peygamberlerle birlikte Hak yolda savaşan âlimlerin hiçbir zaman ümitsizliğe düşmedikleri ve sabrettikleri, Allah'a şöyle duâ ettikleri belirtilmektedir:

رَبَّنَا اغْفِرْ لَنَا ذُنُوبَنَا وَاِسْرَافَنَا فِى أَمْرِنَا وَثَبِّتْ أَقْدَامَنَا وَانْصُرْنَا عَلَى الْقَوْمِ الْكَافِرِينَ *

"Rabbenağfir lenâ zünûbenâ ve isrâfenâ fî emrinâ, ve sebbit akdâmenâ ve'n-surnâ ale'l-kavmi'l-kâfirîn."

(Ey Rabbimiz! Bizim günahlarımızı ve işlerimizde yaptığımız taşkınlıkları bağışla, muharebede ayaklarımızı sabit kıl; geri götürme. Kâfirlere karşı bize zafer ver.) Al-i İmrân suresi, âyet, 147.

İlim Ehlinin Duâsı:

رَبَّنَا لاَ تُزِغْ قُلُوبَنَا بَعْدَ اِذْ هَدَيْتَنَا وَهَبْ لَنَا مِنْ لَدُنْكَ رَحْمَةً اِنَّكَ اَنْتَ الْوَهَّابُ * رَبَّنَا اِنَّكَ جَامِعُ النَّاسِ لِيَوْمٍ لاَ رَيْبَ فِيهِ اِنَّ اللّٰهَ لاَ يُخْلِفُ الْمِيعَادَ *

"Rabbenâ lâ tüziğ kulûbenâ ba'de iz hedeytenâ ve

heb-lenâ min ledünke rahmeh, inneke ente'l-vehhâb. Rabbenâ inneke câmi'u'n-nâsi liyevmin lâ raybe fîh, innallâhe lâ yuhlifu'l-mîâd."

(Ey Rabbimiz! Bizi hidayete ulaştırdıktan sonra, kalblerimizi bâtıla meylettirme, tarafından bize rahmet ver. Şüphesiz ki Sen çok bağışlayansın. Ey Rabbimiz! Sen geleceğinde hiç şüphe bulunmayan bir günde insanları toplayacaksın; Allah va'dinden dönmez). Al-i İmrân, 8-9.

İnsanlar âlim de olsalar inandıktan sonra bu imanlarını yitirebilecekleri, bunun için Allah'a imandan ayırmaması için duâ etmek gerektiği anlaşılmaktadır.

رَبَّنَا اصْرِفْ عَنَّا عَذَابَ جَهَنَّمَ اِنَّ عَذَابَهَا كَانَ غَرَامًا *

"Rabbena's-rif annâ azâbe cehennem, inne azâbehâ kâne ğarâmâ."

(Ey Rabbimiz! Bizden cehennem azabını uzaklaştır, cehennem azabı devamlı bir helâktır.) (Furkân sûresi, âyet, 65).

Olgun Bir Müslümanın Duâsı:

حَتّٰى اِذَا بَلَغَ اَشُدَّهُ وَبَلَغَ اَرْبَعِينَ سَنَةً قَالَ رَبِّ اَوْزِعْنِى اَنْ اَشْكُرَ نِعْمَتَكَ الَّتِى اَنْعَمْتَ عَلَىَّ وَعَلٰى وَالِدَىَّ وَاَنْ اَعْمَلَ صَالِحًا تَرْضٰيهُ وَ اَصْلِحْ لِى فِى ذُرِّيَّتِى اِنِّى تُبْتُ اِلَيْكَ وَاِنِّى مِنَ الْمُسْلِمِينَ *

"Hattâ izâ beleğa eşuddehû ve beleğa erba'îne seneten kâle rabbi evzi'nî en eşkura ni'meteke'l-letî en'amte aleyye ve alâ vâlideyye ve en a'mele sâlihan terdâhû ve aslih lî fî zürriyyetî innî tubtu ileyke ve innî mine'l-müslimîn."

(Ey Rabbim! Bana öyle ilham et ki, hem bana, hem de anama-babama ihsan ettiğin nimetine şükredeyim, razı olacağın salih bir amel işleyeyim. Zürriyetim hakkında da bana salâh ver, zürriyetimi ıslah eyle. Ben Sana tevbe ettim, ve ben gerçek müslümanlardanım). (Ahkâf suresi, âyet, 15).

Âyetin devamında bu kimselerin duâlarının kabul olduğu ve günahlarının bağışlanarak cennete girecekleri belirtiliyor.

Bu âyetten anlaşılması gereken diğer bir nokta; olgunluk çağının kırk yaş civarı olduğudur. Demek ki insan bu yaşa gelinceye kadar tam bir istikrar içinde bulunamıyor ve bu yaştan sonra gerçek anlamda Allah'a yöneliyor.

İyi Terbiye Görmüş Hayırlı Evladın Duâsı:

İslam terbiyesi üzere yetişen bir insan, anası-babası ihtiyarladıkları vakit onlara hor bakmaz, gönüllerini kırmaz. Onlar hakkında şöyle duâ eder:

رَبِّ ارْحَمْهُمَا كَمَا رَبَّيَانِى صَغِيراً

"Rabbi'r-hamhumâ kemâ rabbeyânî sağîrâ."

(Rabbim! Anama-babama merhamet et, onların bana merhamet ederek büyüttükleri gibi.) (Tahrim suresi, âyet, 8)

Bu âyet modern cemiyetin bir yarasına parmak basmaktadır. Bu gün ana-baba yaşlandıkları zaman çağa ayak uydurmuyor, bir takım işlere karışıyor vs. gerekçesiyle terkediliyor, ya da huzur evi gibi yerlere bırakılmak isteniyor.

Meleklerin Mü'minlere Yaptığı Duâ:

Arşı taşıyan meleklerle O'nun etrafındakiler Allah'a hamd etmekte, O'na tesbih etmektedirler. Bu melekler inanan mü'minler için Allah'a şöyle duâ ederler:

.... رَبَّنَا وَسِعْتَ كُلَّ شَىْءٍ رَحْمَةً وَعِلْماً فَاغْفِرْ لِلَّذِينَ تَابُوا

وَاتَّبَعُوا سَبِيلَكَ وَقِهِمْ عَذَابَ الْجَحِيمِ * رَبَّنَا اَدْخِلْهُمْ جَنَّاتِ عَدْنٍ
الَّتِي وَعَدْتَهُمْ وَمَنْ صَلَحَ مِنْ اٰبَائِهِمْ وَاَزْوَاجِهِمْ وَذُرِّيَّاتِهِمْ اِنَّكَ اَنْتَ
الْعَزِيزُ الْحَكِيمُ * وَقِهِمُ السَّيِّئَاتِ وَمَنْ تَقِ السَّيِّئَاتِ يَوْمَئِذٍ فَقَدْ
رَحِمْتَهُ وَذٰلِكَ هُوَ الْفَوْزُ الْعَظِيمُ *

"Rabbenâ vesi'te külle şey'in rahmeten ve ilmâ, fağfir lillezîne tâbû ve'ttebeû sebîleke vakìhim azâbe'l-cahîm. Rabbenâ ve edhılhüm cennâti adnini'lletî veadtehüm ve men salaha min âbâihim ve ezvâcihim ve zürriyyâtihim inneke ente'l-azîzü'l-hakîm. Vakìhimü's-seyyiât, ve men takì's-seyyiâti yevmeizin fekad rahimteh, ve zâlike huve'l-fevzu'l-azîm."

(Ey Rabbimiz! Senin rahmetin ve ilmin her şeyi kuşatmıştır. Öyleyse, tevbe edenleri ve Senin yoluna koyulanları bağışla, onları cehennem azâbından koru.

Ey Rabbimiz! Onları ve atalarından, zevcelerinden salih olanları vadettiğin Adn cennetine koy, şüphesiz Sen Azîz'sin, Hakîm'sin. Onları fenalıklardan da koru, Sen kimi fenalıklardan korursan, muhakkak onu kıyamet günü merhamet edeceksin demektir. İşte bu, en büyük kurtuluştur.) (Mü'min suresi, âyet, 7-9).

Kur'ân-ı Kerim'deki duâ âyetlerinin tamamını buraya almamız mümkün değildir. Ayrıca bunlardan bazıları kitabın ilgili yerlerinde geçmiş bulunmaktadır.

En büyük zikir, mânâsını anlayarak okunan Kur'ân'dır. Yalnız duâ ayetlerini değil, diğer ayetleri de anlamaya, prensipleri ile yaşamaya çalışmak, Kur'ân'ın sözünü ettiği bu kimselerden olmaya çalışmak demektir. Meleklerin hakkında duâ ettiği insanlar arasına girmek istemez misiniz?

13. Hz. Peygamber (s.a.s)'den Bazı Örnek Duâlar:

Şimdi Hz. Peygamber (s.a.s)'in ve diğer bazı büyük zatların dualarından örnekler vererek bu bahsi bitirelim.

Burada Hz. Peygamber (s.a.s)'den nakledilen ve bize kadar ulaşan bazı duâlara yer veriyoruz. İnsanlığın efendisi bu duâları muhtelif zamanlarda okumuştur. Bu sebeple, söz konusu duâların hepsini aynı anda okumak gerekmez; namazlardan sonra, yatarken veya boş kalınca okunabilir.

Enes b. Mâlik (r.a) Peygamber (s.a.s)'in şu duayı çok okuduğunu rivayet etmiştir:

اَللّٰهُمَّ اٰتِنَا فِى الدُّنْيَا حَسَنَةً وَفِى الْاٰخِرَةِ حَسَنَةً وَقِنَا عَذَابَ النَّارِ *

"Allâhümme âtinâ fi'd-dünyâ haseneten ve fi'l-âhirati haseneten vakinâ azâbe'n-nâr."

(Allahım! Bize dünyada da âhirette de iyilik ver ve bizi cehennem azabından koru).

Enes (r.a) bir çok yerde; otururken, yemekten sonra bu duâyı okurdu.

Ebû Hüreyre (r.a)'den rivayet edildiğine göre, Hz. Peygamber (s.a.s) şöyle buyurmuştur:

Kim günde yüz defa:

لَاۤ اِلٰهَ اِلَّا اللّٰهُ وَحْدَهُ لَا شَرِيكَ لَهُ لَهُ الْمُلْكُ وَلَهُ الْحَمْدُ وَهُوَ عَلٰى كُلِّ شَىْءٍ قَدِيرٌ *

"Lâ ilâhe illa'llâhu vahdehû lâ şerîkeleh, lehü'l-mülkü ve lehü'l-hamdü ve hüve alâ külli şey'in Kadîr."

(Allah'tan başka tanrı yoktur, O'nun eşi ve benzeri yoktur. Mülk O'nundur, hamd O'na mahsustur. O, her şeye Kâdirdir.) derse, bu duâ onun için on köle âzâd etmek sevabına denk olur. O'na yüz sevap yazılır, yüz günahı silinir. O gün akşama kadar şeytanın şerrinden emin olur. Ve hiç kimse O'nun bu duâsından daha faziletli bir duâ okuyamaz; meğer ki, bu duâyı ondan daha çok okuyan biri bulunsun," demiştir. Peygamber (s.a.s) efendimiz devamla:

"Kim günde yüz kere:

سُبْحَانَ اللّٰهِ وَبِحَمْدِهِ *

"Sübhâne'llâhi ve bihamdih"

(Allah'ı O'na hamdederek tesbîh ederim) *derse, o kimsenin günahları deniz köpüğü kadar çok olsa bile dökülür"* buyurmuştur.

Bir gün, bir bedevî Peygamber (s.a.s) efendimize gelerek:

— Yâ Resûlallah! Bana devamlı okuyabileceğim bir duâ öğret, dedi. Allah'ın Elçisi ona:

لاَ اِلٰهَ اِلاَّ اللّٰهُ وَحْدَهُ لاَ شَرِيكَ لَهُ * اَللّٰهُ اَكْبَرُ كَبِيراً وَالْحَمْدُ لِلّٰهِ كَثِيراً سُبْحَانَ اللّٰهِ رَبِّ الْعَالَمِينَ * لاَ حَوْلَ وَلاَ قُوَّةَ اِلاَّ بِاللّٰهِ الْعَزِيزِ الْحَكِيمِ *

"Lâ ilâhe ille'llâhu vahdehû lâ şerîke leh, Allahu Ekber kebîrâ, ve'l-hamdu lillâhi kesîrâ, sübhâne'llâhi rabbi'l-âlemîn. Lâ havle ve lâ kuvvete illâ billâhi'l-azîzi'l-hakîm."

(Allah'tan başka tanrı yoktur. Allah her şeyden büyüktür. O'na bol bol hamdolsun. Alemlerin Rabbı olan Allahı tesbih ederim. Azîz ve Hakîm olan Allah'tan başka güç ve kuvvet sahibi kimse yoktur) dedi ve Bedevî:

— Ey Allah'ın Elçisi! Bu Allah içindir, benim için bir şey yok mu? diye sordu. Bunun üzerine Hz. Peygamber (s.a.s):

اَللّٰهُمَّ اغْفِرْ لِى وَارْحَمْنِى وَاهْدِنِى وَارْزُقْنِى *

"Allâhümeğfir lî ve'r-hamnî, vehdinî, verzuknî."

(Allahım! Benim günahlarım bağışla, bana merhamet et, bana acı ve beni rızıklandır) *diye dua et*, buyurdu.

Ebû Hüreyre (r.a) Hz. Peygamber (s.a.s)'in şöyle duâ ettiğini rivayet etmiştir.

اَللّٰهُمَّ أَصْلِحْ لِى دِينِىَ الَّذِى هُوَ عِصْمَةُ أَمْرِى وَ أَصْلِحْ لِى دُنْيَاىَ الَّتِى فِيهَا مَعَاشِى وَأَصْلِحْ لِى اٰخِرَتِىَ الَّتِى فِيهَا مَعَادِى وَاجْعَلِ الْحَيَاةَ زِيَادَةً لِى فِى كُلِّ خَيْرٍ وَاجْعَلِ الْمَوْتَ رَاحَةً لِى مِنْ كُلِّ شَرٍّ *

"Allâhümme aslih lî dîniye'llezî hüve ismetu emrî, ve aslih lî dünyâye'lletî fîhi maâşî, ve aslih lî âhiratiye'lletî fîhâ maâdî, ve'c'al'il-hayâte ziyâdeten lî fî külli hayrin, ve'c'ali'l-mevte râhaten lî min külli şerrin."

(Allahım! Her işimin koruyucusu olan dînimle beni kurtuluşa erdir. İçinde yaşadığım, geçimimi temin ettiğim dünyamı benim için hayırlı kıl. Dönüşüm olacak olan âhiretimi de benim için hayırlı şeyleri artıracak bir yer eyle. Ölümü de benim için bütün şerlerden rahat ve kurtuluşa erdirici kıl.) (Müslim, Zikr, 71)

İbn Abbâs (r.a)'dan Hz. Peygamber (s.a.s)'in şöyle duâ ettiği rivayet edilmiştir:

رَبِّ اَعِنِّى وَلاَ تُعِنْ عَلَىَّ وَانْصُرْنِى وَلاَ تَنْصُرْ عَلَىَّ وَامْكُرْ لِى وَلاَ تَمْكُرْ عَلَىَّ وَاهْدِنِى وَيَسِّرْلِى الْهُدٰى وَانْصُرْنِى عَلٰى مَنْ بَغٰى عَلَىَّ * رَبِّ اجْعَلْنِى لَكَ شَكَّاراً لَكَ ذَكَّاراً لَكَ رَهَّابًا لَكَ مِطْوَاعًا لَكَ مُخْبِطًا اِلَيْكَ أَوَّاهًا مُنِيبًا رَبِّ تَقَبَّلْ تَوْبَتِى وَاغْسِلْ حَوْبَتِى وَ اَجِبْ

دَعْوَتِي وَثَبِّتْ حُجَّتِي وَسَدِّدْ لِسَانِي وَاهْدِ قَلْبِي وَاسْلُلْ سَخِيمَةَ صَدْرِي *

"Rabbi e'innî velâ tu'in aleyye, ve'n-surnî velâ tensur aleyye, ve'mkürlî velâ temkür aleyye, ve'hdinî ve yessir lî'l-hüdâ, ve'n-surnî alâ men bağâ aleyye. Rabbi'c-alnî leke şekkârâ, leke zekkârâ, leke rahhâbâ, leke mitvâan, leke muhbiten ileyke evvâhen munîbâ, Rabbi, tekabbel tevbetî, va'ğsil havbetî, ve ecib da'vetî, ve sebbit huccetî, ve seddid lisânî, ve'hdi kalbî, ve's-lül sahîmete sadrî."

(Rabbim! Bana yardım et, aleyhime olma. Bana zafer ver, aleyhime neticelendirme. Lehime tertip kur, aleyhime kurma. Bana hidayet ver ve hidayeti bana kolaylaştır. Üzerime saldırana karşı bana yardım et. Ey Rabbim! Beni Sana çok şükreden, Seni çok zikreden, Senden çok korkan, Sana çok itaat eden, Senin için eğilen ve Sana çok yakarışta bulunan insan eyle. Rabbim! Tevbemi kabul eyle, günahlarımı yıka, duâmı kabul et, delilimi sabit kıl, dilime doğruyu söylet, kalbimi hidayete erdir, göğsümden kin ve hasedi çıkarıp at) (Tirmizi, Da'vat, h. nu: 3551)

Câbir b. Abdullah (r.a) Peygamber (s.a.s)'in şöyle dediğini nakletmiştir:

En güzel zikir لَا إِلَهَ إِلَّا اللّٰه Lâ ilâhe ille'llah

En güzel duâ اَلْحَمْدُ لِلّٰهِ El-hamdu lillah'dır.

Şeddâd b. Evs şu duâyı Peygamber (s.a.s) efendimizden öğrendiğini söylemiştir:

اَللّٰهُمَّ إِنِّي أَسْأَلُكَ الثَّبَاتَ فِي الْأَمْرِ وَ أَسْأَلُكَ عَزِيمَةَ الرُّشْدِ وَ أَسْأَلُكَ شُكْرَ نِعْمَتِكَ وَحُسْنَ عِبَادَتِكَ وَأَسْأَلُكَ لِسَانًا صَادِقًا وَقَلْبًا سَلِيمًا وَأَعُوذُ بِكَ مِنْ شَرِّ مَا تَعْلَمُ وَ أَسْأَلُكَ مِنْ خَيْرِ مَا تَعْلَمُ وَاسْتَغْفِرُكَ مِمَّا تَعْلَمُ اِنَّكَ اَنْتَ عَلَّامُ الْغُيُوبِ *

"Allâhumme innî es'eluke's-sebâte fi'l-emri ve es'eluke azîmete'r-ruşdi, ve es'eluke şükra ni'metike, ve husne ìbâdetike, ve es'eluke lisânen sâdikan, ve kalben selîmen, ve eûzu bike min şerri mâ te'lemu, ve es'eluke min hayri mâ te'lemu, ve es'tağfiruke mimmâ ta'lemu, inneke ente allâmu'l-ğuyûb."

(Allahım! Dinde Senden sebat isterim, doğrulukta Senden azîmet isterim, Nimetine karşı şükür etmek isterim, Sana güzel bir şekilde ibadet etmek isterim. Allahım! Senden doğru bir dil ve selîm bir kalb isterim. Allahım! Bildiğin zararlı şeylerin şerrinden Sana sığınırım, bildiğin şeylerin hayrını Senden dilerim. Bildiğin her günah için Senden mağfiret dilerim. Allahım Sen gizli şeyleri en iyi bilensin.) (Tirmizi, Da'vât, h. nu: 3407)

İbn Ömer (r.a) Hz. Peygamber (s.a.s)'in bir meclisten kalkmadan yüz kere:

رَبِّ اغْفِرْلِي وَتُبْ عَلَيَّ إِنَّكَ أَنْتَ التَّوَّابُ الرَّحِيمُ *

"Rabbi'ğfir lî ve tüb aleyye, inneke ente't-tevvâbu'r-rahîm."

(Rabbim! Beni bağışla, tevbemi kabul et. Çünkü Sen tevbeleri kabul eden ve günahları bağışlayansın) dediğini rivayet etmiştir. (İbn-i Mace, Edeb, h. nu: 3814)

Hâris kızı Cüveyriyye (r.a) den rivayet edildiğine göre, Hz. Peygamber (s.a.s) ona şu duâyı öğretmiştir:

سُبْحَانَ اللّٰه عَدَدَ خَلْقِه ، سُبْحَانَ اللّٰه عَدَدَ خَلْقِه ، سُبْحَانَ اللّٰه عَدَدَ خَلْقِه، سُبْحَانَ اللّٰه رِضٰى نَفْسِه ، سُبْحَانَ اللّٰه رِضٰى نَفْسِه ، سُبْحَانَ اللّٰه رِضٰى نَفْسِه ، سُبْحَانَ اللّٰه زِنَةَ عَرْشِه ، سُبْحَانَ اللّٰه زِنَةَ عَرْشِه ، سُبْحَانَ اللّٰه زِنَةَ عَرْشِه ، سُبْحَانَ اللّٰه مِدَادَ كَلِمَاتِه ، سُبْحَانَ اللّٰه مِدَادَ كَلِمَاتِه ، سُبْحَانَ اللّٰه مِدَادَ كَلِمَاتِه *

"Sübhâne'llâhi adede halkihî, sübhâna'llâhi adede halkihî, sübhâna'llâhi adede halkihî, Sübhâna'llâhi rızâ nefsihî, sübhâna'llâhi rızâ nefsihî, sübhâna'llâhi rızâ nefsihî, sübhâna'llâhi zinete arşihî, sübhâna'llâhi zinete arşihî, sübhâna'llâhi zinete arşihî. Sübhâna'llâhi midâde kelimâtihî, sübhâna'llâhi midâde kelimâtihi, sübhâna'l-lâhi midâde kelimâtihî."

(Yaratıklarının sayısınca Allah'ı tesbih ederim (üç kere). Kendi zâtının rızasınca Allah'ı tesbih ederim (üç kere), Arşın ağırlığınca Allah'ı tesbîh ederim (üç kere). Kelimelerinin mürekkebi sayısınca Allah'ı tesbih ederim (üç kere.)) (Tirmizi, Da'vât, h. nu: 3555)

Şihâb (r.a) Hz. Peygamber (s.a.s)'i namazda şöyle duâ ederken gördüğünü söylemiştir:

يَا مُقَلِّبَ الْقُلُوبِ ثَبِّتْ قَلْبِى عَلَى دِينِكَ *

"Yâ mukallibe'l-kulûb, sebbit kalbî alâ dînike"

(Ey kalbleri halden hale çeviren Allahım! Kalbimi dînin üzere sabit kıl, dîninden ayırma) (Tirmizi, Da'vât, h. 3522)

Zeyd b. Erkam (r.a) Hz. Peygamber (s.a.s)'in şöyle duâ ettiğini söylemiştir:

اَللّٰهُمَّ اِنِّي أَعُوذُ بِكَ مِنَ الْعَجْزِ وَالْكَسَلِ وَالْجُبْنِ وَالْبُخْلِ وَالْهَرَمِ وَعَذَابِ الْقَبْرِ * اَللّٰهُمَّ آتِ نَفْسِى تَقْوَاهَا وَزَكِّهَا أَنْتَ خَيْرُ مَنْ زَكَّهَا، أَنْتَ وَلِيُّهَا وَمَوْلَاهَا * اَللّٰهُمَّ اِنِّي اَعُوذُ بِكَ مِنْ عِلْمٍ لَا يَنْفَعُ وَمِنْ قَلْبٍ لَا يَخْشَعُ وَمِنْ نَفْسٍ لَا تَشْبَعُ وَمِنْ دَعْوَةٍ لَا يُسْتَجَابُ *

"Allâhümme innî eûzü bike mine'l-aczi, ve'l-keseli, ve'l-cübni, ve'l-buhli, ve'l-heremi, ve azâbi'l-kabri.

Allâhümme âti nefsî takvâhâ ve zekkâhâ, ente hayru men zekkâhâ, ente veliyyuhâ ve mevlâhâ.

Allâhumme innî eûzü bike min ìlmin lâ yenfau, ve min kalbin lâ yahşau, ve min nefsin lâ teş'beu, ve min da'vetin lâ yüstecâbü."

(Allahım! Ben acz'den, tembellikten, cimrilikten, fazla ihtiyarlıktan ve kabir azâbından Sana sığınırım.

Allahım! Nefsime takvâsını ver, onu temizle. Sen onu temizleyenlerin en hayırlısısın. Sen O'nun velisi ve Mevlasısın.

Ey Allahım! Fayda vermeyen ilimden, huşû duymayan kalbten, doymayan nefsiten ve kabul edilmeyen duâ'dan Sana sığınırım.)

Abdullah b. Ömer (r.a) Peygamber efendimizin şu duâyı çok okuduğunu rivayet etmiştir:

اَللّٰهُمَّ اِنِّي اَعُوذُ بِكَ مِنْ زَوَالِ نِعْمَتِكَ وَتَحَوُّلِ عَافِيَتِكَ وَفُجَاءَةِ نِقْمَتِكَ وَجَمِيعِ سُخْطِكَ

"Allâhümme innî eûzü bike min zevâli ni'metike, ve tahavvüli âfiyetike, ve füc'eti nìkmetike, ve cemîi suhtike."

(Allahım! Nimetinin sona ermesinden, verdiğin afiyetin gidivermesinden, birden bire musîbetin gelmesinden ve bütün gazabından Sana sığınırım.) (Müslim, Zikr, 96)

Temîm ed-Dârî (r.a) Hz. Peygamber (s.a.s)'den, *Kim:*

أَشْهَدُ أَنْ لاَ اِلٰهَ اِلاَّ اللّٰهُ وَحْدَهُ لاَ شَرِيكَ لَهُ إِلٰهًا وَاحِداً اَحَداً صَمَداً لَمْ يَتَّخِذْ صَاحِبَةً وَلاَ وَلَداً وَلَمْ يَكُنْ لَهُ كُفُواً اَحَدٌ *

"Eşhedü en lâilâhe illallahü vahdehû lâ şerîke lehü ilâhen vâhìden ahaden sameden, lem yettehız sâhìbeten velâ veleden, ve lem yekün lehû küfüven ahad." (Allah'tan başka ilâh olmadığına şehadet ederim. O'nun eşi, benzeri ve ortağı yoktur. O, tek, şanı yüce bir tek ilahtır. Eş ve çocuk edinmemiştir. O'nun dengi hiçbir kimse yoktur).

derse, Allah o'na kırk bin kere kırk bin sevap yazar, dediğini rivayet etmiştir. (Müsned, IV. 103)

Ebu'd-Derdâ (r.a)'dan rivayet edildiğine göre, Hz. Peygamber (s.a.s):

اَللّٰهُمَّ اِنِّى اَسْأَلُكَ حُبَّكَ وَحُبَّ مَنْ يُحِبُّكَ وَالْعَمَلَ الَّذِى يُبَلِّغُنِى حُبَّكَ
* اَللّٰهُمَّ اجْعَلْ حُبَّكَ أَحَبَّ اِلَىَّ مِنْ نَفْسِى وَأَهْلِى وَمِنَ الْمَآءِ الْبَارِدِ *

"Allâhümme innî es'eluke hubbeke, ve hubbe men yuhìbbuke, ve'l-amelel'lezî yubelliğunî hubbeke. Allâhumme'c-al hubbeke ehabbe ileyye, min nefsî ve ehlî ve mine'l-mâ-i'l-bâridi."

(Allahım! Senden Seni sevmeyi, Seni seven kişiyi sevmeyi ve Senin sevgine ulaştıran davranışı sevmeyi dilerim. Allâhım! Senin sevgini bana kendimden, âilemden ve soğuk bir sudan daha sevgili kıl.) (Tirmizi, Da'vât, h. nu: 3490) diye duâ eder ve bu duâ Dâvûd (a.s)'un duasıdır, der ve Dâvûd'u andığı zaman bu duâyı da zikreder ve O, insanların en çok ibadet edeniydi, derdi.

Abdullah b. Yezîd el-Ensârî (r.a)'den Hz. Peygamber (s.a.s)'in şöyle duâ ettiği rivayet edilmiştir:

اَللّٰهُمَّ ارْزُقْنِى حُبَّكَ وَحُبَّ مَنْ يَنْفَعُنِى حُبُّهُ عِنْدَكَ * اَللّٰهُمَّ مَا رَزَقْتَنِى
مِمَّا أُحِبُّهُ فَاجْعَلْهُ قُوَّةً لِى فِيمَا تُحِبُّ * اَللّٰهُمَّ مَا زَوَيْتَ عَنِّى مِمَّا
أُحِبُّهُ فَاجْعَلْهُ فَرَاغًا لِى فِيمَا تُحِبُّ *

"Allâhümme'r-zuknî hubbeke ve hubbe men yenfeunî hubbuhû ìndeke, Allâhümme mâ razaktenî mimmâ uhìbbühû fe'c-alhü kuvveten lî fî mâ tuhìbbü. Allâhümme mâ zeveyte annî mimmâ uhìbbühû fe'calhu ferağan lî fî mâ tuhìbbu."

(Allahım! Bana sevgini, ve Senin yanında sevgisi bana fayda verecek kimsenin sevgisini ver. Allahım! Sevdiğim (mal, evlat, sağlık vs.) den bana verdiğini Senin sevdiğin şey hakkında bana kuvvet yap (onlarla salih amel işleyeyim.)

Allahım! Sevdiklerimden, benden neyi geri aldınsa, onu bana Senin sevdiğin amel için boş zaman kıl.) (Tirmizi, Da'vât, h. nu: 3491)

Şekel b. Humeyd diyor ki: Peygamber (s.a.s)'e geldim ve:

— Yâ Resûlallah dedim. Bana Allah'a sığınabileceğim bir duâ öğret, onunla sığınayım. Allah'ın Elçisi elimi tuttu ve şöyle buyurdu:

اَللّٰهُمَّ اِنِّى اَعُوذُ بِكَ مِنْ شَرِّ سَمْعِى وَمِنْ شَرِّ بَصَرِى وَمِنْ شَرِّ لِسَانِى وَمِنْ شَرِّ قَلْبِى وَ مِنْ شَرِّ مَنِيِّى

"Allâhümme innî eûzü bike min şerri sem'î, ve min şerri basarî, ve min şerri lisânî, ve min şerri kalbî, ve min şerri meniyyî."

(Allahım! Kulağımın şerrinden, gözümün şerrinden, dilimin şerrinden, kalbimin şerrinden ve menimin (erkeklik uzvu) şerrinden Sana sığınırım.) (Müsned, III, 429)

Hz. Aişe (r.a) den Hz. Peygamber (s.a.s)'in vefatı sırasında şöyle duâ ettiği rivayet edilmiştir:

اَللّٰهُمَّ اغْفِرْ لِى وَارْحَمْنِى وَأَلْحِقْنِى بِالرَّفِيقِ الْأَعْلٰى *

"Allâhümme'ğfirlî, ve'r-hamnî, ve elhiknî bi'r-refîki'l-a'lâ."

(Allahım! Beni bağışla, bana merhamet et ve beni yüce yoldaş'a ulaştır.) (İbn-i Mace, h. nu: 1619)

Hz.Ebû Bekr şu duâ'yı Hz. Peygamber (s.a.s)'den öğrenmiştir:

اَللّٰهُمَّ فَاطِرَ السَّمَاوَاتِ وَالْأَرْضِ عَالِمَ الْغَيْبِ وَالشَّهَادَةِ * لَا
اِلٰهَ اِلَّا اَنْتَ رَبَّ كُلِّ شَىْءٍ وَمَلِيكَهُ أُعُوذُ بِكَ مِنْ شَرِّ نَفْسِى وَمِنْ شَرِّ
الشَّيْطَانِ وَشِرْكِهِ وَ اَنْ اَقْتَرِفَ عَلٰى نَفْسِى سُوءً اَوْ أَجُرَّهُ إِلٰى مُسْلِمٍ

"Allâhümme fâtıra's-semâvâti ve'l-ardı, âlime'l-ğaybi ve'ş-şehâdeti, lâ ilâhe illâ ente rabbe külli şey'in ve melîkehû. Eûzu bike min şerri nefsî, ve min şerri'ş-şeytâni ve şirkihî, ve en akterife âlâ nefsî sûen ev ecurrehû ilâ-müslimin."

(Allahım! Ey göklerin ve yerin Yaratıcısı! Ey gizli ve âşikârı bilen! Her şeyin Rabbı ve hakimi olarak Senden başka tanrı yoktur. Nefsimin, şerrinden, şeytanın şerrinden ve şirkinden, kendime karşı kötülük yapmaktan veya bir müslümanı kötülüğe sürüklemekten Sana sığınırım.) (Tirmizi, Da'vat, h. nu: 3529)

14. Hz. Ebû Bekr (r.a)'in Bir Duâsı:

اَللّٰهُمَّ اَسْاَلُكَ تَمَامَ النِّعْمَةِ فِى الْأَشْيَاءِ كُلِّهَا وَالشُّكْرَ لَكَ
عَلَيْهَا حَتّٰى تَرْضٰى وَبَعْدَ الرِّضَا وَالْخِيَرَةَ فِى جَمِيعِ مَا يَكُونُ فِيهِ
الْخِيَرَةُ بِجَمِيعِ مَيْسُورِ الْأُمُورِ كُلِّهَا لَا بِمَعْسُورِهَا يَا كَرِيمُ * اَللّٰهُمَّ !
هَبْ لِى اِيمَانًا وَيَقِينًا وَمُعَافَةً *

"Allâhümme es'elüke temâme'n-ni'meti fi'l-eşyâi küllihâ ve'ş-şükra leke aleyhâ, hatta terdâ ve ba'de'r-rıdâ ve'l-hıyarete fî cemî-i mâ yekûnu fîhi'l-hıyaratu bicemî'i meysûri'l-umûrî küllihâ lâ bi ma'sûrihâ yâ kerîm.

Allâhümme heb lî îmânen ve yakînen ve meâfeh."

(Allahım! Senden herşeydeki nimetlerinin tamamını ve Senin rızanı kazanıncaya kadar ve kazandıktan sonra da Sana verdiğin nimetlerden dolayı şükretmeyi isterim. Kolay ve hayırlı işlerde bana tercih imkânı ver, zor olanlarında değil. Ey Kerîm zât.

Allahım! Bana iman, gerçek bilgi ve hayırlı niyet ver.) (Kenzü'l-Ummal, c. 1, s. 303)

15. Hz. Ömer (r.a)'in Bir Duâsı:

اَللّٰهُمَّ ! اِنِّي اَعُوذُ بِكَ اَنْ تَاْخُذَنِي عَلٰى غِرَّةٍ اَوْ تَذَرَنِي فِي غَفْلَةٍ اَوْ تَجْعَلَنِي مِنَ الْغَافِلِينَ *

اَللّٰهُمَّ اجْعَلْ عَمَلِي صَالِحًا وَاجْعَلْهُ لَكَ خَالِصًا وَلاَ تَجْعَلْ لأَحَدٍ فِيهِ شَيْئًا *

اَللّٰهُمَّ تَوَفَّنِي مَعَ الْاَبْرَارِ ، وَلاَ تَجْعَلْنِي فِي الْاَشْرَارِ ، وَقِنِي عَذَابَ النَّارِ ، وَاَلْحِقْنِي بِالْاَخْيَارِ .

"Allâhümme innî eûzü bike en te'huzenî alâ ğırrah. Ev tezeranî fiğafleh. Ev tec'alenî mine'l-ğâfilîn,

Allâhümme İc'al amelî sâlihâ. Ve'câlhü leke hâlisâ. Velâ tec'al li ehadin fîhi şey'â.

Allâhümme teveffenî ma'al-ebrâr. Ve lâ tec'al-nî fi'l-eşrâr. Vakînî azâbe'n-nâr. Ve elhiknî bi'l-ahyâr."

(Allahım! Beni hazırlıksız yakalamandan, gaflette bırakıp gafillerden eylemenden Sana sığınırım.

Allahım! Bana salih ameller işlet, amellerim Senin rızana uygun olsun, onları riya ve gösterişten uzak kıl.

Allahım! Benim canımı iyilerle beraber al, benim canımı kötülerle birlike alma. Beni cehennem azabından koru. Seçkin kulların zümresine dahil eyle.) (Kenzü'l-Ummal, c. 1, s. 303)

16. Hz. Ali (r.a)'nin Bir Duâsı:

أَعُوذُ بِكَ مِنْ جُهْدِ الْبَلاَءِ وَدَرْكِ الشَّقَآءِ وَشَمَاتَةِ الْأَعْدَآءِ ! وَ
أَعُوذُ بِكَ مِنَ السِّجْنِ وَالْقَيْدِ وَالسَّوْطِ *

اَللّٰهُمَّ ! اِنِّي ذُنُوبِي لاَ تَضُرُّكَ وَ إِنَّ رَحْمَتَكَ إِيَّايَ لاَ تَنْقُصُكَ

"Eûzu bike min cuhdi'l-belâi, ve derki'şşekâi ve şemâteti'l-a'dâi ve eûzü bike mine's-sicni ve'l-kaydi ve's-savt.

Allahümme innî zunûbî lâ tadurruke ve inne rahmeteke lâ tenkusuk."

(Allahım! Belâların yoruculuğundan, sıkıntıların beni bulmasından ve düşmanların bana gülmesinden Sana sığınırım. Hapisten, prangaya vurulup işkence görmekten Sana sığınırım.

Allahım! benim günahlarım Sana zarar vermez, Senin bana rahmet etmenle de Senin rahmetin eksilmez.) (Kenzü'l-Ummal, c. 1, s. 303)

سُورَةُ يٰسۤ مَكِّيَّةٌ وَهِيَ ثَلَاثٌ وَثَمَانُونَ اٰيَةً

بِسْمِ اللّٰهِ الرَّحْمٰنِ الرَّح۪يمِ

يٰسۤ ﴿١﴾ وَالْقُرْاٰنِ الْحَك۪يمِۙ ﴿٢﴾ اِنَّكَ لَمِنَ الْمُرْسَل۪ينَۙ ﴿٣﴾ عَلٰى
صِرَاطٍ مُسْتَق۪يمٍۜ ﴿٤﴾ تَنْز۪يلَ الْعَز۪يزِ الرَّح۪يمِۙ ﴿٥﴾ لِتُنْذِرَ قَوْماً
مَٓا اُنْذِرَ اٰبَٓاؤُ۬هُمْ فَهُمْ غَافِلُونَ ﴿٦﴾ لَقَدْ حَقَّ الْقَوْلُ عَلٰٓى
اَكْثَرِهِمْ فَهُمْ لَا يُؤْمِنُونَ ﴿٧﴾ اِنَّا جَعَلْنَا ف۪ٓي اَعْنَاقِهِمْ
اَغْلَالاً فَهِيَ اِلَى الْاَذْقَانِ فَهُمْ مُقْمَحُونَ ﴿٨﴾ وَجَعَلْنَا مِنْ بَيْنِ
اَيْد۪يهِمْ سَداًّ وَمِنْ خَلْفِهِمْ سَداًّ فَاَغْشَيْنَاهُمْ فَهُمْ
لَا يُبْصِرُونَ ﴿٩﴾ وَسَوَٓاءٌ عَلَيْهِمْ ءَاَنْذَرْتَهُمْ اَمْ لَمْ تُنْذِرْهُمْ
لَا يُؤْمِنُونَ ﴿١٠﴾ اِنَّمَا تُنْذِرُ مَنِ اتَّبَعَ الذِّكْرَ وَخَشِيَ الرَّحْمٰنَ بِالْغَيْبِۚ
فَبَشِّرْهُ بِمَغْفِرَةٍ وَاَجْرٍ كَر۪يمٍ ﴿١١﴾ اِنَّا نَحْنُ نُحْيِ الْمَوْتٰى وَنَكْتُبُ مَا قَدَّمُوا
وَاٰثَارَهُمْۜ وَكُلَّ شَيْءٍ اَحْصَيْنَاهُ ف۪ٓي اِمَامٍ مُب۪ينٍ ﴿١٢﴾

وَاضْرِبْ لَهُمْ مَثَلًا اَصْحَابَ الْقَرْيَةِ اِذْ جَاۤءَهَا الْمُرْسَلُونَ ﴿١٣﴾
اِذْ اَرْسَلْنَا اِلَيْهِمُ اثْنَيْنِ فَكَذَّبُوهُمَا فَعَزَّزْنَا بِثَالِثٍ فَقَالُوا اِنَّا
اِلَيْكُمْ مُرْسَلُونَ ﴿١٤﴾ قَالُوا مَا اَنْتُمْ اِلَّا بَشَرٌ مِثْلُنَا وَمَا
اَنْزَلَ الرَّحْمٰنُ مِنْ شَيْءٍ اِنْ اَنْتُمْ اِلَّا تَكْذِبُونَ ﴿١٥﴾ قَالُوا رَبُّنَا يَعْلَمُ اِنَّا
اِلَيْكُمْ لَمُرْسَلُونَ ﴿١٦﴾ وَمَا عَلَيْنَا اِلَّا الْبَلَاغُ الْمُبِينُ ﴿١٧﴾ قَالُوا
اِنَّا تَطَيَّرْنَا بِكُمْ لَئِنْ لَمْ تَنْتَهُوا لَنَرْجُمَنَّكُمْ وَلَيَمَسَّنَّكُمْ
مِنَّا عَذَابٌ اَلِيمٌ ﴿١٨﴾ قَالُوا طَاۤئِرُكُمْ مَعَكُمْ اَئِنْ ذُكِّرْتُمْ
بَلْ اَنْتُمْ قَوْمٌ مُسْرِفُونَ ﴿١٩﴾ وَجَاۤءَ مِنْ اَقْصَا الْمَدِينَةِ
رَجُلٌ يَسْعٰى قَالَ يَا قَوْمِ اتَّبِعُوا الْمُرْسَلِينَ ﴿٢٠﴾ اتَّبِعُوا
مَنْ لَا يَسْـَٔلُكُمْ اَجْرًا وَهُمْ مُهْتَدُونَ ﴿٢١﴾ وَمَا لِيَ لَا اَعْبُدُ
الَّذ۪ي فَطَرَن۪ي وَاِلَيْهِ تُرْجَعُونَ ﴿٢٢﴾ ءَاَتَّخِذُ مِنْ دُونِه۪ۤ اٰلِهَةً
اِنْ يُرِدْنِ الرَّحْمٰنُ بِضُرٍّ لَا تُغْنِ عَنّ۪ي شَفَاعَتُهُمْ شَيْـًٔا
وَلَا يُنْقِذُونِ ﴿٢٣﴾ اِنّ۪ۤي اِذًا لَف۪ي ضَلَالٍ مُب۪ينٍ ﴿٢٤﴾ اِنّ۪ۤي اٰمَنْتُ
بِرَبِّكُمْ فَاسْمَعُونِ ﴿٢٥﴾ ق۪يلَ ادْخُلِ الْجَنَّةَ قَالَ يَا لَيْتَ قَوْم۪ي
يَعْلَمُونَ ﴿٢٦﴾ بِمَا غَفَرَ ل۪ي رَبّ۪ي وَجَعَلَن۪ي مِنَ الْمُكْرَم۪ينَ ﴿٢٧﴾

وَمَآ اَنْزَلْنَا عَلٰى قَوْمِه۪ مِنْ بَعْدِه۪ مِنْ جُنْدٍ مِنَ السَّمَآءِ وَمَا كُنَّا
مُنْزِل۪ينَ ﴿٢٨﴾ اِنْ كَانَتْ اِلَّا صَيْحَةً وَاحِدَةً فَاِذَا هُمْ خَامِدُونَ
﴿٢٩﴾ يَا حَسْرَةً عَلَى الْعِبَادِ مَا يَأْت۪يهِمْ مِنْ رَسُولٍ اِلَّا كَانُوا بِه۪
يَسْتَهْزِؤُ۫نَ ﴿٣٠﴾ اَلَمْ يَرَوْا كَمْ اَهْلَكْنَا قَبْلَهُمْ مِنَ الْقُرُونِ اَنَّهُمْ
اِلَيْهِمْ لَا يَرْجِعُونَ ﴿٣١﴾ وَاِنْ كُلٌّ لَمَّا جَم۪يعٌ لَدَيْنَا مُحْضَرُونَ
﴿٣٢﴾ وَاٰيَةٌ لَهُمُ الْاَرْضُ الْمَيْتَةُ اَحْيَيْنَاهَا وَاَخْرَجْنَا
مِنْهَا حَبًّا فَمِنْهُ يَأْكُلُونَ ﴿٣٣﴾ وَجَعَلْنَا ف۪يهَا جَنَّاتٍ
مِنْ نَخ۪يلٍ وَاَعْنَابٍ وَفَجَّرْنَا ف۪يهَا مِنَ الْعُيُونِ ﴿٣٤﴾ لِيَأْكُلُوا
مِنْ ثَمَرِه۪ وَمَا عَمِلَتْهُ اَيْد۪يهِمْ اَفَلَا يَشْكُرُونَ ﴿٣٥﴾ سُبْحَانَ الَّذ۪ى
خَلَقَ الْاَزْوَاجَ كُلَّهَا مِمَّا تُنْبِتُ الْاَرْضُ وَمِنْ اَنْفُسِهِمْ وَمِمَّا
لَا يَعْلَمُونَ ﴿٣٦﴾ وَاٰيَةٌ لَهُمُ الَّيْلُ نَسْلَخُ مِنْهُ النَّهَارَ فَاِذَا هُمْ
مُظْلِمُونَ ﴿٣٧﴾ وَالشَّمْسُ تَجْر۪ى لِمُسْتَقَرٍّ لَهَا ذٰلِكَ
تَقْد۪يرُ الْعَز۪يزِ الْعَل۪يمِ ﴿٣٨﴾ وَالْقَمَرَ قَدَّرْنَاهُ مَنَازِلَ حَتّٰى
عَادَ كَالْعُرْجُونِ الْقَد۪يمِ ﴿٣٩﴾ لَا الشَّمْسُ يَنْبَغ۪ى لَهَٓا اَنْ تُدْرِكَ
الْقَمَرَ وَلَا الَّيْلُ سَابِقُ النَّهَارِ وَكُلٌّ ف۪ى فَلَكٍ يَسْبَحُونَ ﴿٤٠﴾

وَاٰيَةٌ لَهُمْ اَنَّا حَمَلْنَا ذُرِّيَّتَهُمْ فِي الْفُلْكِ الْمَشْحُونِ ﴿٤١﴾ وَخَلَقْنَا
لَهُمْ مِنْ مِثْلِهِ مَا يَرْكَبُونَ ﴿٤٢﴾ وَاِنْ نَشَاْ نُغْرِقْهُمْ فَلَا صَرِيخَ لَهُمْ
وَلَا هُمْ يُنْقَذُونَ ﴿٤٣﴾ اِلَّا رَحْمَةً مِنَّا وَمَتَاعًا اِلٰى حِينٍ ﴿٤٤﴾ وَاِذَا
قِيلَ لَهُمُ اتَّقُوا مَا بَيْنَ اَيْدِيكُمْ وَمَا خَلْفَكُمْ لَعَلَّكُمْ تُرْحَمُونَ
﴿٤٥﴾ وَمَا تَأْتِيهِمْ مِنْ اٰيَةٍ مِنْ اٰيَاتِ رَبِّهِمْ اِلَّا كَانُوا عَنْهَا
مُعْرِضِينَ ﴿٤٦﴾ وَاِذَا قِيلَ لَهُمْ اَنْفِقُوا مِمَّا رَزَقَكُمُ اللّٰهُ قَالَ الَّذِينَ
كَفَرُوا لِلَّذِينَ اٰمَنُوا اَنُطْعِمُ مَنْ لَوْ يَشَاءُ اللّٰهُ اَطْعَمَهُ اِنْ اَنْتُمْ
اِلَّا فِي ضَلَالٍ مُبِينٍ ﴿٤٧﴾ وَيَقُولُونَ مَتٰى هٰذَا الْوَعْدُ اِنْ كُنْتُمْ
صَادِقِينَ ﴿٤٨﴾ مَا يَنْظُرُونَ اِلَّا صَيْحَةً وَاحِدَةً تَأْخُذُهُمْ وَهُمْ
يَخِصِّمُونَ ﴿٤٩﴾ فَلَا يَسْتَطِيعُونَ تَوْصِيَةً وَلَا اِلٰى اَهْلِهِمْ
يَرْجِعُونَ ﴿٥٠﴾ وَنُفِخَ فِي الصُّورِ فَاِذَا هُمْ مِنَ الْاَجْدَاثِ اِلٰى
رَبِّهِمْ يَنْسِلُونَ ﴿٥١﴾ قَالُوا يَا وَيْلَنَا مَنْ بَعَثَنَا مِنْ مَرْقَدِنَا
هٰذَا مَا وَعَدَ الرَّحْمٰنُ وَصَدَقَ الْمُرْسَلُونَ ﴿٥٢﴾ اِنْ كَانَتْ اِلَّا
صَيْحَةً وَاحِدَةً فَاِذَا هُمْ جَمِيعٌ لَدَيْنَا مُحْضَرُونَ ﴿٥٣﴾ فَالْيَوْمَ
لَا تُظْلَمُ نَفْسٌ شَيْـًٔا وَلَا تُجْزَوْنَ اِلَّا مَا كُنْتُمْ تَعْمَلُونَ ﴿٥٤﴾

اِنَّ اَصْحَابَ الْجَنَّةِ الْيَوْمَ ف۪ي شُغُلٍ فَاكِهُونَۚ ﴿٥٥﴾ هُمْ وَاَزْوَاجُهُمْ
ف۪ي ظِلَالٍ عَلَى الْاَرَٓائِكِ مُتَّكِؤُ۫نَ ﴿٥٦﴾ لَهُمْ ف۪يهَا فَاكِهَةٌ وَلَهُمْ
مَا يَدَّعُونَۚ ﴿٥٧﴾ سَلَامٌ قَوْلًا مِنْ رَبٍّ رَح۪يمٍ ﴿٥٨﴾ وَامْتَازُوا
الْيَوْمَ اَيُّهَا الْمُجْرِمُونَ ﴿٥٩﴾ اَلَمْ اَعْهَدْ اِلَيْكُمْ يَا بَن۪ٓي اٰدَمَ اَنْ لَا
تَعْبُدُوا الشَّيْطَانَۚ اِنَّهُ لَكُمْ عَدُوٌّ مُب۪ينٌ ﴿٦٠﴾ وَاَنِ اعْبُدُون۪ي
هٰذَا صِرَاطٌ مُسْتَق۪يمٌ ﴿٦١﴾ وَلَقَدْ اَضَلَّ مِنْكُمْ جِبِلًّا كَث۪يرًاۜ
اَفَلَمْ تَكُونُوا تَعْقِلُونَ ﴿٦٢﴾ هٰذِه۪ جَهَنَّمُ الَّت۪ي كُنْتُمْ تُوعَدُونَ
﴿٦٣﴾ اِصْلَوْهَا الْيَوْمَ بِمَا كُنْتُمْ تَكْفُرُونَ ﴿٦٤﴾ اَلْيَوْمَ نَخْتِمُ عَلٰٓى
اَفْوَاهِهِمْ وَتُكَلِّمُنَٓا اَيْد۪يهِمْ وَتَشْهَدُ اَرْجُلُهُمْ بِمَا كَانُوا
يَكْسِبُونَ ﴿٦٥﴾ وَلَوْ نَشَٓاءُ لَطَمَسْنَا عَلٰٓى اَعْيُنِهِمْ
فَاسْتَبَقُوا الصِّرَاطَ فَاَنّٰى يُبْصِرُونَ ﴿٦٦﴾ وَلَوْ نَشَٓاءُ لَمَسَخْنَاهُمْ
عَلٰى مَكَانَتِهِمْ فَمَا اسْتَطَاعُوا مُضِيًّا وَلَا يَرْجِعُونَ ﴿٦٧﴾ وَمَنْ
نُعَمِّرْهُ نُنَكِّسْهُ فِي الْخَلْقِۜ اَفَلَا يَعْقِلُونَ ﴿٦٨﴾ وَمَا عَلَّمْنَاهُ
الشِّعْرَ وَمَا يَنْبَغ۪ي لَهُۜ اِنْ هُوَ اِلَّا ذِكْرٌ وَقُرْاٰنٌ مُب۪ينٌۙ ﴿٦٩﴾
لِيُنْذِرَ مَنْ كَانَ حَيًّا وَيَحِقَّ الْقَوْلُ عَلَى الْكَافِر۪ينَ ﴿٧٠﴾

أَوَلَمْ يَرَوْا أَنَّا خَلَقْنَا لَهُمْ مِمَّا عَمِلَتْ أَيْدِينَا أَنْعَامًا فَهُمْ لَهَا مَالِكُونَ
﴿٧١﴾ وَذَلَّلْنَاهَا لَهُمْ فَمِنْهَا رَكُوبُهُمْ وَمِنْهَا يَأْكُلُونَ ﴿٧٢﴾ وَلَهُمْ
فِيهَا مَنَافِعُ وَمَشَارِبُ أَفَلَا يَشْكُرُونَ ﴿٧٣﴾ وَاتَّخَذُوا مِنْ دُونِ اللَّهِ
آلِهَةً لَعَلَّهُمْ يُنْصَرُونَ ﴿٧٤﴾ لَا يَسْتَطِيعُونَ نَصْرَهُمْ وَهُمْ لَهُمْ جُنْدٌ
مُحْضَرُونَ ﴿٧٥﴾ فَلَا يَحْزُنْكَ قَوْلُهُمْ إِنَّا نَعْلَمُ مَا يُسِرُّونَ وَمَا يُعْلِنُونَ
﴿٧٦﴾ أَوَلَمْ يَرَ الْإِنْسَانُ أَنَّا خَلَقْنَاهُ مِنْ نُطْفَةٍ فَإِذَا هُوَ خَصِيمٌ
مُبِينٌ ﴿٧٧﴾ وَضَرَبَ لَنَا مَثَلًا وَنَسِيَ خَلْقَهُ قَالَ مَنْ يُحْيِي الْعِظَامَ
وَهِيَ رَمِيمٌ ﴿٧٨﴾ قُلْ يُحْيِيهَا الَّذِي أَنْشَأَهَا أَوَّلَ مَرَّةٍ وَهُوَ بِكُلِّ
خَلْقٍ عَلِيمٌ ﴿٧٩﴾ الَّذِي جَعَلَ لَكُمْ مِنَ الشَّجَرِ الْأَخْضَرِ نَارًا فَإِذَا أَنْتُمْ
مِنْهُ تُوقِدُونَ ﴿٨٠﴾ أَوَلَيْسَ الَّذِي خَلَقَ السَّمَاوَاتِ وَالْأَرْضَ بِقَادِرٍ
عَلَى أَنْ يَخْلُقَ مِثْلَهُمْ بَلَى وَهُوَ الْخَلَّاقُ الْعَلِيمُ ﴿٨١﴾ إِنَّمَا
أَمْرُهُ إِذَا أَرَادَ شَيْئًا أَنْ يَقُولَ لَهُ كُنْ فَيَكُونُ ﴿٨٢﴾ فَسُبْحَانَ
الَّذِي بِيَدِهِ مَلَكُوتُ كُلِّ شَيْءٍ وَإِلَيْهِ تُرْجَعُونَ ﴿٨٣﴾

Bismillâhi'r-Rahmâni'r-Rahîm.

Yâsîn (1) Vel-Kur'ânil-Hakîm (2) İnneke leminel-Murselîn (3) Alâ sırâtın müstakîm (4) Tenzîlel-Azîzir-Rahîm (5) Litünzire kavmen mâ ünzire âbâühüm fehüm gâfilûn (6) Lekad hakkal-kavlü alâ ekserihim fehüm lâ yü'minûn (7) İnnâ cealnâ fî a'nâkıhim ağlâlen fehiye ilel-ezkaani fehüm mukmehûn (8) Ve cealnâ min beyni eydîhim sedden ve min halfihim sedden feağşeynâhüm fehüm lâ yübsırûn (9) Ve sevâün aleyhim eenzertehüm emlem tünzirhüm lâ yü'minûn. (10) İnnemâ tünziru menittebeaz-zikre ve haşiyer-Rahmâne bil-ğâyb, febeşşirhü bimağfiretin ve ecrin kerîm (11) İnnâ nahnü nühyil'mevtâ ve nektübü mâ kaddemû ve âsârehum ve külle şey'in ahsaynâhü fî imâmin mübîn (12) Vadrib lehüm meselen ashâbel karyeh, iz câehel-Murselûn (13) İz erselnâ ileyhimüs-neyni fekezzebûhümâ feazzeznâ bisâlisin fekaalû innâ ileyküm murselûn (14) Kaalû mâ entüm illâ beşerun mislünâ vemâ enzeler-Rahmânü min şey'in in entüm illâ tekzibûn (15) Kaalû Rabbünâ ya'lemü innâ ileyküm lemurselûn (16) Vemâ aleynâ illel-belâğul-mübîn (17) Kaalû innâ tetayyernâ biküm, lein lem tentehû lenercümenneküm ve leyemessenneküm minnâ azâbün elîm (18) Kaalû tâiruküm meaküm, ein-zükkirtüm, bel entüm kavmün müsrifûn (19) Ve câe min aksal-medîneti racülün yes'â kaale yâ kavmittebiul-Murselîn (20) İttebiû men lâ yes'e-lüküm ecren ve hum mühtedûn (21) Vemâ liye lâ a'büdüllezî fataranî ve ileyhi türceûn (22) Eettehizü min dûnihî âliheten in yüridnir-Rahmânü bidurrin lâ tüğni annî şefâatühüm şey'en velâ yünkızûn (23) İnnî izen lefî dalâlin mübîn (24) İnnî âmentü birabbiküm fesmeûn (25) Kîledhülil-Cenneh, kaale yâleyte kavmî ya'lemûn (26) Bimâ ğaferalî rabbî ve cealenî minel'mükremîn (27) Vemâ enzelnâ alâ kavmihî min ba'dihî min cündin mines-semâi vemâ künnâ münzilîn (28) İn kânet illâ sayhaten vâhideten feizâ hüm hâmidûn (29) Yâ hasreten alel-ibâd, mâ ye'tîhim min rasûlin illâ kânû bihî yestehziûn (30) Elem yerav kem ehleknâ kablehüm mine'lkurûni ennehum ileyhim lâ yerciûn (31) Ve in küllün lemmâ cemîun ledeynâ muhdarûn (32) Ve âyetün lehümül-ardul-meyteh, ahyeynâhâ ve ahrecnâ minhâ habben feminhü ye'külûn (33) Ve cealnâ fihâ cennâtin min nahîlin ve a'nâbin ve feccernâ fihâ mine'l-uyûn (34) Liye'külû min semerihî vemâ amilethü eydîhim, efelâ yeşkürûn (35) Sübhânellezî halekal-ezvâce külleha mimmâ tünbitül-ardu ve min enfüsihim ve mimmâ lâ ya'lemûn (36) Ve âyetün lehumül-leyl, neslehu minhün-nehâre fe izâhüm muzlimûn (37) Veş-şemsü tecrî limüstekarrin lehâ, zâlike takdîrul-Azîzil-Alîm (38) Vel-kamere kaddernâhu menâzile hattâ âde kel-urcûnil-kadîm (39) Leş-şemsü yenbeğî lehâ en tüdrikel-kamere vel-el-leylü sâbikun nehâr, ve küllün fî felekin yesbehûn (40) Ve âyetün lehüm ennâ hamelnâ zürriyyetehüm fil-fülkil-meşhûn (41) Ve halaknâ lehüm min mislihî mâ yerkebûn (42) Ve inneşe' nüğrıkhüm felâ sarîha lehüm velâ hüm yünkazûn (43) İllâ rahmeten minnâ ve metâen ilâ hîn (44) Ve izâ kıyle lehümüt-te-kû mâ beyne eydîküm vemâ halfe-küm leallekûm türhamûn (45) Vemâ te'tîhim min âyetin min âyâti rabbihim illâ kânû anhâ mu'ridiyn (46) Ve izâ kıyle lehüm enfikû mimmâ razekakümüllâhu kaalellezîne keferû lillezîne âmenû enüt'ımü men lev yeşâullâhu at'ameh, in entüm illâ fî dalâlin mubîn (47) Ve yekuulûne metâ hâzel-va'dü in küntüm sâdikıyn (48) Mâ yenzurûne illâ sayhaten vâhıdeten te'huzühum ve hum yahıssımûn (49) Felâ yestetıy'ûne tavsiyeten velâ ilâ ehlihim yerciûn (50) Ve nüfiha fıs-sûri feizâ hüm minel-ecdâsi ilâ Rabbihim yensilûn (51) Kaalû yâ veylenâ men beasenâ min merkadinâ-hâzâ mâ veader-Rahmânü ve sadekal-Murselûn (52) İn kânet illâ sayhaten vâhıdeten feizâ hum cemîun ledeynâ muhdarûn (53) Fe'l-yevme lâ tuzlemu nefsün şey'en velâ tüczevne illâ mâ küntüm ta'melûn (54) İnne ashâbel-Cennetil-yevme fî şüğulin fâkihûn (55) Hüm ve ezvâcühum fî zılâlin alel-erâiki müttekiûn (56) Lehüm fîhâ fâkihetün velehüm mâ yeddeûn (57) Selâmün kavlen min rabbin Rahîm (58) Vemtâzül-yevme eyyühel-mücrimûn (59) Elem a'hed ileyküm yâ benî

Âdeme enlâ ta'büdüş-şeytân, innehû leküm adüvvün mubîn (60) Ve eni'büdûnî, hâzâ sırâtun müstekıym (61) Velekad edalle minküm cibillen kesîrâ, efelem tekûnû ta'kılûn (62) Hâzihî Cehennemülletî küntüm tûadûn (63) Islevhel-yevme bimâ küntüm tekfurûn (64) El-yevme nahtimu alâ efvâhihim ve tükellimünâ eydîhim ve teşhedü ercülühüm bimâ kânû yeksibûn (65) Velev neşâu letamesnâ alâ a'yunihim festebekus-sırâta feennâ yübsırûn (66) Velev neşâü lemesahnâhum alâ mekânetihim femestetaaû mudıyyen velâ yerciûn (67) Vemen nüammirhü nünekkishü fil-halk, efelâ ya'kılûn (68) Vemâ allemnâhuş-şı'ra vemâ yenbeğîleh, in hüve illâ zikrun ve Kur'ânün mübîn (69) Liyünzira men kâne hayyen ve yehık-kal-kavlü alel-kâfirîn. (70) Evelem yerav ennâ halaknâ lehüm mimmâ amilet eydînâ en'âmen fehüm lehâ mâlikûn (71) Ve zellelnâhâ lehüm feminhâ rakûbühüm ve minhâ ye'külûn (72) Ve lehüm fihâ menâfiu ve meşârib, efelâ yeşkürûn (73) Vettehazû min dûnillâhi âliheten leallehüm yunsarûn (74) Lâ yestetî'ûne nasrahum ve hüm lehüm cündün muhdarûn (75) Felâ yahzünke kavlühüm, innâ na'lemü mâ yüsirrûne vemâ yu'li'nûn (76) Evelem yeral-insânü ennâ halaknâhu min nutfetin feizâ hüve hasıymün mubîn (77) Ve darabe lenâ meselen ve nesiye halkah, kaale men yühyıl-ızâme vehiye remiym (78) Kul yuhyîhellezî enşeehâ evvele merrah, vehüve bikülli halkın alîm (79) Ellezî ceale leküm mineş-şeceril-ahdari nâran feizâ entüm minhü tûkıdûn (80) Eveleysellezî halakas-semâvâti vel-arda bikaadirin alâ en yahlüka mislehüm, belâ ve huvel-Hallâku'l-Alîm (81) İnnemâ emruhû izâ erâde şey'en en yekuule lehû kün feyekûn (82) Fesübhânel-lezî biyedihî melekûtü külli şey'in ve ileyhi turceûn. (83).

Bismi'llâhi'r-Rahmâni'r-Rahîm

1. Yâ, Sîn. 2-4. Ey Muhammed! Kur"ân-ı Hakîm'e and olsun ki, sen doğru yol üzere gönderilmiş peygamberlerdensin. 5-6. Bu, babaları uyarılmadığından gâfil kalmış bir milleti uyarman için güçlü ve merhametli olan Allah'ın indirdiği Kur'ân'dır. 7. And olsun ki, hüküm çoğunun aleyhine gerçekleşmiştir, bunun için artık inanmazlar. 8. Boyunlarına, çenelerine kadar varan demir halkalar geçirmişizdir, bunun için başları yukarı kalkıktır. 9. Önlerine ve arkalarına sed çekmişizdir. Gözlerini perdelediğimizden artık göremezler. 10. Ey Muhammed! onları uyarsan da uyarmasan da birdir, inanmazlar. 11. Sen ancak, Kur'ân'a uyan ve görmediği halde Rahmân'dan korkan kimseyi uyarabilirsin. Artık o kimseyi, bağışlanma ve cömertçe verilecek bir ecirle müjdele. 12. Şüphesiz ölüleri dirilten, işlediklerini ve eserlerini yazan Biziz; herşeyi, apaçık bir kitabda saymışızdır. 13. İnsanlara, elçilerin geldiği kasaba halkını anlat: 14. Onlara iki elçi göndermiştik; onu yalanladıkları için üçüncü biriyle desteklemiştik. Onlar: "Biz size gönderildik" demişlerdi. 15. Kasabalılar: "Siz de ancak bizim gibi birer insansınız. Rahmân da bir şey indirmemiştir. Sadece yalan söylüyorsunuz" demişlerdi. 16-17. Elçiler: Doğrusu Rabbimiz bizim size gönderildiğimizi bilir; bize düşen ancak apaçık tebliğdir" demişlerdi. 18. Kasabalılar: "Doğrusu sizin yüzünüzden uğursuzluğa uğradık; vazgeçmezseniz and olsun ki sizi taşlayacağız ve bizden size can yakıcı bir azâb dokunacaktır" demişlerdi. 19. Elçiler: "Uğursuzluğunuz kendinizdendir. Bu uğursuzluk size öğüt verildiği için mi? Hayır; siz, aşırı giden bir milletsiniz" demişlerdi. 20. Şehrin öbür ucundan koşarak bir adam gelmiş ve şöyle demişti: "Ey Milletim! Gönderilen elçilere uyun." 21. "Sizden bir ücret istemeyenlere uyun, onlar doğru yoldadırlar." 22. "Beni yaratana ne diye kulluk etmeyeyim? Siz de O'na döneceksiniz." 23. "O'nu bırakıp da tanrılar edinir miyim? Eğer Rahmân olan Allah bana bir zarar vermek isterse, o tanrıların şefâati bana fayda vermez, beni kurtaramazlar." 24. Doğrusu o

takdirde apaçık bir sapıklık içinde olurum." 25. "Şüphesiz ben Rabbinize inandım, beni dinleyin." 26-27. Ona "Cennete gir" denince, "Keşki milletim Rabbimin beni bağışladığını ve beni ikrâma mazhar olanlardan kıldığını bilseydi!" demişti. 28-29. Ondan sonra milleti üzerine gökten bir ordu indirmedik; zâten indirecek de değildik; sâdece tek bir çığlık... o kadar, hemen sönüp gittiler. 30. Kullara yazıklar olsun! Kendilerine hangi elçi gelse, onu alaya alıyorlardı. 31. Kendilerinden önce nice nesilleri yok ettiğimizi, onların bir daha kendilerine dönmediklerini görmezler mi? 32. Hepsi huzûrumuza getirileceklerdir. 33. İşte onlara bir delil: Ölü yeri diriltir ve oradan tâneler çıkarırız da ondan yerler. 34. Orada hurmalıklar ve üzüm bağları var ederiz, aralarında pınarlar fışkırtırız. 35. Onun ve elleriyle yaptıklarının ürünlerini yesinler; şükretmezler mi? 36. Yerin yetiştirdiklerinden, kendilerinden ve daha bilmediklerinden çift çift yaratan Allah münezzehtir. 37. Onlara bir delil de gecedir: Gündüzü ondan sıyırırız da karanlıkta kalıverirler. 38. Güneş de yörüngesinde yürüyüp gitmektedir. Bu, güçlü ve herşeyi bilen Allah'ın kanunudur. 39. Ay için de sonunda kuru bir hurma dalına döneceği konaklar tayin etmişizdir. 40. Ay'a erişmek güneşe düşmez. Gece de gündüzü geçemez. Her biri bir yörüngede yürürler. 41-42. Onlara bir delil de: Soylarını dolu gemiyle taşımamız ve kendileri için bunun gibi daha nice binekler yaratmış olmamızdır. 43. Dilesek, onları suda boğardık; ne yardımlarına koşan bulunur ve ne de kendileri kurtulabilirlerdi. 44. Ama katımızdan bir rahmet ve bir süreye kadar geçinme olarak onları geri bıraktık. 45. Onlara: "Geçmişinizden ve geleceğinizden sakının, belki acınırsınız" dendiği zaman yüz çevirirler. 46. Zâten Rabbinin âyetlerinden herhangi biri kendilerine geldiğinde ondan hep yüz çeviregelmişlerdir. 47. Onlara: "Allah'ın size verdiği rızıktan sarfedin" denince inkâr edenler inananlara: "Allah dileseydi doyurabileceği bir kimseyi biz mi doyuralım? Doğrusu siz apaçık bir sapıklıktasınız" derler. 48. "Doğru sözlü iseniz bildirin bu vaad ne zamandır?" dediler. 49. Çekişip dururlarken kendilerini yakalayacak bir tek çığlığı beklerler 50. O zaman, artık ne vasiyet edebilirler ne de âilelerine dönebilirler. 51. Sûr'a üflenince, kabirlerinden Rablerine koşarak çıkarlar. 52. "Vah hâlimize! Yattığımız yerden bizi kim kaldırdı?" derler. Onlara: "İşte Rahmân olan Allah'ın vâdettiği budur, peygamberler doğru söylemişlerdi" denir. 53. Tek bir çığlık kopar, hepsi, hemen huzûrumuza getirilmiş olur. 54. Artık bugün kimseye hiçbir haksızlıkta bulunulmaz. İşlediklerinizden başkasıyla karşılık görmezsiniz. 55. Doğrusu bugün, cennetlikler eğlenceyle meşguldürler. 56. Onlar ve eşleri gölgeliklerde, tahtlar üzerine yaslanmışlardır. 57. Orada meyveler ve her istedikleri onlarındır. 58. Merhametli olan Rab katından onlara selâm vardır. 59-61. Allah şöyle buyurur: "Ey suçlular! Bugün mü'minlerden ayrılın. Ey insanoğulları! Ben size, şeytana tapmayın, o sizin için apaçık bir düşmandır. Bana kulluk edin, bu doğru yoldur, diye bildirmedim mi?" 62. And olsun ki, o sizden nice nesilleri saptırmıştı, akletmez miydiniz? 63. İşte bu, size söz verilen cehennemdir. 64. Bugün, inkârcılığınıza karşılık oraya girin. 65. İşte o gün ağızlarını mühürleriz, Bizimle elleri konuşur, ayakları da yaptıklarına şâhidlik eder. 66. Dilesek, gözlerini kör ederdik de yol bulmağa çalışırlardı. Nasıl görebilirlerdi. 67. Dilesek, onları oldukları yerde dondururduk da, ne ileri gidebilirler ve ne de geri dönebilirlerdi. 68. Uzun ömürlü yaptığımızın hilkatini tersine çevirmişizdir. Akletmezler mi? 69. Biz Muhammed'e şiir öğretmedik, zâten ona gerekmezdi. Bu bir öğüt ve apaçık Kur'ân'dır. 70. Diri olan kimseyi uyarsın ve verilen söz de inkârcıların aleyhine çıksın. 71. Kudretimizle kendileri için hayvanlar yarattığımızı görmezler mi? Onlara sâhip olmaktadırlar. 72. Onları kendilerinin buyruğuna verdik; bindikleri de, etini yedikleri de vardır. 73. Onlarda daha nice faydalar, içecekler vardır. Şükretmezler mi? 74. Allah'ı bırakıp da, kendilerine yardımı dokunur diye, başka tanrılar edindiler. 75. Oysa onlar yardım edemezler, ancak kendileri o tanrılara koruyuculuk için nöbet beklerler. 76. Ey Muhammed! Bunların sözü seni üzmesin. Biz onların gizlediklerini de, açığa vurduklarını da şüphesiz biliriz. 77-78. İnsan kendisi bir nutfeden yarattığımızı görmez mi ki hemen apaçık bir hasım kesilir ve kendi yaratılışını unutur da: "Çürümüş kemikleri kim yaratacak" diyerek, Bize misal vermeye kalkar? 79. Ey Muhammed! De ki: "Onları ilk defa yaratan diriltecektir. O, her türlü yaratmayı bilendir." 80. Yaş ağaçtan size ateş çıkarandır. Ondan ateş yakarsınız. 81. Gökleri ve yeri yaratan, kendilerinin benzerini yaratmaya Kâdir olmaz mı? Elbette olur; çünkü O, yaratan ve bilendir. 82. Bir şeyi dilediği zaman, O'nun buyruğu sadece, o şeye "Ol" demektir hemen olur. 83. Her şeyin hükümranlığı elinde olan ve sizin de kendisine döneceğiniz Allah münezzehtir.